JPT Pattern Study

독해 PART 6

국방일보 윤준호

일본어 으뜸
(주)시사일본어사
book.japansisa.com

머 리 말
Foreword

1 매달 수많은 수험자들이 JPT시험을 응시합니다. 그들에게 "독해파트 중 가장 어려운 파트가 어디인가요?"라고 묻는다면 십중팔구가 "오문정정이요!!"라고 대답합니다. 물론 오문정정이 만만한 파트가 아니라는 것은 누구보다도 잘 알고 있지만, 넘지 못할 산이라고는 생각하지 않습니다. 이 책은 42회 시험을 봐 온 선배격인 수험자가 후배 수험자들에게 드리는 조언이자, 저처럼 함정에 빠져서 허우적대지 말아달라는 당부서입니다.

2 최근 5~6년간의 600개 남짓의 기출문제를 철저히 분석한 결과, 오문정정 문제는 총 80개 정도의 유형으로 출제된다는 것을 알 수 있었습니다. 그 중, 2회 이상 출제되었던 유형으로 범위를 좁히자 60개의 유형으로 압축되었고, 다시 한 번 걸러서 매년 1회 이상 출제되는 유형 40개를 최종적으로 채택하였습니다. 아직도 새로운 유형이 간혹 출제되기는 하지만 매 시험 90%이상의 문제가 40개의 유형에서 벗어나지 못하고 있습니다.

3 오문정정을 풀 때는 셜록 홈즈가 되어야 합니다. 오문정정 문제를 풀 때는 게임을 한다고 생각하고, 마음을 가라앉히고 문제를 바라보세요. 밑줄 그어진 A), B), C), D)라는 4명의 용의자가 「나는 알리바이가 완벽해요, 내가 범인이라면 증거를 대 봐요」라며, 자신의 결백을 주장하고 있군요. 분명한 것은 이들 중에 범인이 존재하고, 우리는 그 범인에게 수갑을 채워야 한다는 것입니다. 확증도 없는 어설픈 수사로 무고한 사람을 범인으로 몰아서는 안 되겠지요? 완전범죄가 성립되어 미소 짓고 있을 범인의 모습이 보고 싶으신가요? 예리한 관찰력과 판단력으로 멋지게 범인을 밝혀내는 명탐정 셜록 홈즈가 되고 싶지 않으신지요?

4 오문정정에 강해지기 위한 몇 가지 조언을 드리겠습니다.
① 총 20문제 중 기초문법 및 문형에 관련된 문제가 8~10문제나 출제되므로, 문법책을 다시 한 번 꼼꼼히 읽어 보고, 능력시험 1, 2, 3급 문형을 숙지하십시오. 문형은 의미뿐만 아니라 접속형태까지도 숙지하고 있어야 합니다.
② 밑줄 그어져 있는 단어를 모르면 수사 자체가 불가능합니다. 어휘력 향상에 심혈을 기울여야 합니다.
③ 밑줄 앞뒤에 중요한 단서가 있답니다. 단어와 단어 간의 호응관계를 눈여겨 보세요.
④ 정답만 확인하고 넘어가면 절대로 실력이 향상되지 않습니다. 나머지 3개의 보기가 왜 올바른지를 꼼꼼히 살펴보셔야 합니다.
⑤ 확실히 아닌 답부터 제외시켜 나가면, 대부분 2개로 범위가 좁혀질 것입니다. 모든 가능성을 생각해 보고, 침착하게 정답을 고르세요.
⑥ 처음 골랐던 답은 고치지 않는 것이 좋습니다. JPT는 오문정정에서 두 번 생각할 만큼, 시간적 여유가 있는 시험이 아니거든요. 자신의 감을 믿으세요.
⑦ 정 찍을 거라면 명사나 동사로 찍어보세요. 명사오용과 동사오용의 출제빈도가 높으므로 정답률을 높일 수 있답니다.

5 이제 주사위는 던져졌습니다. 「好きこそものの上手なれ(무슨 일이든 좋아해야 잘 하는 법이다)」라는 말도 있지요? 한 번 즐겨보세요. 고득점은 자연히 따라오게 되어 있거든요.

JPT 길라잡이 국방일보 윤 준 호

차 례
Contents

PART 6 오문정정

KEY 1 2자 한자 바꿔놓기에 속지 마라!	12
KEY 2 말이 안되는 엉뚱한 명사를 찾아라!	14
KEY 3 こと、もの、の! 너희들 왜 이리 말썽이니?	16
KEY 4 지시대명사를 물로 보지 말아요.	20
KEY 5 간과하기 쉬운 문형 형태, 보고 또 보자!	22
Pattern Study 1	25
KEY 6 바로 잡자! 접속 형태!	26
KEY 7 「동작성 동사ます형+に ~하러」라는 표현을 숙지하자.	28
KEY 8 동사의 긍정형에 밑줄이 있으면 의심! 또 의심!	30
KEY 9 자・타동사 구별은 기본!	33
KEY10 상태를 나타내는 「てある」, 「ている」	36
Pattern Study 2	38
연습문제 1	39

KEY11 시제를 맞춰라!	44
KEY12 시키고 당하고 수동・사역 표현!	46
KEY13 주거니 받거니 수수표현!	48
KEY14 경어를 묻는 문제는 매달 1문제가 출제된다.	50
KEY15 가정법은 「と」와 「たら」를 중심으로!	53
Pattern Study 3	56
KEY16 무조건 외우자, 관용표현!	57
KEY17 「し」는 종지형!	60
KEY18 JPT에게 사랑받는 「においがする」	62
KEY19 부사 문제는 정확한 해석과 어휘력이 생명이다!	64
KEY20 헷갈리기 쉬운 「ようだ」, 「そうだ」	66
Pattern Study 4	68
연습문제 2	69

PART 6 오문정정

KEY21	な형용사 명사 수식, 「な」로 바꾸자! 73		**KEY34**	「時」앞의 시제 구별 방법은? 110
KEY22	い형용사·동사의 명사 수식, 그대로 두자! 75		**KEY35**	「ある」와 「いる」는 식은 죽 먹기! 112
KEY23	なる가 붙으면 어떻게 바뀌지? 77		**KEY36**	「〜間」와 「〜間に」의 미묘한 차이를 알자! 114
KEY24	「近い、遠い、多い」의 명사 수식 형태에는 변화가 필요! 79		**KEY37**	「〜おかげで」나 「〜せいで」에 밑줄 있으면 정답 확률 70%! 117
KEY25	「は」와 「が」, 뭐가 다르지? 82		**KEY38**	「〜てくる」와 「〜ていく」를 구별하자! 119

Pattern Study 5　　　　　　　　85

KEY39	약간의 꼼꼼함을 요구하는 의미의 중복! 121
KEY40	초원이 다리는 백만불짜리 다리! 123

KEY26	동사에 의해 결정되는 조사, 「に」와 「で」 86
KEY27	조사 「を」뒤에도 자동사가 올 수 있다구! 89
KEY28	접속조사에 있는 밑줄은 일단 의심! 91
KEY29	필수! 「に」수반 동사 93
KEY30	「が」와 함께 해요! 96

Pattern Study 7　　　　　　　　125

연습문제 4　　　　　　　　126

Pattern Study FINAL　　　　　　　　128

실전모의고사 1회　　　　　　　　134
실전모의고사 2회　　　　　　　　137
실전모의고사 3회　　　　　　　　140
실전모의고사 4회　　　　　　　　143
실전모의고사 5회　　　　　　　　146

Pattern Study 6　　　　　　　　99
연습문제 3　　　　　　　　100

정답 및 해설　　　　　　　　150

KEY31	조사 「に」는 확실한 시간에만! 103
KEY32	조사는 명사를 좋〜아〜해〜! 105
KEY33	「ないで」와 「なくて」에 밑줄이 있으면 정답 확률 70%! 108

PART 6 오문정정

오문정정을 풀 때는 셜록 홈즈가 되어라.

길라잡이

1 독해 파트의 꽃이라고 할 수 있는 부분이다. 총 20문제가 출제되며, 권장 소요시간은 121~130번 2분 30초(문제 당 15초 * 10), 131~140번 4분 10초(문제 당 25초 * 10)로 총 6분 40초이다.

2 막히는 문제가 있으면 지체 없이 다음 문제로 넘어가야 한다. 골똘히 생각하고 있다가는 한 문제에 1~2분이 훌쩍 지나가고, 결국 50분 안에 100문제를 다 풀지 못하고 씁쓸한 마음으로 답안지를 제출하는 자신의 모습을 볼 수 있을 것이다. 따라서, 오문정정에 자신이 없는 수험자라면 다른 파트를 먼저 풀고 가장 마지막에 오문정정 파트를 풀 것을 권한다.

3 오문정정을 잘 하기 위해서는 문형부터 확실히 숙지해 놓아야 한다. 문형을 공부할 때에는「문형의 의미, 문형의 정확한 형태, 문형의 접속형태」의 3박자를 모두 갖추어야 한다. 문형공부를 확실히 해 두지 않으면 3초면 풀 수 있는 문제를 3분이 걸려도 풀지 못하게 되니「문형공부 = 시간절약」이라는 공식을 명심하면서 학습에 임해주길 바란다.

오문정정을 푸는 방법

다음 문제를 잘 읽어보고 정답을 찾아보자.

예제 1 昨日傘を持って<u>いなくて</u>困って<u>いると</u>、<u>知らない</u>人が傘を貸して<u>あげた</u>。
　　　　　　　　　　　　A　　　　　　B　　　　C　　　　　　　　D

'모르는 사람'이라는 '남'이 '나'에게 우산을 빌려준 것이니까 **D**를 「くれた」로 고쳐야 한다, 라고 생각하고 바로 다음 문제로 넘어가 버리는 수험자라면 안타깝게도 좋은 성적을 받기는 어려울 것 같다. 위 문제에 얼마나 많은 내용이 담겨져 있는데 그냥 넘어간다는 말인가!!!

　A는 두 개의 사항을 대비적으로 표현하거나 부대상황을 나타내는 「～ないで」와 원인, 이유를 나타내는 「～なくて」의 구별을 묻기 위해 밑줄을 그어 놓은 것이다. '우산을 가지고 있지 않은 것'이 '곤란해 한 것'의 이유가 되므로 **A**는 올바르다.

　B는 적절한 가정법을 묻고 있다. 문장 앞에 「昨日」라는 과거를 명시하는 단어가 있으므로, 문장의 시제가 과거임을 알 수 있고, 과거형을 받을 수 있는 가정법은 「と」와 「たら」가정법이므로 **B** 또한 올바르다.

　C는 「知る」와 「分かる」의 차이를 묻고 있다. 「知る」는 '아느냐 모르냐의 단순한 지식'을 의미하고 「分かる」는 '어떠한 사실에 대한 이해'를 의미하는데, 문제에서는 '생판 모르는 사람'이 우산을 빌려줬으므로 「知る」를 써야 올바르다. 그 사람에 대해 이해하고 있다고 볼 수는 없기 때문이다. 하나 더 짚고 넘어가면, 「知る」는 긍정으로 쓰일 때는 「～ている」형을 취하지만, 부정으로 쓰일 때는 「～ている」형을 취하지 않는다.

　D는 수수표현을 묻고 있는데, 우산을 빌려준 주체가 '모르는 사람', 즉 '남'이므로 「くれた」나 「もらった」가 올 수 있는데 앞에 「知らない人が」가 있으므로 「くれた」로 고쳐야 올바르다. 만약 앞에 「知らない人に」가 왔다면 「もらった」를 써야 한다.

그럼, **예제 1**을 살짝 응용해 보자.

예제 1-1 昨日傘を持って<u>いないで</u>困って<u>いると</u>、<u>知らない</u>人が傘を貸して<u>くれた</u>。
　　　　　　　　　　　　　A　　　　　　B　　　　C　　　　　　　　D
　　　　　　　　　「ないで」와「なくて」의 구별

예제 1-2   昨日傘を持っていなくて困っているなら、知らない人が傘を貸してくれた。
　　　　　　　　　　　　A　　　　　　B　　　　　　　C　　　　　　　　D

　　　　　　　　　　　　　　　가정법의 구별

예제 1-3   昨日傘を持っていなくて困っていると、分からない人が傘を貸してくれた。
　　　　　　　　　　　　A　　　　　　B　　　　　　　C　　　　　　　　D

　　　　　　　　　　　　「分かる」와 「知る」의 구별

예제 1-4   昨日傘を持っていなくて困っていると、知っていない人が傘を貸してくれた。
　　　　　　　　　　　　A　　　　　　B　　　　　　　C　　　　　　　　D

　　　　　　　　　　　　「知る」의 올바른 부정형태

예제 1-5   昨日傘を持っていなくて困っていると、知らない人が傘を貸してあげた。
　　　　　　　　　　　　A　　　　　　B　　　　　　　C　　　　　　　　D

　　　　　　　　　　　　　　　「あげる」와 「くれる」의 구별

예제 1-6   昨日傘を持っていなくて困っていると、知らない人が傘を貸してもらった。
　　　　　　　　　　　　A　　　　　　B　　　　　　　C　　　　　　　　D

　　　　　　　　　　　　　　　「くれる」와 「もらう」의 구별

예제 1-7   昨日傘を持っていなくて困っていると、知らない人が傘を貸してくれる。
　　　　　　　　　　　　A　　　　　　B　　　　　　　C　　　　　　　　D

　　　　　　　　　　　　　　　시제 일치

「✓」체크가 되어 있는 번호가 틀린 부분이다. 이처럼, 하나의 문장을 가지고 여러 개의 응용 문제를 만들 수 있지 않은가? 지금까지 오문정정 문제를 풀면서 최소한 위와 같은 가능성은 생각해 보았는지, 그렇지 않으면 답만 보고 바로 넘어갔는지 생각해 보라. 그리고 오문정정을 잘하려면 어떻게 공부해야겠는지 스스로 판단해 보기 바란다.

Pattern Study 6

오문정정을 풀기 위한 **KEY** 40

Pattern Study 6

KEY 1 2자 한자 바꿔놓기에 속지 마라!

위성중개의 발달에 따라 전 세계의 정보를 손쉽게 얻을 수 있게 되었다.

위 문장을 보면서 뭔가 이상한 느낌이 들지 않았는가? 문맥상 '중개(둘 이상의 당사자 사이에서 어떤 일을 주선함)' 대신에 '중계(중간에서 이어줌)'로 바꾸어야 하는데, 꼼꼼히 살펴보지 않았거나 국어실력이 부족한 수험자라면 답을 찾기가 쉽지 않았을 듯 하다. 이처럼 형태가 비슷하게 생긴 2자 한자를 살짝 바꾸어 놓고 밑줄을 그어놓는 유형이 매 시험 한 문제씩 출제되므로 주의를 요한다. 주로 135번~140번 문제에서 출제되는데 4개의 밑줄이 문법적으로 이상이 없다고 생각되면 밑줄 그어져 있는 2자 한자를 찍어라!

이렇게 함정을 판다!

① 2자 한자를 교묘하게 바꾸어 놓는다.

株(かぶ)の値段(ねだん)が下降して大きな損害(そんがい)を被(こうむ)ってしまった。
　　　　　　　　下落(げらく)

주식 값이 하락해서 커다란 손해를 입어 버렸다.

我(わ)が社(しゃ)は顧客(こきゃく)サービスを改訂するための方法(ほうほう)を模索(もさく)しています。
　　　　　　　　　　　　　改善(かいぜん)

저희회사는 고객 서비스를 개선하기 위한 방법을 모색하고 있습니다.

当社では仕事と育児(いくじ)の並立を実現(じつげん)できるように支援(しえん)しています。
　　　　　　　　　　両立(りょうりつ)

당사에서는 일과 육아의 양립을 실현할 수 있도록 지원하고 있습니다.

예제 1

会長が<u>収賄罪</u>で辞任して幹部会で<u>後任</u>の会長人事について<u>話し合った</u>が、<u>結果</u>は持ち越しになった。
　　　　A　　　　　　　　　　　　B　　　　　　　　　　C　　　　D

예제 2

最近の電気製品や精密機械は<u>性能</u>は良いですが、<u>雷に対しては</u>全く<u>無防備</u>なので、落雷による<u>弊害</u>が
　　　　　　　　　　　　　A　　　　　　　　B　　　　　　　C　　　　　　　　　　D

起る可能性があります。

예제풀이

예제 1 ●●●●○

해설   '회의나 토의에서 최종적으로 얻어진 의견이나 판단'은 '결과'가 아니라 '결론'이라고 한다. (A)와 비슷한 표현으로「賄賂罪(わいろざい)」가 있으며 (B)는 '~에 관해서'라는 의미의 문형이며 뒤에 주로 '언어에 의한 정보를 취급하는 동사「話(はな)す、考(かんが)える、語(かた)る、述(の)べる、聞(き)く、書(か)く、調(しら)べる」' 등을 수반한다. (D)와 비슷한 표현으로는 파트 2에서 출제빈도가 높은「先送(さきおく)り」가 있다.

어휘   会長(かいちょう) 회장 収賄罪(しゅうわいざい) 뇌물을 주고받은 죄 辞任(じにん) 사임 幹部会(かんぶかい) 간부회 後任(こうにん) 후임 人事(じんじ) 인사 結果(けっか) 결과 持ち越し(もちこし) 넘김, 미룸

해석   회장이 뇌물을 주고받은 죄로 사임되어, 간부회에서 후임회장 인사에 관해서 이야기했지만 결론은 미루어졌다.

정답 C → 結論

예제 2 ●●●○○

해설   제품에 '폐해'가 일어난다는 것은 말이 안 된다. (D)를「障害(しょうがい)」로 고치도록 하자. (B)는 '~에 대해서'라는 의미의 문형이다.「~について」와「~に対(たい)して」를 구별할 필요가 있는데,「~について」는 '주제나 내용'을 나타내며,「~に対(たい)して」는 '방향이나 대상'을 나타낸다. 두 문형을 쉽게 구분하는 방법은 해석을 해 봐서 '~에 관해서, ~에 대해서'로 둘 다 해석이 가능하면「~について」이고, '~에 대해서'만으로 해석이 가능하면「~に対(たい)して」이다.
 의「会長人事について話し合ったが」의 부분을 보면 '회장 인사에 관해서 이야기했지만, 회장 인사에 대해서 이야기했지만'으로 둘 다 해석해도 문맥상 이상이 없으므로「~について」가 올바르다.(~に対して(X))
예제 2 의「雷に対しては全く無防備なので」의 부분을 보면 '번개에 대해서는 무방비이기 때문에'로는 해석이 가능하지만, '번개에 관해서는 무방비이기 때문에'는 어색하므로「~に対して」가 올바르다.(~について(X))

어휘   電気製品(でんきせいひん) 전기제품 精密機械(せいみつきかい) 정밀기계 性能(せいのう) 성능 雷(かみなり) 번개 無防備(むぼうび) 무방비 落雷(らくらい) 낙뢰 弊害(へいがい) 폐해

해석   최근 전기제품이나 정밀기계는 성능은 좋습니다만, 번개에 대해서는 완전히 무방비이기 때문에 낙뢰에 의한 장애가 일어날 가능성이 있습니다.

정답 D → 障害

KEY 2 말이 안 되는 엉뚱한 명사를 찾아라!

채소가 없으니까 생선가게에 가서 사 가지고 오세요.

위 문장을 보면 누구라도 '채소를 사는데 무슨 생선가게?'라고 반문할 것이다. 그렇다. 채소를 사려면 '생선가게'가 아닌 '채소가게'를 가야 한다. 마치 수험자를 조롱하는 듯한 이런 유형은 121번~123번 자리에서 1년에 2번 꼴로 꾸준히 출제된다. 만약 121~123번 문제에서 답이 쉽게 발견되지 않는다면 밑줄 그어져 있는 명사를 찍어라. 80% 확률로 정답이 된다!
어떤 수험자들은 시간을 절약하기 위해 오문정정 문제를 4개의 밑줄만 보고 푸는데, 해석을 하지 않고서는 풀 수 없는 문제가 상당히 등장하므로 해석을 하면서 문제를 푸는 것이 오히려 시간이 절약된다는 사실을 명심하라!

이렇게 함정을 판다!

① 문맥에 전혀 맞지 않는 엉뚱한 명사에 밑줄이 그어져 있다.

ヨーロッパの人たちはフォークと<u>コップ</u>を使って食事をします。
　　　　　　　　　　　　　　　　ナイフ

유럽 사람들은 포크와 나이프를 사용해서 식사를 합니다.

ペンはテーブルの横にある引き出しの<u>土</u>に入っています。
　　　　　　　　　　　　　　　　　　中

펜은 테이블 옆에 있는 서랍 안에 넣어져 있습니다.

どうやら風邪を引いたみたいです。<u>銀行</u>に行って薬を買ってきてもらえませんか。
　　　　　　　　　　　　　　　　薬局

아무래도 감기에 걸린 것 같습니다. 약국에 가서 약을 사와 주실래요?

예제 1

突然<u>気分</u>が悪くなったので椅子に座って<u>楽</u>になるまで<u>じっと</u>していようと思ったのですが、気がつい
　　　A　　　　　　　　　　　　　　　B　　　　　　C

たら地面に倒れていて通りかかった<u>村むら</u>に取り囲まれていました。
　　　　　　　　　　　　　　　　　D

예제 2

冬にそりに乗って<u>爽やかに</u> <u>雨</u>の中を滑っていたら、途中<u>崖っぽい</u>所がありました。
A　　　　　　B　　C　　　　　　　　　　　D

예제 1 ●●○○○

해설 '마을들에게 둘러 쌓인다'는 것은 말이 안 된다. (D)를 「人々」로 고치자. '気分が悪い'는 '몸 상태가 좋지 않다'는 의미이므로 (A)는 적절하고, (B)는 「楽だ」라는 な형용사가 「なる」라는 동사에 접속하는 형태이므로 이상이 없다.

어휘 気分(きぶん) 기분, 몸 상태　とりあえず 우선　椅子(いす) 의자　楽(らく)になる 편해지다　じっと 가만히　気(き)がつく 깨닫다, 생각이 나다, 주의가 미치다　地面(じめん) 지면　倒(たお)れる 쓰러지다　通(とお)りかかる 지나가다　取り囲む(とりかこむ) 둘러싸다

해석 갑자기 몸 상태가 나빠져서 의자에 앉아서 편해질 때까지 가만히 있으려고 했습니다만, 정신이 들었더니 지면에 쓰러져 있었고 지나가던 사람들에게 둘러 쌓여 있었습니다.

정답 D → 人々

예제 2 ●●●○○

해설 '썰매를 타고 상쾌하게 빗속을 미끄러진다'는 것은 정상적인 사고방식을 가지고 있는 사람에게는 있을 수 없는 일이다. (C)를 「雪」로 바꾸어야 올바르다. (A)는 「春、夏、秋、冬、午前中、午後、昼」등의 일정한 시간적 범위를 나타내는 명사들에 붙어도 되고 붙지 않아도 되며, (B)가 수식하는 것은 「滑る」라는 동사이므로 형태가 적절하며(爽やかな(X)), (D)의 '~っぽい'는 '명사'나 '동사ます형'에 붙어서 '그런 느낌이 든다, 경향이 있다'라는 의미로 만든다. 「~っぽい」를 조금 더 자세히 살펴보면 「白、黒、赤、茶色」등의 색깔을 띠고 있는 명사에 붙어서 '그러한 색을 띠고 있다'라는 의미를, 「怒(おこ)る、忘(わす)れる、ひがむ」등의 사람의 성질을 나타내는 「동사ます형」에 붙어 '금방 ~하다, 자주 ~하다'라는 의미를, 「子供、男、女」등의 명사에 붙어서 '~같은, ~같은 느낌이 드는'이라는 의미를 나타낸다.

그렇다면 「子供っぽい」와 「子供らしい」의 차이점은 무엇일까?

彼は子供っぽい考え方を持っている。 그는 아이같은 사고방식을 가지고 있다.

あの子は子供らしい考え方を持っている。 그 아이는 아이다운 사고방식을 가지고 있다.

「っぽい」는 주로 '좋지 않은 뉘앙스'를 띠지만, 「らしい」는 '좋은 뉘앙스'를 띠므로, 1번 문장은 '나이도 먹을 만큼 먹은 그의 사고방식이 아이처럼 수준이 낮다.'라는 의미이고, 2번 문장은 '아이가 나이 수준에 맞은 사고방식을 가지고 있다.'라는 의미가 된다.

어휘 そり 썰매　爽(さわ)やかだ 상쾌하다　滑(すべ)る 미끄러지다　崖(がけ) 낭떠러지

해석 겨울에 썰매를 타고 상쾌하게 눈 속을 미끄러지고 있었는데, 도중에 낭떠러지 같은 곳이 있었습니다.

정답 C → 雪

KEY 3 こと、もの、の！ 너희들 왜 이리 말썽이니?

「こと、もの、の」의 구별을 묻는 문제는 2달에 한 번 꼴로 출제된다. 이 유형에 대비하기 위해서는 우선 「こと」와 「もの」가 들어가는 문형을 완벽히 숙지해 놓아야 한다. 그리고 나서 아래에 정리되어 있는 기본적인 개념을 이해해 놓으면 만사 OK다. '난 「こと、もの、の」하고 안 친해.' 라고 생각하는 수험자들은 「こと、もの、の」에 밑줄이 그어져 있다면 과감히 찍어라. 70% 확률로 정답이기 때문이다.

こと
추상적인 문제나 사건, 일 등을 의미함
いちばん心配なことは、年金がもらえるかどうかです。
가장 걱정되는 일은 연금을 받을 수 있을지 아닐지입니다.

あなたのことが好きで好きでたまりません。
당신이 좋아서 견딜 수 없습니다.

もの
구체적인 물건이나 객관적인 존재에 쓰임
どうしてもほしいものがあってお金を貯めています。
꼭 가지고 싶은 것이 있어서 돈을 모으고 있습니다.

荷物を減らしておこうと思っても、捨てる踏ん切りがつかないものがたくさんあるだろう。
짐을 줄여 놓으려고 해도, 버릴 결심이 서지 않는 것이 많이 있을 것이다.

の
일반적으로 「こと」, 「もの」와 바꾸어 쓸 수 있음
今晩木村さんに電話するの(=こと)を忘れないでください。
오늘밤 기무라 씨에게 전화하는 것을 잊지 말아주세요.

テーブルの上にあるの(=もの)は誰のですか。
테이블 위에 있는 것은 누구 것입니까?

시험에서 자주 출제되는「の」와「こと」를 바꾸어 쓸 수 없는 경우

◎「こと」만 사용할 수 있는 경우
  ① 뒤에 오는 동사가 주로 발화에 관계되는 동사인 경우
    話(はな)す、伝(つた)える、約束(やくそく)する、祈(いの)る、命(めい)じる、希望(きぼう)する 등
  ② こと를 사용하는 문형인 경우
    ～ことがある、～ことになる、～ことにする、～ことができる、～ことに、～ことだ、～ということだ 등

◎「の」만 사용할 수 있는 경우
  ① 뒤에 오는 동사가 지각동사인 경우
    見(み)る、見(み)える、聞(き)く、聞(き)こえる 등
  ② 뒤에 오는 동사가 어떤 사태에 맞추어서 행하는 동사의 경우
    待(ま)つ、手伝(てつだ)う、写(うつ)す 등

이렇게 함정을 판다!

① 「こと」,「もの」,「の」를 바꾸어 놓고 밑줄을 그어 놓는다.

激しい地震が起きましたが、幸いなのに死亡者はいませんでした。
　　　　　　　　　　　　　　　こと

심한 지진이 일어났습니다만, 다행스럽게도 사망자는 없었습니다.

うちの息子は転んでも泣いたのがありません。
　　　　　　　　　　　　　こと

우리 아들은 넘어져도 운 적이 없습니다.

大切な人からもらったことは、それだけでその人を想起させる力を持っている。
　　　　　　　　　　もの

소중한 사람에게 받은 것은 그것만으로 그 사람을 상기시키는 힘을 가지고 있다.

예제 1

旅行に行った観光地で家族にあげることをたくさん買ってきた。
　　　A　　　　　　B　　　　　　　C　　　　　　　D

예제 2

避難所には数日の間に大勢の負傷者が運ばれてきた。わたしも担架を持って火傷を負った人たちを
　　　　　　　　A　　　　　　　　B　　　　　　　　　　　　　　　　　　　　C

港から避難所まで運ぶことを手伝った。
　　　　　　　　D

예제 1 ●●○○○

해설 「こと」와 「もの」의 구분을 묻는 문제이다. 「こと」는 '추상적인 문제나 사건, 일'을 의미하고, 「もの」는 '구체적인 물건이나 객관적인 존재'를 의미하는데, (C)가 받는 것은 '선물 따위의 구체적인 것'이므로 (C)를 「もの」로 바꾸어야 한다. (B)는 뒤에 「買う」라는 동작성 동사가 있으므로 '동작이 행해지는 장소'를 나타내는 용법으로 쓰였음을 알 수 있다.(に(X))

어휘 旅行(りょこう) 여행 観光地(かんこうち) 관광지 買(か)う 사다

해석 여행 간 관광지에서 가족에게 줄 것을 많이 사 왔다.

정답 C → もの

예제 2 ●●●●○

해설 「こと」와 「の」를 구별하는 문제이다. (D) 뒤에 「手伝う」라는 동사가 있으므로 (D)를 「の」로 바꾸어야 한다. (A)의 「間に」는 '그 기간 중, 특정한 시간에 동작이 행해지는 것'을 의미하는데, '부상자가 운반되어 온 것'은 특정한 시간에 동작이 행해졌다고 볼 수 있으므로 올바르다.(KEY36 참조) (B)는 부상자가 운반되는 것이므로 수동 형태를 쓴 것은 적절하다.

어휘 避難所(ひなんしょ) 피난처 数日(すうじつ) 수일 大勢(おおぜい) 많음, 많은 사람 負傷者(ふしょうしゃ) 부상자 運(はこ)ぶ 운반하다 担架(たんか) 들것 火傷(やけど)を負(お)う 화상을 입다 港(みなと) 항구 cf. 都(みやこ) 수도, 도시 手伝(てつだ)う 거들다, 돕다

해석 피난처에는 수일 동안에 많은 부상자가 운반되어 왔다. 나도 들것을 들고 화상을 입은 사람들을 항구에서 피난처까지 운반하는 것을 도왔다.

정답 D → の

KEY 4 지시대명사를 물로 보지 말아요.

「こ、そ、あ、ど」는 일본어 걸음마 단계 때 공부했었던 매우 기초적인 내용이지만 종종 시험에서 등장한다. 점수를 거저 주는 문제나 다름없으므로 절대로 틀려서는 안 된다.

이렇게 함정을 판다!

① 명사를 수식하는 지시대명사의 형태가 올바르지 않다.

あれのレストランはイタリア料理の店で安くておいしいです。
　あの

저 레스토랑은 이탈리아 요리 가게로, 싸고 맛있습니다.

椅子に座っているあれ人が友だちの山田です。
　　　　　　　　　　あの

의자에 앉아 있는 저 사람이 친구인 야마다입니다.

② 지시대명사의 명사형태가 올바르지 않다.

あのは誰のコートなのか知っていますか。
あれ

저것은 누구의 코트인지 알고 있습니까?

このこそ、逆立ちの発想から生まれたヒット商品なのです。
これ

이것이야말로, 역발상에서 탄생한 히트상품입니다.

예제 1

やかんに白い固形物が付いていますが、このは何ですか。
　　　A　　　B　　　　　　C　　　　D

예제 2

ご紹介する方法のうち、どこがあなたの猫にぴったりかは猫の種類や年齢によって違います。
A　　　　　　B　　C　　　　　　　D

예제풀이

예제 1 ●○○○○

해설 (D) 뒤에 조사「は」가 있으므로 (D)를 명사형태인「これ」로 고쳐야 한다. (A)는 뒤에「付いている」라는 상태표현이 있으므로 올바르며(で(X)), (C)는「자동사て형 + いる」형태로 '상태'를 나타낸다.

어휘 やかん 주전자 固形物(こけいぶつ) 고형물

해석 주전자에 하얀 고형물이 붙어 있는데 이것은 무엇입니까?

정답 D → これ

예제 2 ●●●○○

해설 (C)가 '어디'가 아닌 '어느 것'이 되어야 문맥이 통하므로 (C)를「どれ」로 고쳐야한다. (A)는 겸양공식「ご + 한자어 + する」형태로서 올바르며(お(X)), (B)는 '범위'를 나타낸다.

어휘 紹介(しょうかい) 소개 方法(ほうほう) 방법 ぴったり 잘 어울리는 모양, 딱 맞음 種類(しゅるい) 종류 年齢(ねんれい) 연령

해석 소개하는 방법 중, 어느 것이 당신의 고양이에게 딱 맞는지는 고양이의 종류나 연령에 따라서 다릅니다.

정답 C → どれ

KEY 5 간과하기 쉬운 문형 형태, 보고 또 보자!

한국어 능력시험을 공부하는 한 일본인에게 이런 질문을 받은 적이 있다. "「~할지언정」이 무슨 뜻인가요?" 필자는 "앞의 사실을 인정하되 뒤의 사실이 그에 매이지 아니함을 나타내는 연결형 서술격 조사입니다."라고 국어사전을 찾아 설명해 줄 수밖에 없었다. 여기서 중요한 것은 '~할지언정'의 의미가 아니라, 외국인에게 문형이라는 것은 참으로 어렵겠구나 하는 생각과 함께 문득 이러한 생각이 들었다. 만약 한국어 능력시험에 오문정정이 출제된다면??

<u>비록</u> <u>가난하게</u> <u>살지언종</u> <u>비굴해지지는</u> <u>않겠다.</u>
  A   B   C   D

정상적인 교육을 받은 한국인이라면 누구나 쉽게 B가 잘못되어 있음을 알 수 있을 것이다. 하지만 외국인이 풀기에 쉬운 문제는 아닌 듯 하다. 이제 위 문장을 일본어로 바꿔보겠다.

<u>たとえ貧乏に暮しては、卑屈にはなるまい。</u>
  A   B   C   D

어떤가? 쉽게 답이 들어오는가? 정답은 「たとえ~ても」의 문형에 맞추어서 B를 「暮しても」로 고쳐야 한다.

위에서 알 수 있듯이 이 유형의 함정에 빠지지 않기 위해서는 문형을 공부할 때, 무슨 일이 있더라도 문형의 형태를 정확하게 숙지해야 한다는 사실을 명심하자!

이렇게 함정을 판다!

① 문형의 형태를 간사하게 살짝 바꾸어 놓는다.

小さい頃、「食べたからすぐに寝ると牛になる」と母に言われていた。
　　　　　　食べてから

어렸을 때, 「먹고 나서 바로 자면 소가 된다」라고 어머니에게 들었다.

いくら忙しいといい、電話ぐらいはしてください。
　　　　　といっても

아무리 바쁘다고 해도, 전화 정도는 해 주세요.

アイロンをかけるようと思ってスイッチを入れた。
　　　　　　　かけようと

다림질을 하려고 전원을 켰다.

先のことを考えずで、お金を無駄に使ってはいけない。
　　　　　考えずに

장래를 생각하지 않고, 돈을 쓸데없이 써서는 안 된다.

競争は以前にもましに激しくなってきています。
　　　　　にもまして

경쟁은 이전보다 더 심해지고 있습니다.

예제 1

ヘリコプターが墜落して、その部品が街に飛び散った にかかわらず、幸いなことに住民に怪我は
　　　　　　A　　　　　　　　　　　　B　　　　　C　　　　　　　　D
なかった。

예제 2

昨夜行った寿司屋は握りずしが食べ放題 とあって、私たちは旺盛な食欲で制限時間60分を1秒たりで
　　　　　　　　　　　　　　A　　 B　　　　　　　　　　　　　　　　　　　　　C
も無駄にせず食べまくった。
　　　　　　　　D

예제 1 ●●●○○

해설 문맥상 (C)에 '~임에도 불구하고'라는 의미의 「~にもかかわらず」가 들어가야 한다.「~にかかわらず」는 '~과 상관없이'라는 의미로 형태가 「~にもかかわらず」와 비슷하니 주의를 요한다. (A)는 추락한 바로 '그' 헬기를 가리키므로 올바르고, (B)는 문맥상 적절한 동사이고 사방으로 튄 것은 화자가 말하는 시점보다 먼저 일어난 행위이므로 과거형태 또한 적절하다. (D)는「감정을 나타내는 い형용사, な형용사, 동사 + ことに ~하게도」라는 문형을 묻고 있다. 참고로,「ことに」 앞에 い형용사가 올 경우에는 기본형 그대로 접속하고 「嬉(うれ)しいことに 기쁘게도 悲(かな)しいことに 슬프게도 面白(おもしろ)いことに 재미있게도 恐(おそ)ろしいことに 두렵게도 苦(くる)しいことに 괴롭게도」, な형용사가 올 경우 연체수식형태로 「幸(さいわ)いなことに 다행스럽게도 残念(ざんねん)なことに 유감스럽게도 嫌(いや)なことに 싫게도」, 동사가 올 경우에는 과거형에 접속한다.「驚(おどろ)いたことに 놀랍게도 呆(あき)れたことに 어이없게도」

어휘 墜落(ついらく) 추락 部品(ぶひん) 부품 飛び散る(とびちる) 사방으로 튀다, 흩어지다 幸(さいわ)いだ 다행이다
住民(じゅうみん) 주민 怪我(けが) 상처

해석 헬리콥터가 추락해서, 그 부품이 거리에 사방으로 튀었음에도 불구하고 다행스럽게도 주민에게 상처는 없었다.

정답 C → にもかかわらず

예제 2 ●●●●○

해설 '비록 ~일지라도'라는 의미의 「~たりとも」라는 문형을 살짝 바꾸어서 밑줄을 그어 놓은 (C)가 올바르지 못하다. (A)는 「동사ます형」에 접속하여 '제한없이 자유롭게 할 수 있음'이라는 의미를 가지며「飲み放題(のみほうだい) 마음껏 마심 乗り放題(のりほうだい) 마음껏 탐 打ち放題(うちほうだい) (골프 따위를) 마음껏 침」, (D)는「동사ます형」에 접속하여 '마구 ~하다'라는 의미이다.「書きまくる 마구 쓰다 読みまくる 마구 읽다」

어휘 寿司屋(すしや) 초밥집 握(にぎ)りずし (손으로 쥔) 초밥 食べ放題(たべほうだい) 마음껏 먹음 ~とあって ~라는 상황에 있어서, ~라서 旺盛(おうせい) 왕성 食欲(しょくよく) 식욕 制限時間(せいげんじかん) 제한시간 無駄(むだ)だ 쓸데없다, 헛되다 無駄にする 헛되이 하다 食(た)べまくる 마구 먹다

해석 어제 갔었던 초밥집은 (손으로 쥔) 초밥을 맘대로 먹을 수 있어서, 우리들은 왕성한 식욕으로 제한시간 60분을 비록 1초라도 헛되이 하지 않고 마구 먹었다.

정답 C → たりとも

Pattern Study 1

다음 문장을 꼼꼼히 읽고, 잘못된 부분을 올바르게 고치세요.

1　国、地方を問わず選挙の投票率は下がる方だ。

2　不幸中の幸せか、被害者の命に別状はなかったようだ。

3　大きな病気になりかねるから、ちゃんと治した方がいいですよ。

4　私くらいの年になれば、自分のものは自分で決めなければならない。

5　妹には今度の誕生日のプレゼントにイヤリングを買ってあげるところです。

6　今日、市役所へ行って、通帳からお金を下ろしてきました。

7　今月末に父が帰国するつもりなので、旅行に行くわけにはいかない。

8　あのほど勉強して満点を目指していたのに、不本意な結果だった。

9　インターネットの進展によって出会いがより便利になってきたというのは確かです。

10　本規約は予告なしに変更される場合があり、それ場合はメールでお知らせします。

11　半導体事業の景気が迷走していて、これから先のビジネスを警戒している人も多い。

12　ドラマを数多く見た私ですが、これほど切なく悲しいドラマは今まで見たのがありませんでした。

13　私は野球教室を担当していますが、子供達の野球にたいして情熱は今も昔も変わっていないと思います。

14　洋食を食べる時は、ナイフや箸などがたくさん並んでいて、どうすればいいか分からず、ついおどおどしてしまいます。

15　一番大切なことは学校の危機管理におき、学校という特殊で組織的な背景を認識した上で、校長を中心とした管理職員自身の危機管理意識を高めることだ。

KEY 6 바로 잡자! 접속 형태!

문형의 정확한 형태 못지 않게 중요한 것이 접속 형태이다. 90% 이상이 동사의 접속 형태를 물으므로, 문형 바로 앞에 있는 동사에 밑줄이 그어져 있다면 무조건 의심부터 하고 보아야 한다. 주로 '기본형'과 '과거형'으로 함정을 파니, '동사기본형과 과거형'에 밑줄이 그어져 있다면 촉각을 곤두세워야 한다!

이렇게 함정을 판다!

① 문형의 접속형태를 살짝 바꾸어 놓는다.

人が多いすぎてゆっくりと景観を眺めていられないのが残念だった。
　　多すぎて

사람이 너무 많아서 느긋하게 경관을 바라볼 수 없는 것이 유감스러웠다.

政府は米国に対して速やかに外交的行動をとったべきだ。
　　　　　　　　　　　　　　　　　　　とる

정부는 미국에 대해서 신속하게 외교적 행동을 취해야 한다.

これは真剣に考え抜く末、出した結論です。
　　　　　　考え抜いた

이것은 진지하게 생각한 끝에, 낸 결론입니다.

ドアを開けると、弟が洋服を着るまま寝ていた。
　　　　　　　　　　着たまま

문을 열었더니, 남동생이 양복을 입은 채로 자고 있었다.

小さい頃、離れてしまった友だちに会うたくてたまらない。
　　　　　　　　　　　　会いたくて

어렸을 때, 헤어져 버렸던 친구를 만나고 싶어서 견딜 수 없다.

예제 1

一昨日からずっと一睡もしていないので今日は早く家に帰って寝てほうがいいと思う。
　　　A　　　　　B　　　　　　　　　C　　　　　　　D

예제 2

材料が手に入る次第、おいしい料理をお作りしますので、ちょっと我慢していただけないでしょうか。
　　A　B　　　　　　　　　　　　C　　　　　　　　　　　　D

예 제 풀 이

예제 1 ●●○○○

해설 「～ほうがいい」라는 문형 앞에 동사가 올 경우에는 과거형이 와야 한다. 애초에 「～たほうがいい」라는 형태로 숙지해 놓도록 하자. (A)는 문맥상 적절한 부사이고 뒤에 주로 「～ている」형을 수반한다. (B)는 「一睡(いっすい)もしない 한숨도 못 자다」라는 표현의 일부분이다.

어휘 一昨日(おととい) 그제 ずっと 훨씬, 쭉, 줄곧 今日(きょう) 오늘 cf. 明日(あした) 내일 明後日(あさって) 모레 帰(かえ)る 돌아가다 寝(ね)る 자다, 눕다

해석 그저께부터 줄곧 한숨도 못 잤기 때문에 오늘은 빨리 집으로 돌아가서 자는 편이 낫다고 생각한다.

정답 D → 寝た

예제 2 ●●●○○

해설 「次第」는 「동사ます형」에 접속하여 '～하는 즉시, ～하자마자'라는 의미를 가진다. 평소에 문형의 접속형태를 꼼꼼히 공부한 수험자라면 「次第」가 동사기본형에 접속할 수 없으므로 답이 (A)임을 쉽게 찾을 수 있을 것이다. (A)는 '주체'를 나타내는 조사이고(は(X)), (C)는 화자가 요리사이고 요리사가 손님에게 말하는 상황으로 볼 수 있으므로 겸양표현을 써야 하는데 「お + 동사ます형 + する」형태의 겸양공식에 들어맞으므로 적절하며(作る(X) 作って(X)), (D)는 「～ていただけないでしょうか」형태로 상대에게 부탁할 때 사용하는 매우 공손한 표현이다.

어휘 材料(ざいりょう) 재료 手(て)に入(はい)る 손에 들어오다 作(つく)る 만들다 ちょっと 조금 我慢(がまん)する 참다

해석 재료가 손에 들어오는 대로 맛있는 요리를 만들겠으니 잠깐 참아 주시지 않겠습니까?

정답 B → 入り

KEY 7 「동작성 동사ます형 + に ~하러」라는 표현을 숙지하자.

「동작성 동사ます형 + に」는 뒤에 「行く、来る」등의 동사와 호응하여 '~하러'라는 의미를 가진다. 물론 「동작성 동사ます형」 대신 「運動、スキー、旅行」등의 「동작성 명사」가 들어가도 된다. 1년에 2~3번 꼴로 121~124번 문제에서 등장하는 유형이니 절대로 틀리는 일이 없도록 하자.

모범예문
1 友達の家に遊びに行った。 친구 집에 놀러 갔다.
2 お茶でも飲みに行きませんか。 차라도 마시러 안 갈래요?
3 久しぶりに友達に会いに大阪へ来ました。 오랜만에 친구를 만나러 오사카에 왔습니다.

이렇게 함정을 판다!

① 「ます형 + に」를 「て형」으로 바꾸어 놓는다.
　会社が終わってから、いっしょに映画を見て行きませんか。
　　　　　　　　　　　　　　　　　　　　見に

　회사가 끝나고 나서, 함께 영화를 보러 가지 않을래요?

　よろしかったら、週末に遊んで来てください。
　　　　　　　　　　　　遊びに

　괜찮다면, 주말에 놀러 오세요.

② 「ます형」을 「기본형」으로 바꾸어 놓는다.
　今日はとても暑かったので、海へ泳ぐに行った。
　　　　　　　　　　　　　　　　　泳ぎに

　오늘은 매우 더웠기 때문에, 바다로 헤엄치러 갔다.

　今朝、いろんな花を見るに公園に行った。
　　　　　　　　　　　見に

　오늘 아침, 여러 가지 꽃을 보러 공원에 갔다.

예제 1

20年前の初恋の彼女と偶然に連絡が取れて胸を踊らせながら会うに行った。
　　　　　A　　　　　　　　　　　B　　　　　C　　　　　D

예제 2

今日は彼女とデートがあるため仕事を速く片付けて映画館に映画を見て行きました。
　　　　　　　　　　　　　Ａ　　　　　　　Ｂ　　　　Ｃ　　　　　Ｄ

예제풀이

예제 1 ●●○○○

해설　(D)를 「会いに」로 고쳐야 함을 쉽게 알 수 있다. (A)는 한자 읽기에 주의할 필요가 있으며(しょれん(X) しょあい(X)), (B)는 앞에 조사 「が」가 있으므로 자동사인 「取れる」가 왔다.(取って(X)) (C)는 사역형을 쓰는 신체 관용 표현 중 하나이고, 이 밖에도 「頭を悩(なや)ませる 괴로워하다 心を動(うご)かせる 감동시키다 顔を曇(くも)らせる 우울한 얼굴을 하다 顔をほころばせる 얼굴에 웃음을 띄우다 髪をなびかせる 머리카락을 나부끼다 口を滑(すべ)らせる 입을 잘못 놀리다 口を尖(とが)らせる 입을 삐죽 내밀다 心を躍(おど)らせる 가슴을 뛰게 하다 目を光(ひか)らせる 눈을 번뜩거리다 胸を膨(ふく)らませる 가슴을 부풀게 하다」 등이 있는데 시험에서 출제된 적이 있는 표현들이므로 숙지해 놓도록 하자.

어휘　初恋(はつこい) 첫사랑　偶然(ぐうぜん)に 우연히　連絡(れんらく)がとれる 연락이 닿다　胸(むね)を躍(おど)らせる 가슴을 뛰게 하다

해석　20년 전의 첫사랑인 그녀와 우연히 연락이 닿아서 콩닥콩닥하면서 만나러 갔다.

　　　　　　　　　　　　　　　　　　　　　　　　　　　　　　정답 D → 会いに

예제 2 ●●●○○

해설　문맥상 '보러 갔다'가 올바르므로 (D)를 「見に」로 고치자. (A)는 '~때문에'라는 의미의 '이유' 용법이며, 파트 5에서 '~하기 위해서'라는 의미의 '목적' 용법과의 구분을 묻는 문제도 종종 출제된다. (C)는 '도달점' 용법으로 쓰였으므로 조사 「へ」로 바꾸어 써도 이상이 없다.

어휘　片付(かたづ)ける 정리하다, 끝내다　映画館(えいがかん) 영화관

해석　오늘은 그녀와 데이트가 있기 때문에 일을 빨리 정리하고 영화관에 영화를 보러 갔습니다.

　　　　　　　　　　　　　　　　　　　　　　　　　　　　　　정답 D → 見に

KEY 8 동사의 긍정형에 밑줄이 있으면 의심! 또 의심!

「あまり~ない、なかなか~ない」등과 같이 부정을 수반하는 부사나 「取り返しがつかない、つじつまが合わない」등과 같이 관용적으로 굳어진 표현들이 있는데, 시험에서는 황당하게도 부정형태를 긍정형태로 바꾸어 놓고 밑줄을 그어놓는다. 4개의 밑줄이 문법적으로 전혀 이상이 없는데 해석해 보면 뭔가 느낌이 이상할 때, 동사 긍정형태에 밑줄이 그어져 있다면 반드시 의심해 보도록 하자.

모범예문

1 新しくできたレストランの料理はあまりおいしくなかった。
   새로 생긴 레스토랑의 요리는 그다지 맛있지 않았다.

2 30分も待っているのに、バスがなかなか来ません。
   30분이나 기다리고 있는데 버스가 좀처럼 오지 않습니다.

3 弟は「取り返しがつかないことをしてしまった」と後悔している。
   남동생은 「돌이킬 수 없는 일을 해 버렸다」라고 후회하고 있다.

4 彼の証言につじつまが合わないところがあります。
   그의 증언에 이치에 맞지 않는 부분이 있습니다.

이렇게 함정을 판다!

① 부정을 수반하는 부사가 있는데 문장 뒤에 부정형태가 오지 않는다.

   肉は好きですが、魚はあまり好きです。
                        好きではありません

   고기는 좋아합니다만, 생선은 그다지 좋아하지 않습니다.

   パソコンを買ったが、使い方がさっぱり分かります。
                              分かりません

   컴퓨터를 샀는데, 사용법을 완전히 모르겠습니다.

② 부정형태로 굳어진 관용표현의 동사부분을 긍정형태로 바꾸어 놓는다.

   後で後悔しても取り返しがつくと分かっています。
          こうかい
              取り返しがつかない

   나중에 후회해도 돌이킬 수 없다고 알고 있습니다.

田中さんは私にとって隅に置ける存在である。
　　　　　　　　　　　隅に置けない

다나카 씨는 내게 있어서 얕볼 수 없는 존재이다.

③ 문맥상 동사부정형이 와야 함에도 불구하고 긍정형이 와 있다.
電気も水道もない生活など、現代文明にどっぷり浸かった私には想像だにつく。
　　　　　　　　　　　　　　　　　　　　　　　　　　つかない

전기도 수도도 없는 생활 같은 건, 현대문명에 푹 젖은 나에게는 상상조차 가지 않는다.

彼女が秘密を漏したことは想像にかたい。
　　　　　　　　　　　　　かたくない

그녀가 비밀을 누설한 것은 상상하기에 어렵지 않다.

예제 1

<u>先週</u>家族と<u>外食に行った</u>店は<u>あまり</u><u>きれいでした</u>。
　A　　　　B　　　　　C　　　　D

예제 2

どんなことをする<u>において</u>も<u>リスクを負う</u> <u>ことなく</u>新しい道を切り開くことは<u>できる</u>だろう。
　　　　　　　　A　　　　　B　　　　C　　　　　　　　　　　　　　D

예 제 풀 이

예제 1 ●○○○○

해설 「あまり」는 부정과 호응하여 '그다지 ~않다'라는 의미를 나타낸다. (D)를 「きれいではありませんでした」로 고쳐야 문맥이 통한다. 이밖에 「ろくに~ない 제대로 ~않다 かならずしも~ない 반드시 ~않다 なかなか~ない 좀처럼 ~않다 めったに~ない 좀처럼 ~않다 たいして~ない 그다지 ~않다 さほど~ない 그다지 ~않다 さっぱり~ない 전혀 ~않다 いっこうに~ない 전혀 ~않다 ぜんぜん~ない 전혀 ~않다 けっして~ない 결코 ~않다」 등의 부정을 수반하는 부사 역시 출제빈도가 높으므로 반드시 알아야 한다. (A)는 불확실한 시간을 나타내므로 「に」가 붙을 수 없으며 「毎日、昨日、今日、明日、さっき、毎週、今週、来週、毎月、先月、今月、来月、去年、今年、来年」역시 마찬가지로 「に」가 붙을 수 없다. (KEY31 참조) (B)는 「동작성 명사 + に ~하러」라는 문형이다.

해석 저번 주에 가족과 외식하러 갔었던 가게는 그다지 깨끗하지 않았습니다.

정답 D → きれいではありませんでした

예제 2 ●●●○○

해설 문맥상 '새로운 분야를 개척하는 것은 가능할 것이다'가 아니라 '새로운 분야를 개척하는 것은 불가능할 것이다'가 되어야 하므로 (D)를 「できない」로 고쳐야 한다. 이처럼 동사 긍정형태에 밑줄이 그어져 있으면 부정형태로 바꾸어야 하지 않는지 의심해 보는 습관을 가지도록 하자. (A)는 '~에 있어서도'라는 의미의 문형이며, (C)는 동사 기본형에 접속하여 '~하는 일 없이'라는 뜻이다.

어휘 リスクを負(お)う 위험을 짊어지다 cf. 負(お)った子(こ)より抱(だ)いた子(こ) 업은 자식보다 안은 자식, 초록은 동색이오, 가재는 게 편 切り開く(きりひらく) 개척하다

해석 어떤 일을 함에 있어서도 위험을 짊어지는 일 없이 새로운 분야를 개척하는 것은 불가능할 것이다.

정답 D → できないだろう

KEY 9 자·타동사 구별은 기본!

조사 「が」 다음에는 자동사가, 「を」 다음에는 주로 타동사가 온다. 조사 「が」나 「を」 다음에 오는 동사에 밑줄이 그어져 있다면 95% 이상의 확률로 자·타동사 구별을 묻는 문제라고 생각하면 된다. 반대로 동사 앞에 있는 조사 「を」나 「が」에 밑줄을 그어놓기도 한다. 자·타동사 문제를 틀리지 않기 위해서는 '짝을 가지고 있는 자·타동사'를 무슨 일이 있더라도 숙지해 놓아야 한다. 유형을 알아도 어휘력이 없다면 무용지물이라는 것을 잊어서는 안 된다.

모범예문

1 もうすぐ授業が始まるので、席についてください。(始まる 자시작되다 始める 타시작하다)
   이제 곧 수업이 시작되니까, 자리에 앉아주세요.

2 地震で大切にしていたコップが割れてしまった。(割れる 자깨지다 割る 타깨다)
   지진으로 인하여 소중히 여기고 있었던 컵이 깨져버렸다.

3 荷物を届けてから、銀行に行ってお金を下ろしました。(届く 자닿다, 도착하다 届ける 타보내다)
   짐을 보내고 나서, 은행에 가서 돈을 찾았습니다.

4 運転中に地震が起ったら、安全なところに車を止めましょう。(起こる 자일어나다 起す 타일으키다)
   운전 중에 지진이 발생하면, 안전한 곳에 차를 세웁시다. (止まる 자멈추다, 끊어지다 止める 타세우다, 끊다)

이렇게 함정을 판다!

① 조사 「が」 다음에 타동사가, 조사 「を」 다음에 자동사가 와 있다.

出張の日程が決め次第、ご連絡します。
　　　　　　決まり

출장의 일정이 정해지는 대로, 연락하겠습니다.

悔しさと寂しさで自然と涙が流してきた。
　　　　　　　　　　　　　流れて

분함과 쓸쓸함으로 저절로 눈물이 흘렀다.

私の視野を広がってくれた先生にとても感謝している。
　　　　広げて

나의 시야를 넓혀준 선생님에게 매우 감사하고 있다.

② 타동사 앞에 조사「が」가 와 있다.
筋肉がなければ人間は体が動かすことができません。
　　　　　　　　　　　　を
근육이 없으면 인간은 몸을 움직일 수 없습니다.
不注意で交通事故が起こしてしまいました。
　　　　　　　　を
부주의로 인하여 교통사고를 일으켜 버렸습니다.

예제 1
昨日電車の中でお金が入れた財布を落としてしまった。
　A　　　　B　　　　C　　　　　　　D

예제 2
バイクが壊して修理に出してあるので、一週間ぐらいは不便だけど我慢するよりほかない。
　　　A　　　　B　　　　　　　　　C　　　　　　　　　　　　　　　D

예제풀이

예제1 ●○○○○

해설 (C) 앞에 「が」가 있으므로 자동사인 「入った」가 와야 한다. (A)는 불확실한 시간이므로 조사 「に」가 붙을 수 없으며, (B)는 '동작이 행해지는 장소' 용법으로 사용되었고(に(X)), (D)는 앞에 조사 「を」가 있으므로 타동사인 「落す」가 온 것이 올바르다.(落ちて(X))

어휘 入(い)れる 넣다 入(はい)る 들어가다 財布(さいふ) 지갑 落(お)とす 떨어뜨리다 cf. 落(お)ちる 떨어지다 財布を落とす 지갑을 분실하다

해석 어제 전철 안에서 돈이 든 지갑을 분실해 버렸다.

정답 C → 入った

예제2 ●●●○○

해설 (A) 앞에 조사 「が」가 있으므로 자동사인 「壊れる」가 와야 한다. (B)는 「修理に出す 수리하러 맡기다」라는 표현의 일부분이고, (C)는 '수량'을 나타내는 단어에 붙어서 '어림수'를 나타내는 용법으로 쓰였다. (D)는 '~밖에 없다' 라는 의미의 문형으로써 비슷한 문형으로 「~しかない、~ほかない」가 있다.

어휘 壊(こわ)す 부수다 cf. 壊(こわ)れる 부서지다 修理(しゅうり)に出(だ)す 수리하러 맡기다 不便(ふべん)だ 불편하다 我慢(がまん)する 참다 ~よりほかない 참다 ~밖에 없다

해석 오토바이가 고장나서 수리 맡겨져 있기 때문에, 일주일간 정도는 불편하지만 참을 수밖에 없다.

정답 A → 壊れて

KEY 10 상태를 나타내는 「てある」, 「ている」

「타동사て형 + ある」와 「자동사て형 + いる」를 보는 순간 과거의 아픈 추억이 되살아나지는 않는가? 두 녀석 모두 '~해져 있다'라는 의미의 상태표현이지만 뉘앙스의 차이가 있다.

　　　　ドアが開けてある。　문이 (누군가에게 의해) 열려져 있다. 〈동작주가 존재함을 암시함〉
　　　　ドアが開いている。　문이 열려져 있다.　〈단순히 열려져 있는 상태를 의미함〉

시험에서는 「いる」나 「ある」에 밑줄을 그어놓는데, 앞에 있는 동사가 자동사인지 타동사인지를 파악할 수 있어야 함정에 빠지지 않게 된다.

이렇게 함정을 판다!

① 「타동사て형 + いる」나 「자동사て형 + ある」형태로 해 놓고 밑줄을 그어 놓는다.

　ベッドの横にあるテーブルには目覚まし時計が置いています。
　　　　　　　　　　　　　　　　　　　　　　　　あります
　침대 옆에 있는 테이블에는 자명종이 놓여져 있습니다.

　ビンの中に塩が入れているので、捨ててはいけない。
　　　　　　　　　ある
　병 안에 소금이 들어 있기 때문에, 버려서는 안 된다.

　壁に丸い時計と服がかかってあります。
　　　　　　　　　　　　います
　벽에 둥근 시계와 옷이 걸려져 있습니다.

　並んである小さい画像をクリックすることで、大きな写真がご覧になれます。
　　　いる
　나열되어 있는 작은 화상을 클릭하는 것으로, 커다란 사진을 보실 수 있습니다.

예제 1

テーブルの上に本3冊や皿3枚やコップ2個などが並べられてあります。
　　　　　　　　A　　　B　　　　　C　　　　　　　　D

예제 2

ワゴン車の後ろの座席は、ぐうぐう寝ながら帰宅できるように、座席は全て平らに倒されていて、
　　　　　A　　　　　　B　　　　　　　　　　　　　　　　　　　　　　　　　　　　C

布団も敷いていた。
　　　　　D

예제 1 ●●●○○

해설 (D) 앞에는 「並べる」라는 타동사의 수동형태인 「並べられる」가 와 있다. 타동사의 수동형은 자동사의 성질을 띠므로 「자동사て형 + いる」의 형태에 맞추어서 (D)를 「います」로 고쳐야 한다. 참고로 다음 두 문장의 차이점은 무엇일까?

1. 窓ガラスが<u>割られた</u>。 창문이 깨졌다. (타동사 割る의 수동형태)
2. 窓ガラスが<u>割れた</u>。 창문이 깨졌다. (자동사)

결과상으로 보면, 두 문장 모두 창문이 깨진 것은 같으나 타동사의 수동형태를 사용한 1번 문장은 '누군가에 의해서 깨졌다'라는 동작주의 존재를 암시하는 반면에, 2번 문장은 이러한 뉘앙스가 없다. (A)는 '책, 노트'를 세는데 쓰는 조수사이고, (B)는 '얇고 평평한 것을 셀 때'쓰는 조수사인데 '접시'는 얇고 평평하므로 올바르다. 이밖에도 '종이, 손수건, CD' 등을 셀 때도 「枚」를 쓴다.

어휘 並(なら)べる 늘어놓다, 열거하다

해석 테이블 위에 책 3권과 접시 3장과 컵 2개 등이 놓여져 있습니다.

정답 D → います

예제 2 ●●●○○

해설 '상태'를 나타내는 방법으로 「타동사て형 + ある」와 「자동사て형 + いる」형태가 있는데, 「敷く」는 타동사이므로 (D)를 「あった」로 고쳐야 올바르다. (A)는 명사를 연결시키는 용법으로 사용되었고, (B)는 잠을 자는 모습을 의미하는 의태어로써 문맥상 이상이 없으며, 이밖에 「うとうと 꾸벅꾸벅 ぐっすり 푹자는 모양 すやすや 쌔근쌔근(아기가 자는 모습)」도 함께 알아두자. (C)는 앞에 「倒す」의 수동형태인 「倒される」가 와 있는데, 타동사의 수동형은 자동사의 성질을 띠므로 「자동사て형 + いる」형태로써 이상이 없다.

어휘 ワゴン車(しゃ) 왜건 座席(ざせき) 좌석 ぐうぐう 쿨쿨 帰宅(きたく) 집에 돌아감 平(たい)らだ 평평하다 倒(たお)す 쓰러뜨리다 cf. 倒(たお)れる 쓰러지다 布団(ふとん) 이불 敷(し)く 깔다

해석 왜건의 뒷좌석은 쿨쿨 자면서 집에 돌아올 수 있도록 좌석은 전부 평평하게 넘어져 있고 이불도 깔려 있었다.

정답 D → あった

Pattern Study 2

다음 문장을 꼼꼼히 읽고, 잘못된 부분을 올바르게 고치세요.

1 めったに泣く私だが、手紙を読んでつい泣いてしまった。

2 テーブルの上に食べかけのパンと果物が置かれてあります。

3 鈴木さんの心を込めた演奏には、人の心を動くものがあります。

4 大学に入って一人暮らしを始めたが、朝なかなか起きられます。

5 どうすればいいか考える挙げ句、卒業してから帰国することにした。

6 駅前のレストランにピザを食べるに行ったが、評判どおりおいしかった。

7 アメリカの企業に就職が決めたからには、英語の腕を上げるよりほかない。

8 いくら体にいいからといって必要以上に食べるすぎるのは好ましくありません。

9 先日知り合ったラーメン屋のおじさんに会うに行ったが、店は閉まっていた。

10 駅から家までの間に街灯が少なくて、暗くなったから一人で歩いて帰るのは怖いです。

11 料理に虫が入ってあるのを発見した日は、一日中気分が悪く、胸がむかむかします。

12 管理人の多忙と怠慢により、万全だとは言うかねる管理体制が続いております。

13 母は仕事が忙しくて私の世話をする暇があまりなかったので、姉からいろいろなことを教えました。

14 この手続きをしないと、自己負担額が増えた恐れがありますので、早めに保健所に申請してください。

15 実際に入社してみると、周りには非常に有能な人たちが大勢いて自分は足元にも及ぶといった感じだった。

연습문제 ①

1. 鍵を車に 残ったまま うっかりドアを 閉めてしまった。
   　　A　　B　　　　C　　　　　　D

2. 運転手さん、すみませんがこの辺りで車を止まってください。
   　A　　　　　　　　B　　C　　　　D

3. 新聞に国民年金や株価についての情報が詳しく書かれてあります。
   　　A　　　　　　B　　　　　　C　　　　D

4. 魚を買うために 八百屋へ行きました。それから家で自ら料理を作って好きな人に
   　　　　A　　　B　　　　　　　　　　　　　C

   分けてあげました。
   　D

5. 寝る前に蚊を発見して退治しようにしたが残念なことに 逃してしまった。
   　　A　　　　　　　　B　　　　C　　　　D

6. 取り寄せしてやっと手に入れた自転車が買ってからたったの二週間で、しかも15分
   　A　　　　　　　　　　　　　　　　B

   ほどパンを買うに止めておいただけなのに盗まれてしまった。
   　　　　　C　　　　D

7. 日本は国道が狭く、山が多いので日本の川には急流が多く、あまり長いものや
   　　　　　　　　A　　B

   大きいものはあります。
   　C　　　D

8 道が混んでいて<u>あそこ</u>に行くまで時間がかかりそうだから、<u>先に</u> <u>始めて</u> <u>おいて</u>
　　　　　　　　　A　　　　　　　　　　　　　　　　　　　　　　　B　　C　　　D

ください。

9 昨日午後<u>から</u>夕方<u>とかけて</u>、関西各地では天候が<u>荒れ</u>、落雷が原因と<u>みられる</u>
　　　　　　　A　　　　B　　　　　　　　　　　　　　　　C　　　　　　　　　　D

火災などが相次ぎました。

10 幼い頃、来客はよく風呂敷を<u>手</u>にして訪れた。中に何が入っているのかと<u>中身</u>を
　　　　　　　　　　　　　　　　　A　　　　　　　　　　　　　　　　　　　　　B

想像しながら<u>子供心</u>に期待して包みを見つめた<u>ことだ</u>。
　　　　　　　　C　　　　　　　　　　　　　　　　D

11 家の近くに<u>ある</u>駐車場で遊んでいたら1000円札を<u>見つけました</u>。隠して持って
　　　　　　　　　A　　　　　　　　　　　　　　　　　　B

帰ったら犯罪だと思って<u>わざわざ</u> <u>銀行</u>まで持っていきました。
　　　　　　　　　　　　　C　　　　　D

12 店員がオーダーを<u>取るに</u>来たので<u>さっそく</u>注文をして<u>ふっと</u>前を見ると、別の
　　　　　　　　　　　A　　　　　　　B　　　　　　　　C

店員が厨房の中で思いきりタバコを<u>ふかして</u>いたので驚いた。
　　　　　　　　　　　　　　　　　　D

13 夕食を食べた後、散歩に出掛けて珍しくカラオケなどを始めてしまったのが間違
            A   B
いで、宿に戻ったら電気が消していて入り口のドアも閉まっていた。
                    C   D

14 日本語の実力を上げるため家の近くにある学院で授業を受けた。受講している人
                        A   B   C
の中に、男の人は私と定年退職したおじいさんしかいた。
                                    D

15 今月いっぱい完工を目標に、80％ほど工事が進歩された状態だったが、台風の被
      A   B
害により、大きいビルが全部崩れてしまう切ない状況が起きた。
          C   D

16 去年のテロ以来、多くの国では「安全のため多少の自由を犠牲にするか。それとも自
              A
由のためでは少々の危険にさらされなければならないか」というジレンマに陥った。
    B   C   D

17 彼女のための送別会だから、彼女が来ないことには是が非でも始められるのだ。
          A   B   C   D

18 そんな有名な人がこんなの汚い店に来るわけがない。
      A   B   C   D

19 我が社の下請け会社がつぶれた。それは円高の影響で我が社の売上が下がった
          A   B   C

   ためである。
    D

20 「地球温暖化が進んだら進むほど21世紀末に発生する台風の数が２割も減る一方、
             A   B

   勢力が強大になる傾向がある」との試算を研究員らがまとめた。
                        C   D

21 近くのラーメン屋で「これを食べきるとただ」という文句つきのものを発見した。
                                                A

   お金を持っていなくて「失敗したらお金を払わなくてはいけない」という強迫観念
                              B

   から死ぬつもりで食べきった。
     C   D

22 座っていることが多いせいか腰が痛くなってきたので、プールで泳ごうと思い、
              A   B

   健康センターへ行ったら3月末で廃止になっていてがっかりした。
           C   D

23 彼は自分の転職を見つけて人生のスタートラインに立ったのが35才の時だと告白
          A   B

   する。言い換えれば35才までは回り道をしてきたということだ。
            C   D

24 猫を拾いました。「野良猫の度合は結構病気持ちが多いらしく大変だ」とは聞いて
　　　　　　　　　　　　A　　　　　　　　　　　B
いましたが案の定今月すでに３回も病院に行きました。
　　　　　C　　D

25 彼のことから、自分の計画が間違えても自分だけは責任を逃れられるような手は
　　　A　　　　　　　　　　　　　　B　　　　　C
打ってあるにちがいない。
　D

26 引っ切り無しにかかってくるタイム誌の定期講読を勧誘する電話に一度は断ったが、
　　A　　　　　　B　　　　　　　　　　　　　　　　　　　　　　C
何度も誘われて結末、申し込んでしまった。
　　　　　　D

27 夫は家族のためリストラの嵐の中でも頑張ってきた。息子たちにうだつの上がる
　　　　　A　　　　B　　　　　　　　　　　　　　　　　　　　　　C
おやじと言われても文句一つ言わなかった。
　　　　　　　　　　D

KEY 11 시제를 맞춰라!

시제문제는 반드시 문장 안에 시제를 명시하는 단어가 있다.
문장 안에 「子供の頃、子供の時、おととい、昨日、今朝、さっき」등과 같은 과거를 명시하는 단어가 있으면, 반드시 동사가 과거형인지를 확인하라!
마찬가지로 문장 안에 「明日、明後日、来週、来年」가 있다면 당연히 미래시제가 와야 한다!

이렇게 함정을 판다!

① 문장 안에 과거를 명시하는 단어가 있는데 동사가 과거형이 아니다.
　　子供の頃、「歯を磨かないで寝たらだめよ」と父に言われている。
　　　　　　　　　　　　　　　　　　　　　　　　　　　　いた
　　아이 시절, 「이를 닦지 않고 자면 안 돼」라고 아버지에게 들었다.

　　この本は昨日鈴木さんに借りるものですが、今日中に返すつもりです。
　　　　　　　　　　　借りた
　　이 책은 어제 스즈키 씨에게 빌린 것입니다만, 오늘 중으로 돌려줄 생각입니다.

② 문장 안에 미래를 명시하는 단어가 있는데 동사가 과거형이다.
　　夕方になって晴れてきたので、明日はいい天気になったでしょう。
　　　　　　　　　　　　　　　　　　　　　　　　　　なる
　　저녁이 되어 맑아졌기 때문에, 내일은 날씨가 좋을 것입니다.

　　天気予報によると、来週の土曜日から寒くなったそうですよ。
　　　　　　　　　　　　　　　　　　　　　なる
　　일기예보에 의하면, 다음 주 토요일부터 추워진다고 합니다.

예제 1

今朝乗るバスはソウルからインチョンまで直通で行ってとても便利だった。
　　　A　　　　　　　　B　　　　　　　C　　　　　　　　　　　D

예제 2

明日会議を開きましたから大事な用事がない限り、みんな顔を出してください。
　　　　　　A　　　　　　　　B　　　　　　C　　　　　　D

예제풀이

예제 1 ●○○○○

해설 「今朝」라는 과거를 명시하는 단어가 있으므로 (A)를 「乗った」로 바꾸어야 한다. (B), (C)는 '~에서 ~까지'라는 의미의 문형이고, 문장의 시제가 과거이므로 (D)에 과거형이 온 것은 올바르다.(便利だ(X))

어휘 直通(ちょくつう) 직통　便利(べんり)だ 편리하다

해석 오늘 아침에 탄 버스는 서울에서 인천까지 직통으로 가서 매우 편리했었다.

정답 A → 乗った

예제 2 ●●○○○

해설 「明日」라는 미래를 명시하는 단어가 있으므로 (A)를 「開きます」로 고쳐야 한다. (C)는 「~ない限(かぎ)り ~하지 않는 한」이라는 문형의 일부분이고, (D)는 「顔を出す」라는 관용 표현의 일부분으로써 올바르다.

어휘 会議(かいぎ)を開(ひら)く 회의를 열다　大事(だいじ)だ 중요하다　用事(ようじ) 볼일, 용건　顔(かお)を出(だ)す 얼굴을 내밀다, 참석하다

해석 내일 회의를 여니까 중요한 용건이 없는 한 모두 참석해 주세요.

정답 A → 開きます

KEY 12 시키고 당하고 수동·사역수동 표현!

수동과 사역수동문제는 반드시 해석을 해 봐야 풀 수 있는 문제들이다. 수동문제는 최근 들어「言う」를「言われる」로 바꾸는 유형이 자주 출제되고 있으며, 사역수동문제는「待たれる」를「待たされる」로,「飲まれる」를「飲まされる」로 바꿔야 하는 유형이 빈번하게 출제되므로「言う」「待たれる」「飲まれる」에 밑줄이 그어져 있으면 직감적으로 '수동·사역수동'을 묻는 문제라는 것을 느낄 수 있어야 한다.

이렇게 함정을 판다!

① 수동형이 와야 하는 자리에 다른 형태가 와 있다.

「無理しないで自分のこと考えたら」と彼に言った時、ありがたくて涙が出た。
　　　　　　　　　　　　　　　　　　　言われた

「무리하지 말고 자신을 생각하면 어때」라고 그에게 들었을 때, 고마워서 눈물이 났다.

戦後の生活の変化で、下駄が履かなくなりました。
　　　　　　　　　　　　履かれなく

전쟁 후 생활의 변화로, 나막신을 신지 않게 되었습니다.

② 사역수동형이 와야 하는 자리에 수동형이 와 있다.

頭が痛くて朝早く病院に行ったのに、2時間も待たれた。
　　　　　　　　　　　　　　　　　　　待たされた

머리가 아파서 아침 일찍 병원에 갔는데, (어쩔 수 없이) 2시간이나 기다렸습니다.

先輩に無理矢理お酒を飲まれて吐いてしまった。
　　　　　　　　　　　　飲まされて

선배가 억지로 술을 마시게 해서 토해버렸다.

예제 1

<u>この</u>小説には1970年代の若者の<u>生き方</u>がよく<u>出て</u>いると<u>言っている</u>。
　A　　　　　　　　　　　　　B　　　　　C　　　　D

예제 2

強制的に<u>習われて</u>きたピアノとは違って、<u>ギター</u>は自分から<u>始めた</u>ことなので、<u>いつまでも</u>やめたく
　　　　　A　　　　　　　　　　　　　　B　　　　　　　　C　　　　　　　　　D

ありません。

예제풀이

예제 1 ●●○○○

해설 문맥상 '말하고 있는 것'이 아니라 '일컬어지고 있는 것'이 적절하므로 (D)를 수동형인「言われて」로 고쳐야 한다. (A)는 명사를 수식하는 형태로 올바르며(これ(X)), (B)는「동사ます형 + 方 ~하는 방식, 방법」, (C)는 '나타나다'라는 의미로 사용되었다.

어휘 小説(しょうせつ) 소설 若者(わかもの) 젊은이 生き方(いきかた) 사는 방식

해석 이 소설에는 1970년대 젊은이의 사는 방식이 잘 나타나 있다고 일컬어지고 있다.

정답 D → 言われて

예제 2 ●●●○○

해설 (A) 앞에「強制的」라는 말이 결정적인 힌트가 된다. '화자가 하기 싫었음에도 불구하고 어쩔 수 없이 어떤 일을 당했을 때'는 사역수동형을 써야하므로 (A)를「習わされて」로 고쳐야 한다. 이 밖에도 문장 안에「無理(むり)やりに 억지로, 仕方(しかた)なく 어쩔 수 없이, やむを得(え)ず 어쩔 수 없이, いやいや 마지못해, しぶしぶ 마지못해」등의 표현이 있다면 사역수동형을 떠올리도록 하자. (B)는 1년에 1~2번 꼴로 출제되는 가타카나의 정확한 형태를 묻는 유형이며, 장단음에 필히 주의하여야 한다.(ギタ(X))

어휘 強制的(きょうせいてき) 강제적 習(なら)う 배우다 いつまでも 언제까지나, 영원히

해석 강제적으로 배워 온 피아노와는 다르게 기타는 스스로 시작한 것이기 때문에, 영원히 그만두고 싶지 않습니다.

정답 A → 習わされて 또는 習わせられて

KEY 13 주거니 받거니 수수표현!

수수표현문제는 방향만 잘 잡으면 쉽게 풀 수 있다. '화자'가 '상대방'에게 주면 「あげる」를, '상대방'이 '화자'에게 주면 「くれる」나 「もらう」를 쓰면 된다.

모범예문
1 私は友だちに本とノートをあげました。 나는 친구에게 책과 노트를 주었습니다.
2 電車に乗るお金がなくて友達が貸してくれた。 전철을 탈 돈이 없어서, 친구가 빌려 줬다.
3 私は友だちに本を貸してもらいました。 나는 친구에게 책을 빌려 받았습니다.
　　　　　　　　　　　　　　　　　　(=친구는 나에게 책을 빌려 줬습니다.)

한가지 주의해야 할 것은 「くれる」와 「もらう」는 방향은 같지만 앞에 오는 조사가 틀리다는 점이다. 애당초 「~が/は ~くれる」「~に/から ~もらう」 형태로 숙지해 놓자.

이렇게 함정을 판다!

① 「あげる」와 「くれる」를 바꾸어 놓고 밑줄을 그어 놓는다.
　重そうな荷物を持っているおばあさんを助けて<u>くれた</u>。
　　　　　　　　　　　　　　　　　　　　　　あげた
　무거운 듯한 짐을 들고 있는 할머니를 도와 줬다.

　道に迷っていたら、知らない人が助けて<u>あげました</u>。
　　　　　　　　　　　　　　　　　　くれました
　길을 헤매고 있었더니, 모르는 사람이 도와 줬습니다.

② 「くれる」와 「もらう」를 바꾸어 놓고 밑줄을 그어 놓는다.
　妹に手伝って<u>くれた</u>ので、時間に間に合いました。
　　　　　　もらった
　여동생이 도와줬기 때문에, 시간에 늦지 않았습니다.

　彼が教えてもらった方法でやってみたら、難なく終わりました。
　　　　　くれた
　그가 가르쳐 준 방법으로 해 봤더니, 어려움 없이 끝났습니다.

예제 1

駅の前で重い荷物を持っているお年寄りを見つけて助けてくれました。
　　　　A　　　　　　　　　　B　　　　　　C　　　　D

예제 2

健康診断から「糖が多すぎる」と診断されたので女房に協力してくれて和食のみの食生活に変えたら
　　　　　　　　　　A　　　　　　　　　　　　　　　　　　　　B　　　　C　　　　　　　　D

10キロも楽に減量できた。

예제 1 ●●○○○

해설　화자가 상대방을 도와준 것이므로 (D)를「あげました」로 고쳐야 한다. (A)는 '동작이 행해지는 장소' 용법이며, (C)는 앞에 조사「を」가 있어서 타동사인「見つける」가 왔다. (見つかって(X))

해석　역 앞에서 무거운 짐을 들고 있는 노인을 발견해서 도와 주었습니다.

정답 **D** → あげました

예제 2 ●●○○○

해설　「もらう」와「くれる」를 구별하는 문제이다. 앞에「女房に」가 있으므로 (B)를「もらって」로 바꾸어야 한다. 만약 앞에「女房が」가 와 있다면「くれて」가 올바르다. 애초에「~が／は ~くれる」,「~に／から ~もらう」형태로 숙지해 놓도록 하자.

　　　女房に協力してもらう。(O)　　　女房から協力してもらう。(O)　　　女房が協力してくれる。(O)

(A)는「い형용사 어간 + すぎる」형태이고, (C)는 명사에 접속하여「~만, ~뿐」이라는 의미이며「だけ」로 바꾸어 써도 괜찮다. (D)에 타동사인「変える」가 온 것은 문맥상 적절하고 문장 끝에 과거형이 와 있으므로「たら」가정법을 쓴 것은 올바르다.

어휘　健康診断(けんこうしんだん) 건강진단　糖(とう) 당　女房(にょうぼう) 처, 아내　協力(きょうりょく) 협력　和食(わしょく) 일본요리　食生活(しょくせいかつ) 식생활　楽(らく)だ 편하다　減量(げんりょう) 감량

해석　건강진단에서「당이 너무 많다」는 진단을 받아서 아내가 협력해 주고, 일본요리만의 식생활로 바꾸었더니 10킬로나 편하게 감량할 수 있었다.

정답 **B** → もらって

KEY 14 경어를 묻는 문제는 매달 1문제가 출제된다.

경어문제는 행위의 주체가 '화자'이면 '겸양어'를, '상대방'이면 '존경어'를 써야한다는 사실을 수험자가 알고 있는지 묻기 위해서 출제된다. 주로 겸양공식과 존경공식의 형태를 정확히 알고 있는지 물으며, 화자 및 화자와 관련된 사람에게 경어를 쓸 수 없다는 사실 또한 자주 묻는다. 1년에 2번 꼴로 출제되는 접두어 「お」와 「ご」의 구별도 필수사항이다.

▶▶ **존경공식**

「お + 동사ます형 + ください」, 「ご + 한자어 + ください」, 「お + 동사ます형 + になる」

危ないので、駆け込み乗車はおやめください。
위험하니까, 뛰어들어 승차하는 것은 그만 두세요.

美術館内での携帯電話の使用はご遠慮ください。
미술관 안에서 휴대전화의 사용은 삼가주세요.

ただいまの時間ですと、少々お待ちになりますが、よろしいでしょうか。
지금 시간이라면, 조금 기다려야 하시는데 괜찮을까요?

▶▶ **겸양공식**

「お + 동사ます형 + する(いたす)」, 「ご + 한자어 + する(いたす)」

お待たせして、大変に申し訳ございません。 기다리게 해서 대단히 죄송합니다.

ご希望に沿ったお仕事をご紹介いたします。 희망에 따른 일을 소개해 드리겠습니다.

▶▶ **접두어 「お」와 「ご」**

일본 고유의 말이나 일상생활에서 자주 쓰이는 말에는 주로 「お」가 붙는다.
お皿、お体、お絞り、お知らせ、お名前、お電話、お手紙、お食事、お茶、お荷物 등
중국에서 일본으로 전래된 말(한자어)에는 주로 「ご」가 붙는다.
ご成功、ご案内、ご紹介、ご乗車、ご存じ、ご意見、ご招待、ご都合 등

이렇게 함정을 판다!

① 존경공식의 형태를 살짝 바꾸어 놓는다.
他人の権利を侵害するような行為はおやめてください。
　　　　　　　　　　　　　　　　　　おやめ

타인의 권리를 침해하는 행위는 그만두세요.

撮影禁止の案内がある場所での撮影はご遠慮してください。
　　　　　　　　　　　　　　　　　　　　ご遠慮

촬영금지 안내가 있는 장소에서의 촬영은 삼가주세요.

② 존경공식과 겸양공식을 바꾸어 놓는다.
ご質問なさった方、お待たせになって誠に申し訳ありませんでした。
　　　　　　　　　お待たせして

질문하신 분, 기다리게 해서 정말로 죄송했습니다.

恐れ入りますが、お帰りしましたら、お電話いただきたいのですが。
　　　　　　　　お帰りになりましたら

송구스럽지만, 돌아가신다면 전화 주셨으면 합니다만.

③ 자기 가족에게 경어를 쓰거나, 남의 가족에게 경어를 쓰지 않는다.
今日は午前中から母と一緒に祖母さんに会いに行った。
　　　　　　　　　　　　　　祖母

오늘은 오전부터 어머니와 함께 할머니를 만나러 갔다.

山田さんの父は、今どこにいらっしゃいますか。
　　　　お父さん

야마다 씨의 아버님은, 지금 어디에 계십니까?

④ 접두어「ご」와「お」를 바꾸어 놓는다.
皆様からたくさんのご手紙をお送りいただきました。
　　　　　　　　　　　お手紙

여러분께서 많은 편지를 보내주셨습니다.

お都合がよろしければ、ぜひご参加ください。
ご都合

형편이 좋으시면, 꼭 참가해 주세요.

예제 1

叔父の死を最初お母さんから聞いた時は大丈夫でしたが、だんだん悲しくなってきて部屋で一人で
　　　　　　　　A　　　　　　　　　　　B　　　　　　　C　　　　　　　　　　　　　　D

泣いてしまいました。

예제 2

本日ご乗車なさったみなさま、お降りの際はお忘れ物のないよう、お気をつけてください。
　　　　　　A　　　　　　　　　　B　　C　　　　　　　　　　D

 예 제 풀 이

예제 1 ●●○○○

해설　자신 및 자신의 가족에게 경어를 사용할 수 없으므로, (A)를「母」로 바꾸어야 옳다. (B)는「大丈夫だ」라는 な형용사의 과거형태로써 이상이 없다. 시험에서는 い형용사의 과거형태를 な형용사의 과거형태 꼴로 바꾸어 놓고 밑줄을 그어놓는 경우가 종종 있으므로 주의하자.
　　　「현재형 = 安い → 과거형 = 安かったです(O) 安いでした(X)」
　　　「현재형 = 優しい → 과거형 = 優しかったです(O) 優しいでした(X)」
　　　(C)는 '조금씩 변화하는 모습'을 의미하며, (D)는 '한정' 용법으로「~서, ~해서」로 해석된다.

어휘　叔父(おじ) 숙부　死(し) 죽음　大丈夫(だいじょうぶ)だ 괜찮다　だんだん 점점　悲(かな)しい 슬프다　泣(な)く (사람이) 울다　鳴(な)く (짐승이) 울다

해석　숙부의 죽음을 어머니로부터 들었던 때는 괜찮았는데, 점점 슬퍼져서 방에서 혼자 울어 버렸습니다.

정답 A → 母

예제 2 ●●●○○

해설　존경공식「お + 동사ます형 + ください」만 숙지하고 있으면 쉽게 풀 수 있는 문제이다. (D) 앞뒤로「お」와「ください」가 있으므로 (D)를「동사ます형」인「気をつけ」로 고쳐야 한다. (A)는「ご + 명사 + なさる」형태로 존경을 나타내며, (B)는「時」로 바꾸어 쓸 수 있고, (C)는「物忘(ものわす)れ 건망증」과 혼동하지 말도록 하자.

어휘　本日(ほんじつ) 금일, 오늘　お降(お)りの際(さい) 내리실 때　忘れ物(わすれもの) 분실물　気をつける 조심하다, 주의하다

해석　금일 승차해주신 여러분, 내리실 때에는 분실물이 없도록 주의해 주세요.

정답 D → 気をつけ

KEY 15 가정법은 「と」와 「たら」를 중심으로!

가정법 「と」, 「ば」, 「たら」, 「なら」에는 여러 가지 용법이 있기 때문에 수험자들이 상당히 까다로워하는 부분이다. 하지만 시험에 나오는 용법은 몇 가지로 한정되어 있으며, 더구나 범위를 오문정정으로 좁힌다면 출제되는 용법은 거의 정해져 있다고 봐도 무방하다.

★ 길을 안내할 때에는 「と」가정법을 쓴다.

郵便局の先の角を右に曲がって行くと、デパートがあります。
우체국 앞의 모퉁이를 오른쪽으로 돌아서 가면, 백화점이 있습니다.

この道をまっすぐ行くと、右手に駐車場があります。
이 길을 곧바로 가면, 오른쪽에 주차장이 있습니다.

★ 「たら」가정법은 문장 뒤에 「의지(~(よ)うと思う, ~つもりだ), 희망(~たい), 명령(~なさい), 의뢰(~ください), 권유(~ましょう)」 등의 표현이 올 수 있다.

テレビを見終わったら、勉強しなさい。→ 명령
텔레비전을 다 보았으면, 공부해라.

家電製品を安く売る店を知っていたら教えてください。→ 의뢰
가전제품을 싸게 파는 가게를 알고 있다면, 가르쳐 주세요.

★ 「なら」가정법은 상대방의 말에 근거하여 정보제공이나 판단을 나타내는 가정법이다.

A：コンピューターが買いたいけど、いい店知っている？
B：コンピューターを買うなら、秋葉原に行った方がいいよ。

A：컴퓨터를 사고 싶은데, 좋은 가게 알고 있어?
B：컴퓨터를 산다면 아키하바라에 가는 편이 좋아.

A：あの、タバコが吸いたいのですが。
B：タバコを吸うなら、必ず灰皿の使用をお願いします。

A：저기요, 담배 피우고 싶은데요.
B：담배를 피운다면, 반드시 재떨이 사용을 부탁드립니다.

★ 문장 안에 「さえ」나 「ほど」가 있으면 「ば」가정법이다.

父さえ賛成してくれれば、留学に行けるのに。
아버지만 찬성해 주면, 유학을 갈 수 있는데.

日本語は勉強すればするほど、面白くなります。
일본어는 공부하면 할수록, 재미있어집니다.

이렇게 함정을 판다!

① 가정법을 바꾸어 놓고 밑줄을 그어 놓는다.

迎えに行くから、駅に着くと連絡してください。
　　　　　　　　　　　着いたら
마중 나갈테니까, 역에 도착하면 연락해 주세요.

風呂に入ると、まずは髪から洗いなさい。
　　　入ったら
목욕을 하면, 우선은 머리부터 감아라.

この道をまっすぐ行くなら一つ目の交差点があります。
　　　　　　　　行くと
이 길을 곧바로 가면, 첫 번째 교차점이 있습니다.

예제 1

その角を右に曲がって行くなら郵便局に出ます。
　　　A　　B　　C　　　　D

예제 2

東京にはいいホテルがあると耳にしました。空港に着くと教えてください。
　　A　　　　　　　　　　B　　　　　　C　　　　D

예제 1 ●●●○○

해설 「なら」가정법은 상대방의 말에 근거하여 정보제공이나 판단을 나타내는 가정법이다.
　　A : 来週旅行に行くつもりです。 다음 주에 여행을 갈 생각이에요.
　　B : 旅行に行くなら大阪に限りますよ。 여행을 간다면 오사카가 최고예요.
　　「と」가정법은 '반드시 그렇게 된다' 라는 뉘앙스를 띈다.
　　3に3をかけると9になる。 3에 3을 곱하면 9가 된다.
　　春になると花が咲く。 봄이 되면 꽃이 핀다.
　　따라서 문제와 같이 길을 안내할 때는 반드시 그렇게 된다는 「と」가정법을 써야 듣는 이에게 신뢰감을 줄 수 있을 것이다. 따라서 (C)를 「行くと」로 고치도록 하자. (A)는 자동사를 이끄는 조사 「を」의 용법으로 쓰였다. (D)는 '우체국이 나온다' 를 직역해서 조사 「が」를 쓰지 않도록 주의하자. '어떠한 장소가 나오다' 라고 표현할 때는 조사 「に + 出る」형태를 써야 한다. 「が」를 쓰고 싶으면 「郵便局があります」와 같이 「が + ある」형태를 쓰면 된다.

어휘　角(かど)を曲(ま)がる 모퉁이를 돌다
해석　그 모퉁이를 오른쪽으로 돌아가면 우체국이 나옵니다.

　　　　　　　　　　　　　　　　　　　　　　　　　　　　　　　정답 C → と

예제 2 ●●●○○

해설 「と」가정법은 '반드시 그렇게 된다' 라는 뉘앙스를 띠고 있어서 문장 뒤에 '의지, 희망, 명령, 의뢰, 권유' 등의 표현이 올 수 없다. 반면에 「たら」가정법은 '의지, 희망, 명령, 의뢰, 권유' 등의 표현이 올 수 있다.
　　花が咲くと花見に行くつもりだ。 (X)의지 불가능
　　食事ができると言ってください。 (X)의뢰 불가능
　　花が咲いたら花見に行くつもりだ。 (O)의지 가능
　　食事ができたら言ってください。 (O)의뢰 가능
　　문제를 보면 문장 뒤에 의뢰표현 「ください」가 있으므로 (C)를 「着いたら」로 고쳐야 함을 알 수 있다. (A)는 뒤에 「ある」라는 상태동사가 있으므로 올바르며(では(X)), (B)는 「耳にする 듣다」라는 신체 관용표현의 일부분이다.

어휘　空港(くうこう) 공항　着(つ)く 도착하다　教(おし)える 가르치다
해석　도쿄에는 좋은 호텔이 있다고 들었습니다. 공항에 도착하면 가르쳐 주세요.

　　　　　　　　　　　　　　　　　　　　　　　　　　　　　　정답 C → 着いたら

Pattern Study 3

다음 문장을 꼼꼼히 읽고, 잘못된 부분을 올바르게 고치세요.

1 私が力になってくれますから、あまり心配しないでください。

2 電車に乗ろうとしたが、事故が起って1時間も待たれた。

3 商品は必ずお届けになりますので、しばらくお待ちください。

4 今週の土曜日に天気がよかったら、山や海へ行ったつもりです。

5 館内を見学する際には、喫煙と写真撮影をご遠慮してください。

6 昨夜行くレストランは評判通りおいしかったし、サービスもよかった。

7 保護者の方からのご質問には何なりとお答えになりますので、気軽にお聞きになってください。

8 祖父さんに会うたびに、元気がなくなり痩せていっているのが分かった。

9 一人で住んでいるお母さんのことが心配でいても立ってもいられません。

10 日本人はとても親切なので、地図を見せたら快く場所を教えてあげます。

11 昨夜は先輩に付き合わされ、飲めない酒を飲まれて散々な目にあいました。

12 周りの人たちが助けてもらったおかげで、自分の望む道を歩くことができました。

13 終了間近となっておりますので、お気に入り商品のお求めはお急ぎでください。

14 父に頼まれてタバコを買いに行った時、近所の大学生にお金を取ってしまいました。

15 条例改正にあたって市民の皆さんのお意見をうかがい、改正案に反映させていきたいと考えております。

KEY 16 무조건 외우자, 관용표현!

관용 표현은 최근 들어 출제빈도가 높아지고 있는 부분이다. 난이도가 높기 때문에 주로 136번~140번 사이에서 출제되며, 관용 표현을 묻는 문제는 80%가 명사 부분을, 20%가 동사 부분을 다르게 바꿔놓고 밑줄을 그어 놓는다. 신체에 관련된 관용 표현을 주로 묻기 때문에 이 부분을 우선적으로 공부해 놓는 것이 좋다. 적어도 「頭、顔、目、口、腹、手、足、身」로 시작되는 관용 표현은 사전을 찾아보고 반드시 정리해 놓도록 하자. 일반 관용 표현도 드물게 출제되므로 900점 이상의 고득점을 목표로 하는 수험자라면 입에서 줄줄 나올 정도로 외우고 또 외우자.

모범예문

1 家の問題を他人が口を挟(はさ)むのは誰が見てもおかしい。

집안 문제를 타인이 말참견하는 것은 누가 봐도 이상하다.

2 どんなに腹が立っても女性に手を出してはいけない。

아무리 화가 나도 여자에게 손찌검을 해서는 안 된다.

3 警察(けいさつ)は犯人(はんにん)を捕(つか)まえるため、放送局(ほうそうきょく)と手を組(く)んだ。

경찰은 범인을 붙잡기 위해, 방송국과 협력했다.

이렇게 함정을 판다!

① 관용 표현의 명사 부분을 살짝 바꾸어 놓는다.

駅の前で1時間も待たされて、腹に来た。
　　　　　　　　　　　　　　　頭

역 앞에서 1시간이나 기다려서, 화가 났다.

父のことが心配で、仕事が身につかない。
　　　　　　　　　　　　手

아버지의 일이 걱정되어서, 일이 손에 잡히지 않는다.

> ② 관용 표현의 동사 부분을 살짝 바꾸어 놓는다.
> 社長の身勝手な振る舞いはみんなのひんしゅくをもらった。
> 　　　　　　　　　　　　　　　　　　　　　　　　　買った
> 사장의 제멋대로인 행동은 모두의 빈축을 샀다.
> 試験に落ちて親の顔を壊してしまった。
> 　　　　　　　　　　潰して
> 시험에 떨어져서 부모님의 체면을 손상시켜 버렸다.

예제 1

地方分権推進のための改革案は、地方自治の歴史に<u>刻まれる</u> <u>画期的な</u>ものであり、是が<u>無</u>でも踏み
　　　　　　　　　　　　　　　　　　　　　　　A　　　　　　B　　　　　　　　　　　　C

出さなければならない重要な<u>一歩</u>なのです。
　　　　　　　　　　　　　　D

예제 2

この選手は爆発的な攻撃力はないが、戦術に<u>沿った</u>トップ<u>からの</u>ディフェンスを確実に<u>こなして</u>、
　　　　　　　　　　　　　　　　　　　　　A　　　　　　B　　　　　　　　　　　　C

安定した守備力の一翼を<u>背負って</u>いる。
　　　　　　　　　　　D

예제 1 ●●●●○

해설 「是が非でも 무슨 일이 있더라도」라는 의미의 관용 표현을 묻는 문제이다.
(A)는 「刻む」의 수동형으로 사용되었고, (B)는 「画期的だ」라는 な형용사가 명사(もの)를 수식하는 형태로서 이상이 없다. 참고로 접미어 「的」는 명사를 な형용사로 바꾸어주는 역할을 한다. 「一般＋的、 社会＋的、 専門＋的、 消極＋的、 客観＋的」 등을 예로 들 수 있다.

어휘 地方分権推進(ちほうぶんけんすいしん) 지방분권추진 改革案(かいかくあん) 개혁안 自治(じち) 자치 歴史(れきし) 역사 刻(きざ)む 새기다 画期的(かっきてき) 획기적 是(ぜ)が非(ひ)でも 무슨 일이 있더라도 ～なければならない ～하지 않으면 안 된다 重要(じゅうよう)だ 중요하다 一歩(いっぽ) 한 발자국

해석 지방분권추진을 위한 개혁안은 지방자치의 역사에 새겨지는 획기적인 것이고, 무슨 일이 있더라도 단행하지 않으면 안 되는 중요한 첫 걸음입니다.

정답 C → 非

예제 2 ●●●●○

해설 '일익을 담당하다'라는 의미의 「一翼(いちよく)を担(にな)う」라는 관용 표현을 묻는 문제이다. (A)는 「～に沿って ～를 따라서」라는 문형이 명사를 수식하는 형태이므로 「～に沿った」로 형태가 바뀌었으며, 「～に沿って」는 무조건 '강이나 길 따위의 자연물을 나타내는 명사에만 접속한다'고 생각하는 수험자가 많은데 '절차, 매뉴얼' 등의 어떠한 작업의 흐름을 나타내는 명사에도 붙을 수 있다. 전술이라는 것도 어떠한 작업의 흐름에 해당되므로 올바르다. (B)는 '기점'을 나타내는 「から」에 뒤에 명사가 왔으므로 「の」가 붙은 형태이다.(から(X))

어휘 選手(せんしゅ) 선수 爆発的(ばくはつてき) 폭발적 攻撃力(こうげきりょく) 공격력 戦術(せんじゅつ) 전술 確実(かくじつ)に 확실히 こなす 소화시키다, 처리하다, 마음대로 다루다 安定(あんてい) 안정 守備力(しゅびりょく) 수비력

해석 이 선수는 폭발적인 공격력은 없지만 전술에 따른 톱으로부터의 디펜스를 확실히 처리해서 안정된 수비력의 일익을 담당하고 있다.

정답 D → 担って

KEY 17 「し」는 종지형!

두 개의 문장을 대등하게 연결시켜 주는 중지법의 「し」에 밑줄이 그어져 있다면 반드시 앞부분이 올바른 형태로 접속되어 있는지 살펴보도록 하자. 반드시 종지형(문장이 끝나는 형태)에 접속되어야 하는데 십중팔구가 な형용사의 어간(「だ」를 빠뜨린 형태)에 접속되어 있으니, 「し」앞에 な형용사가 왔다면 수갑 채울 준비를 하고 있자.

모범예문

1 彼女はきれいだし、頭もいいから男性に人気があります。
   그녀는 아름답고, 머리도 좋아서 남자에게 인기가 있습니다.

2 昨夜行ったレストランは安いし、おいしかった。
   어제 갔었던 레스토랑은 저렴하고 맛있었다.

3 友だちが買ってくれた時計は正確だし、見やすいです。
   친구가 사 준 시계는 정확하고 보기 쉽습니다.

이렇게 함정을 판다!

① 중지법의 「し」 앞에 종지형이 아닌 다른 형태가 와 있다.

この店の刺身は新鮮し、味がいい。
　　　　　　　　新鮮だし

이 가게의 회는 신선하고, 맛도 좋다.

この製品は機能的にも便利し、そんなに重くありません。
　　　　　き のうてき　　　　便利だし

이 제품은 기능적으로도 편리하고, 그렇게 무겁지 않습니다.

예제 1

外国語が話せるようになるには、文法も大切し、単語を覚えるのも大切だが、やはり実際に話して
　　　　A　　　　　　　　　　　　B　　　　　　　　　　　　　　　　　　　　　C
みることに限ります。
　　　　D

예제 **2**

私は毎日学校に行くだし、夕方まで授業をするものだから しょっちゅう頭痛がするし、考え方まで
　　　　　　　　 A　　　　　　　　　　　　　　 B　　　　　 C

もすっかり年寄り染みてしまったようだ。
　　　　　　　 D

예제 **1**　●●○○○

해설　중지법의「し」는 종지형(문장이 끝나는 형태)에 접속하므로 (B)를「大切だし」로 고쳐야 올바르다. (C)는「やっぱり」라고 하기도 하며, (D)는 '~이 최고다'라는 의미의 문형이다.

어휘　文法(ぶんぽう) 문법　大切(たいせつ)だ 중요하다　単語(たんご) 단어　覚(おぼ)える 외우다, 익히다　やはり 역시　実際(じっさい)に 실제로　~に限(かぎ)る ~이 최고다

해석　외국어를 말할 수 있게 되기 위해서는 문법도 중요하고 단어를 외우는 것도 중요하지만, 역시 실제로 말해 보는 것이 최고입니다.

　　　　　　　　　　　　　　　　　　　　　　　　　　　　　　　　　　정답 B → 大切だし

예제 **2**　●●○○○

해설　중지법의「し」는 종지형에 접속하므로 (A)를「行くし」로 바꾸어야 한다. 밑줄 형태만 보아도 동사에 바로「だ」가 접속할 수 없으므로 (A)가 잘못되어 있음을 쉽게 알 수 있다. (B)는 '~때문에'라는 의미의 문형이며 개인적인 이유나 변명, 핑계를 말할 때 사용한다. (C)와 비슷한 의미를 가지는 단어로「いつも、四六時中(しろくじちゅう)、常(つね)に」등이 있으며, (D)는 명사에 붙어서 '~같아 보이다, ~처럼 되다'라는 의미이다.

어휘　夕方(ゆうがた) 저녁　授業(じゅぎょう) 수업　しょっちゅう 항상　頭痛(ずつう) 두통　考え方(かんがえかた) 사고방식　すっかり 완전히　명사 + 染(し)みる ~같아 보이다, ~처럼 되어가다

해석　나는 매일 학교에 가고, 저녁까지 수업을 하기 때문에 항상 두통이 나서 사고방식까지도 완전히 노인처럼 되어 버린 것 같다.

　　　　　　　　　　　　　　　　　　　　　　　　　　　　　　　　　　정답 A → 行くし

KEY 18 JPT에게 사랑받는 「においがする」

「~がする」 형태로 쓰여서 '~이 나다'라는 의미를 가지는 표현이 있다. 「においがする 냄새가 나다」「声がする 소리가 나다」「味がする 맛이 나다」 등이 있는데, 유독 JPT는 「においがする」를 편애하다 못해 광적으로 좋아한다. 필자가 오문정정에서 「においがする」라는 표현을 볼 때마다 말 그대로 수상한 냄새가 나는 듯한 이유는 무엇일까?

모범예문

1 雨が降った後は、いつも変な**においがします**。
   비가 내린 후에는 항상 이상한 냄새가 납니다.

2 どこからか微(かす)かに犬の吠(ほ)える**声がします**。
   어디에선가 희미하게 개 짖는 소리가 납니다.

3 彼女が作ってくれたパンは何だか懐かしい**味(あじ)がする**。
   그녀가 만들어 준 빵은 왠지 그리운 맛이 난다.

이렇게 함정을 판다!

① 「においがする」를 「においがある」, 「においが出る」, 「においにする」 형태로 바꾸어 놓는다.

冷蔵庫(れいぞうこ)から変なにおいが<u>あって</u>修理(しゅうり)に出した。
　　　　　　　　　　　　　　して

냉장고에서 이상한 냄새가 나서 수리 맡겼다.

さっきから何か焼(や)けるようなにおいが<u>出ますね</u>。
　　　　　　　　　　　　　　　　　　します

조금 전부터 뭔가 타는 듯한 냄새가 나네요.

彼の服からはタバコと汗のにおい<u>に</u>した。
　　　　　　　　　　　　　　が

그의 옷에서는 담배와 땀 냄새가 났다.

예제 1
退屈な授業が終わって家に帰ったら焼き肉のにおいがあった。
　　A　　　　　B　　　C　　　　　　　　　D

예제 2
トイレに入ったとたん、鼻をつくにおいが出て吐き気がしました。
　　　　A　　　　　　　B　　　　　　C　　　　　D

예제풀이

예제 1 ●●○○○

해설 '냄새가 나다'는 「においがする」라고 표현한다. 하나 더 짚고 넘어가면 「におい」는 한자가 두 가지 있는데 「臭(にお)い 나쁜 냄새」와 「匂(にお)い 향기로운 냄새」로 구분이 된다. (A)는 「退屈だ」가 な형용사이므로 명사(授業)를 수식하는 형태로서 적절하고, (B)는 앞에 조사 「が」가 있으므로 적절하며(終えて(X)), (C)는 「たら」가정법을 썼는데 문장 끝을 보면 「あった」라는 과거형으로 끝나 있음을 알 수 있다. 가정법 「と、ば、たら、なら」 중에서 과거형을 받을 수 있는 것은 「たら」와 「と」 밖에 없다는 것을 기억하자.

어휘 退屈(たいくつ)だ 따분하다　焼き肉(やきにく) 불고기　においがする 냄새가 나다

해석 따분한 수업이 끝나고, 집에 돌아갔더니 불고기 냄새가 났다.

　　　　　　　　　　　　　　　　　　　　　　　　　　정답 D → した

예제 2 ●●●○○

해설 「においがする」라는 표현을 묻는 문제이다. (C)를 「して」로 고치자. (A)는 「～たとたん ～하자마자」이라는 문형에 연결되는 형태로써 올바르고(入る(X)), (B)는 「鼻をつく」라는 관용표현의 일부분으로서 적절하며, '구역질이 나다'는 「吐き気(はきけ)がする」라고 표현한다.

어휘 鼻(はな)をつく 냄새가 코를 찌르다

해석 화장실에 들어가자마자 코를 찌르는 냄새가 나서 구역질이 났습니다.

　　　　　　　　　　　　　　　　　　　　　　　　　　정답 C → して

KEY 19 부사문제는 정확한 해석과 어휘력이 생명이다!

문맥에 맞지 않는 부사에 밑줄을 그어 놓는 유형은 해석을 해보지 않으면 절대로 풀 수가 없다. 평소에 꾸준히 어휘를 암기하여 어휘력을 향상시키지 않으면 고전을 금치 못할 것이다. "부사를 암기하는 것이 귀찮고, 800점 이상을 목표로 하지 않는 수험자라면 과감히 포기해도 좋다."는 필자의 말이 귀에 거슬린다면 열심히 외워라! 그리고 고득점 받아라!!

모범예문

1 空には雲が多くて<u>今にも</u>雨が降りそうな空模様だ。

하늘에는 구름이 많아서 당장이라도 비가 내릴 것 같은 날씨다.

2 目が回るほど忙しくて、彼女との約束を<u>すっかり</u>忘れていた。

눈이 핑핑 돌 정도로 바빠서, 여자친구와의 약속을 완전히 잊고 있었다.

3 爆弾が爆発して<u>少なくとも</u>3人が死亡し、およそ20人が負傷した。

폭탄이 폭발해서 적어도 3명이 사망하고, 대략 20명이 부상당했다.

이렇게 함정을 판다!

① 문맥에 맞지 않는 부사에 밑줄을 그어 놓는다.

  インターネットで知り合ったみんなと<u>実に</u>会ってみたい。
  　　　　　　　　　　　　　　　　　　実際に

  인터넷에서 알게 된 모두와 실제로 만나 보고 싶다.

  何もしないで家にいる人のことを、「家で<u>のろのろ</u>している人」と言う。
  　　　　　　　　　　　　　　　　　　　　ぶらぶら

  아무것도 하지 않고 집에 있는 사람을「집에서 빈둥빈둥하고 있는 사람」이라고 말한다.

예제 1

一昨日<u>面接試験</u>を受けるために<u>ソウル</u>へ行った。<u>そうしたら</u> <u>ぴったり</u>小学校の<u>同級生</u>の吉村に会った。
　　　　A　　　　　　　　　　　　　B　　　　　　　C　　　　　　　　　　　　　　D

예제 2

<u>わざと</u>お越しくださいました<u>のに</u>、何の<u>おかまい</u>もできなくて申し<u>訳</u>ございません。
　A　　　　　　　　　　　　B　　　　　　C　　　　　　　　　　　　　D

예제풀이

예제 1 ●●●○○

해설 (C)의 「ぴったり」는 '빈틈이나 엇갈림이 없고 딱 밀착해 있는 모습, 잘 어울리는 모습'을 의미한다. 문맥상 '갑자기 만나는 모습'인 「ばったり」가 와야 적절하다. (A)는 「試験を受ける 시험을 보다」라는 표현의 일부분이고(もらう(X)), (D)는 「の」의 용법 중 '동격'이며 '~인'으로 해석된다.

어휘 一昨日(おととい) 그저께 cf. 一昨年(おととし) 재작년 面接試験(めんせつしけん) 면접시험 そうしたら 그랬더니 同級生(どうきゅうせい) 동급생

해석 그저께 면접시험을 보기 위해서 서울에 갔다. 그랬더니 딱 초등학교 동급생인 요시무라를 만났다.

정답 C → ばったり

예제 2 ●●●○○

해설 「わざわざ」는 어떠한 일을 하기 위해 '특별히, 일부러'라는 의미를, 「わざと」는 '고의로'라는 좋지 않은 내용을 의미하므로 (A)를 「わざわざ」로 바꾸어야 한다. 또는 '모처럼'이라는 의미인 「せっかく」로 바꾸어도 괜찮다.

어휘 わざと 고의로 お越(こ)しくださる 오시다 お構(かま)い 손님접대, 대접

해석 일부러 오셨는데 아무런 대접도 할 수 없어서 죄송스럽습니다.

정답 A → わざわざ 또는 せっかく

KEY 20 헷갈리기 쉬운 「ようだ」, 「そうだ」

「ようだ、そうだ」의 앞·뒤 접속형태를 모두 신경 써야 한다는 것이 조금 까다롭다. 앞의 접속형태는 주로 「そうだ」의 전문과 양태용법의 구별을 물으며, 뒤의 접속형태는 「ようだ」가 뒤에 있는 명사를 수식하느냐, 형용사나 동사를 수식하느냐에 따라 「ような」가 되어야 하는지 「ように」가 되어야 하는지를 묻는다.

모범예문

1 鈴木さんはお人形のような顔をしています。
   스즈키 씨는 인형 같은 얼굴을 하고 있습니다.

2 一度きりの人生に悔いのないように、精一杯生きていくのだ。
   한번뿐인 인생에 후회가 없도록, 힘껏 살아가는 거다.

3 昨夜、田中部長が疲れで事務室で倒れたそうです。
   어젯밤, 다나카 부장님이 피로로 사무실에서 쓰러졌다고 합니다.

이렇게 함정을 판다!

① 「ようだ」의 명사수식 형태인 「ような」와 「ように」를 바꾸어 놓고 밑줄을 그어 놓는다.

   彼の言ったことが分かるように気がします。
                     ような
   그가 말한 것을 알 것 같은 느낌이 듭니다.

   とても寒いから、体の調子を崩さないような気をつけてください。
                                    ように
   매우 추우니까, 몸의 컨디션을 망치지 않도록 조심하세요.

② 전문의 「そうだ」와 양태의 「そうだ」의 접속형태를 바꾸어 놓는다.

   レストランに入るとおいしいそうなスープのにおいがしてきました。
              おいし
   레스토랑에 들어갔더니, 맛있는 수프의 냄새가 났습니다.

   天気予報によると、明日は午後から雪が降りそうです。
                                    降る
   일기예보에 의하면, 내일은 오후부터 눈이 내린다고 합니다.

예제 **1**

公衆浴場の<u>ように</u>ものが流行り<u>始めた</u>頃、衣服を包んで<u>入浴</u>に行った<u>こと</u>がある。
　　　　　　A　　　　　　　　B　　　　　　　　　C　　　　　　D

예제 **2**

風邪<u>を</u>引いた<u>ような</u>調子が悪かったので母<u>に</u>薬がない<u>か</u>聞いてみた。
　　A　　　　B　　　　　　　　　　　　C　　　　　D

예제 1　●●○○○

해설　「ようだ」가 수식하는 것이 명사(もの)이므로 (A)를 「ような」로 고쳐야 한다. (B)는 「동사ます형」에 접속하여 '~하기 시작하다' 라는 의미이며, (D)는 「~たことがある ~한 적이 있다」라는 문형의 일부분이다.

어휘　公衆浴場(こうしゅうよくじょう) 공중 목욕탕 cf. 銭湯(せんとう) 대중 목욕탕　流行(はや)る 유행하다　衣服(いふく) 의복　包(つつ)む 싸다, 포장하다, 에워싸다　入浴(にゅうよく) 목욕

해석　공중목욕탕 같은 것이 유행하기 시작했을 무렵, 옷을 싸서 목욕하러 갔던 적이 있다.

　　　　　　　　　　　　　　　　　　　　　　　　　　　　　　　정답 A → ような

예제 2　●●○○○

해설　얼핏보면 「ようだ」가 명사(調子)를 수식하는 형태로서 이상이 없이 보일지도 모르나 「ようだ」가 수식하는 것은 「悪かった」이므로 (B)를 「ように」로 고쳐야 한다. 「ようだ」가 명사를 수식하는 형태이면 「ような」로, 동사나 형용사를 수식하는 형태이면 「ように」로 바뀌어야 하므로 뒤에 무엇을 수식하는지 반드시 확인하도록 하자. 「ようだ」는 '자신이 직접 경험한 것이나 보고 들은 것을 바탕으로 하는 추측'을 나타내므로 문제에서는 전에도 감기에 걸려서 몸 상태가 좋지 않았던 경험이 있다는 뉘앙스를 풍긴다. (A)는 「風邪をひく 감기에 걸리다」라는 관용표현의 일부분이며, 파트 7에서는 「風邪」부분에 괄호를 쳐 놓고 찾는 문제나 뒤에 있는 동사 「引(ひ)く」를 찾는 문제가 출제되며, 파트 6에서는 조사 「を」를 「に」로 바꾸어놓고 출제된다. (C)는 '대상'을 나타내는 용법으로 쓰였고, (D)는 '불확실성'을 의미하며 '~인지'로 해석하면 무난하다.

어휘　風邪(かぜ)を引(ひ)く 감기에 걸리다　調子(ちょうし)が悪(わる)い 몸 상태가 좋지 않다　体調(たいちょう)を崩(くず)す 컨디션을 망치다

해석　감기에 걸린 것 같이 몸 상태가 좋지 않았기 때문에 어머니에게 약이 없는지 물어 봤다.

　　　　　　　　　　　　　　　　　　　　　　　　　　　　　　　정답 B → ように

Pattern Study 4

다음 문장을 꼼꼼히 읽고, 잘못된 부분을 올바르게 고치세요.

1 お忙しいところをわざとお越しくださいまして、恐縮でこざいます。

2 妹はきれいし、優しいので多くの男性からプロポーズを受けています。

3 その時父は、苦笑をこらえるように顔をひそめて複雑な表情をしていた。

4 真夜中に何かがぶつかったように大きな音がして目が覚めてしまった。

5 バス停でバスを待っていると、どこからかいいにおいがあってきました。

6 仕事をしつつ、自分の手が上がっていくのを実感できるのでとても嬉しい。

7 田中さんはかわいいし、歌が上手し、声もきれいなので会うたびに好きになる。

8 私は自分で計画してこりこり勉強することが苦手なので、勉強会に参加している。

9 お見合いの相手に実に会ってみたらメールや写真で受けた印象とかけ離れていた。

10 家に帰るとオーブンからいいにおいにして、疲れもいやなことも忘れてしまった。

11 お金さえあれば何でもできると思いがちだが、必ずお金があることが幸せだとは言えない。

12 私がクラスの皆に笑われていた時、彼女はただ哀れむように視線を投げかけただけだった。

13 名札が置かれたテーブルに着席すると、見るからにおいしそうに多彩な料理が続々と登場した。

14 ブラジルからプロサッカーチームがやってきて韓国のチームと交流試合をしましたが、肩が立ちませんでした。

15 ゴミを減らすことは、ゴミの処理にかかる経費に頭を抱いている役所だけでなく、家庭としてもお金が浮くことになるのだ。

연습문제 ❷

1. バスに乗った お金が なくて 仕方なく家まで 歩いて 行きました。
   　　　　A　　　B　　　C　　　　　　　　D

2. さっきから 変なにおいが あるのですが、その原因を 知っていますか。
   　A　　　　　　　　　B　　　　　　C　　　　D

3. 先頃、知り合いを 通じて ある仕事を紹介して あげました。
   　A　　　B　　　C　　　　　　　　　D

4. 新居を探しに 不動産屋へ行きました。あちこち見て 静かし、職場から 近いアパート
   　A　　　　　B　　　　　　　　　　　　　　　C　　　　　　D

   に決めました。

5. 父という言葉から反射的に 思い出す 姿は頭を少し左側に傾けて うつむき加減に歩く
   　　　　　　　　A　　　　B　　　　　　　　　　　　　　　　C

   後ろ姿である。
   D

6. 最近、雨ばかり 降っていますね。もし明日、天気が よくと 出かけましょう。
   　　　　A　　　B　　　　　　　C　　　　　　　D

7. 明日はJRをはじめ、私鉄、バス、飛行機など全ての交通機関が ストで 止まりま
   　　　　　A　　　　　　　　　　　　　　　　　　B　　　　　C　　D

   した。

8 インターネットの利用を<u>希望される</u>お客様は、予約またはチェックインの時に
　　　　　　　　　　　　　Ａ

<u>申し込まれます</u>と優先的にインターネットサービスが可能な客室を<u>ご案内ください</u>、
　　Ｂ　　　　　　　　　　　　　　　　　　　　　　　　　　　　　Ｃ

ご利用時には客室料金とは別に料金が<u>加算されます</u>。
　　　　　　　　　　　　　　　　　　Ｄ

9 当時住んでいたアパートを<u>引き払う</u>ことになり、不動産屋に敷金の<u>返却を求めた</u>
　　　　　　　　　　　　　　Ａ　　　　　　　　　　　　　　　　　Ｂ

ところ、<u>はぐらかすばかり</u>で埒が<u>明きます</u>。
　　　　Ｃ　　　　　　　　　　　Ｄ

10 子供の<u>時</u>、パイロット<u>に</u>なろうと<u>思っています</u>が、今は講師の仕事をして<u>います</u>。
　　　　　Ａ　　　　　　　Ｂ　　　　　　Ｃ　　　　　　　　　　　　　　　　Ｄ

11 最近全国に<u>わたって</u>猛暑が<u>続いて</u>いますから、<u>体調を崩さない</u><u>ようで</u>気をつけて
　　　　　　　Ａ　　　　　　Ｂ　　　　　　　　　Ｃ　　　　　　Ｄ
ください。

12 国民のみなさんの<u>おかげで</u>、孫も息子も帰して<u>頂いた</u>から、<u>そっとしている</u>
　　　　　　　　　　Ａ　　　　　　　　　　　　Ｂ　　　　　　Ｃ

<u>わけにいきません</u>。
　Ｄ

13 <u>弊社</u>に寄せられている求人情報の中から、皆さまの<u>ご希望</u>に<u>沿った</u>企業を<u>お紹介</u>
　　　Ａ　　　　　　　　　　　　　　　　　　　　Ｂ　　　Ｃ　　　　　Ｄ
いたします。

14 友達に買って<u>もらった</u>ケーキが<u>あって</u>、おいしいかどうか子供に<u>食べされて</u>みた。
　　　　　　　Ａ　　　　　　　Ｂ　　　　　　　　　　　　Ｃ　　　　　Ｄ

15 昨夜は友達<u>が</u>チョコレートケーキを<u>買ってきて</u>一緒に食べた。<u>その後</u>、お風呂に
　　　　　　Ａ　　　　　　　　　　　Ｂ　　　　　　　　　　　Ｃ

入ってから<u>寝る</u>。
　　　　　Ｄ

16 <u>ある日</u>いつもの<u>ような</u>お風呂に入ろうと脱衣室で服を脱ぎ、すでに5人<u>か</u>6人が
　　　Ａ　　　　　　　Ｂ　　　　　　　　　　　　　　　　　　　　　　　Ｃ

入っていた風呂場に入ったら、なぜか何人かが私を<u>じろじろ</u>見ていました。
　　　　　　　　　　　　　　　　　　　　　　　　　Ｄ

17 結婚する前は夫の実家に<u>行く</u>時、常に食べ物を持参して行きましたが、結婚して
　　　　　　　　　　　　Ａ

からは実家の冷蔵庫にある<u>もの</u>を勝手に<u>頂戴して</u> <u>黒</u>を切っています。
　　　　　　　　　　　Ｂ　　　　　　Ｃ　　　　Ｄ

18 日本の銭湯に初めて<u>行った</u>時、<u>少なからず</u>驚いたことがありました。男と書いて
　　　　　　　　　　Ａ　　　　　Ｂ

<u>ある扉</u>を開けて<u>入るなら</u>番台におばさんが座っていました。
　Ｃ　　　　　　Ｄ

19 母が病気<u>で</u>寝込んでいるので父が朝食を作って<u>あげました</u>が、料理<u>なんて</u>ほとん
　　　　　Ａ　　　　　　　　　　　　　　　　　　Ｂ　　　　　　　Ｃ

どしたことがない父は目玉焼きを焼く時に、洗剤を油と間違えて<u>入れて</u>しまいま
　　　　　　　　　　　　　　　　　　　　　　　　　　　　Ｄ

した。

20　友達に司会を頼んだら 一つ返事で引き受けてくれて ほっとした。
　　　　　　　A　　　　 B　　　　　　　　C　　　　　D

21　当ホテルにお泊まりになる間、愛する奥様やお友だちを「あっ」と驚かせるイベント
　　　A　　　　　　　　　B

　　やプレゼントが必要でしたら、客室を予約する際に予めお問い合わせてください。
　　　　　　　　　　　　　　　　　　　　　　　　　C　　　D

22　がんがんと肩を叩かれたので振り向いたら 知らない人が立っていた。
　　　A　　　B　　　　　　　C　　　　　 D

23　就職難が続く 一方、せっかく入った会社をすぐ辞める若者が跡を切らない。
　　　　　　A　　B　　C　　　　　　　　　　　　　　　　　D

KEY 21 な형용사 명사 수식, 「な」로 바꾸자!

な형용사는 명사를 수식할 때 어미 「だ」가 「な」로 바뀐다는 기본적인 개념을 묻는 문제이다. 문제를 풀다보면 な형용사의 어간에 바로 「の」가 붙어있는 녀석이 밑줄 그어진 채로 우리를 기다리고 있을 것이다. 기분 좋게 마킹해주자. 100% 정답이다.

모범예문

1 世の中には親切な人がたくさんいると私は信じています。
　　세상에는 친절한 사람이 많이 있다고 저는 믿고 있습니다.

2 我が社は自然に恵まれた静かな場所にあります。
　　저희 회사는 자연의 혜택을 받은 조용한 장소에 있습니다.

3 どんなに英語が上手な人でも、簡単に修得できたわけではない。
　　아무리 영어를 잘하는 사람이라도, 간단히 터득할 수 있었던 것은 아니다.

이렇게 함정을 판다!

① な형용사가 명사를 수식하는 형태인데, 어미 「だ」가 「の」로 바뀌어져 있다.
　前田さんはずっと断食で抗議し、今は危険の状態に陥っている。
　　　　　　　　　　　　　　　　　　　危険な
　마에다 씨는 줄곧 단식으로 항의해서, 지금은 위험한 상태에 빠져있다.

　私の密かの計画は実行されつつあるが、もう1つの課題が残っています。
　　　密かな
　나의 은밀한 계획은 실행되고 있는 중이지만, 과제가 하나 더 남아 있습니다.

예제 1

子供の頃、将来有名の人になって貧しい人たちを助けようと思っていた。
　　　　　A　　　B　　　　　　　　　　C　　　　D

예제 2

トンネルの東出口から約200メートル入った片側2車線の緩やかの左カーブで、トラックが前方に
　　　　　　　A　　　　　　　　　　　　　　　　　B

止まっていた乗用車に追突、はずみで別の乗用車2台に玉突き衝突したという。
C　　　　　　　　　　　　　　　　　　　　　　D

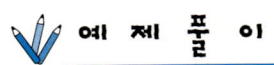

예제 1 ●●○○○

해설 「有名だ」는 な형용사이므로 (B)를 명사를 수식하는 형태인「有名な」로 고쳐야 한다. (C)는 '권유'가 아니라 '의지'를 나타내며, (D)는 '아이 시절 때 생각하고 있었던 것'이므로 과거형태를 쓴 것은 적절하다.

어휘 将来(しょうらい) 장래 有名(ゆうめい)だ 유명하다 貧(まず)しい 가난하다 助(たす)ける 돕다

해석 아이 시절, 장래에 유명한 사람이 되어서 가난한 사람들을 돕겠다고 생각했었다.

정답 B → 有名な

예제 2 ●●●○○

해설 「緩(ゆる)やかだ」는 な형용사이므로 명사를 수식할 때「緩やかな」로 바뀌어야 올바르다. (A)는 동작의 기점을 나타내고, (C)는 상태를 나타내는 표현으로써 밑줄 뒤에「いる」가 있으므로 자동사인「止まる」를 쓴 것은 올바르다.(止めて(X))

어휘 東出口(ひがしでぐち) 동쪽 출구 cf. 入り口(いりぐち) 입구 片側(かたがわ) 한쪽 편 cf. 片側通行(かたがわつうこう) 일방통행 車線(しゃせん) 차선 緩(ゆる)やかだ 완만하다 前方(ぜんぽう) 전방 乗用車(じょうようしゃ) 승용차 追突(ついとつ) 추돌 弾(はず)み 탄력, 그 순간 cf. 倒(たお)れた弾みに足首(あしくび)をひねった 넘어지는 순간 발목을 삐었다 玉(たま)を突(つ)く 당구를 치다 「玉突(たまつ)き 당구 衝突(しょうとつ) 충돌 → 玉突(たまつ)き衝突(しょうとつ) 연쇄충돌」

해석 터널의 동쪽 출구로부터 약 200미터 들어간 일방통행 2차선의 완만한 왼쪽 커브에서, 트럭이 전방에 멈추어 있던 승용차에 추돌, 탄력으로 다른 승용차 두 대에 연쇄충돌했다고 한다.

정답 B → 緩やかな

KEY 22 い형용사・동사의 명사수식, 그대로 두자!

い형용사나 동사가 명사를 수식할 때는 형태의 변화가 필요 없다. 그런데, い형용사와 동사 뒤에 「の」가 떡하니 붙어있을 것이다. 출제자에게 감사하는 마음을 가지며 바로 찍어주자.

모범예문
1 これよりあの赤い車の方が安いです。 이것보다 저 빨간 차가 쌉니다.
2 夏といえばやっぱり冷たいビールに限ります。 여름으로 말하자면, 역시 차가운 맥주가 최고입니다.
3 彼女とデートをする時は、いつも雨が降ります。 여자친구와 데이트를 할 때는 항상 비가 내립니다.
4 遊びに来る時は、前もって電話してください。 놀러 올 때는 미리 전화해 주세요.

이렇게 함정을 판다!

① い형용사나 동사가 명사를 수식하는 형태인데, 불필요한 「の」가 붙어 있다.

冷たいの牛乳が苦手な人は、暖めて飲むといいです。
　冷たい

차가운 우유가 질색인 사람은 데워서 마시면 됩니다.

今年も暖かいの春になりそうな気配です。
　　　　暖かい

올해도 따뜻한 봄이 될 듯한 기색입니다.

今まで旅行に行ったのところは全部覚えています。
　　　　　　　　行った

지금까지 여행을 갔던 장소는 전부 기억하고 있습니다.

예제 1

建物も人と<u>同じく</u>年をとりますが、<u>美しいの</u>人がいくら年を<u>重ねて</u>も美しいように、建物が古く
　　　　　A　　　　　　　　　　　B　　　　　　　　　C

<u>なって</u>も古くなるほどの良さがあればいいと思います。
　D

예제 2

子どもの遊び方が下手になっている。生活環境も変化しているし、遊べるのところが少なくなってい
　　　　　　　　Ａ　　　　　　　　　　　　　　　　　　　　　Ｂ

るので、学校の校庭を開放しようとする発想や場所を増やそうとするのは当然のことであると思う。
　　　　　　　　Ｃ　　　　　　　　　　　　　　　　　　　　　　　　　　Ｄ

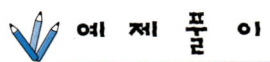

예제 1 ●●○○○

해설 い형용사가 명사를 수식할 때는 그대로 수식하므로 (B)를 「美しい」로 고쳐야 한다. (C)는 앞에 조사 「を」가 있고 타동사인 「重ねる」가 왔으므로 이상이 없다.(重なって(X))

어휘 建物(たてもの) 건물　同(おな)じく 마찬가지로　年(とし)をとる 나이를 먹다　美(うつく)しい 아름답다　いくら〜ても 아무리 〜해도　重(かさ)ねる 거듭하다　古(ふる)い 낡다

해석 건물도 사람과 마찬가지로 나이를 먹습니다만, 아름다운 사람이 아무리 해를 거듭해도 아름답듯이, 건물이 낡아져도 낡아진 만큼의 좋은 점이 있으면 괜찮다고 생각합니다.

정답 B → 美しい

예제 2 ●●○○○

해설 동사가 명사를 수식할 때는 그대로 수식하므로 (B)를 「遊べる」로 고치자. (A)는 な형용사가 「なる」에 접속하는 형태로서 올바르며 「下手だ」는 반드시 조사 「が」를 수반한다는 사실도 잊지 말자. 이 밖에 「ほしい、分かる、うまい、できる、好きだ、嫌いだ、上手だ、苦手だ」 등도 「が」를 수반한다.

어휘 遊び方(あそびかた) 노는 방식　下手(へた)だ 서투르다, 못하다　生活環境(せいかつかんきょう) 생활 환경　変化(へんか) 변화　少(すく)ない 적다　校庭(こうてい) 교정　開放(かいほう) 개방　発想(はっそう) 발상　場所(ばしょ) 장소　増(ふ)やす 늘리다　cf. 増(ふ)える 늘다　当然(とうぜん) 당연

해석 아이의 노는 방식이 서투러지고 있다. 생활 환경도 변화하고 있고 놀 수 있는 장소가 적어져서, 학교의 교정을 개방하려고 하는 발상이나 장소를 늘리려고 하는 것은 당연한 것이라고 생각한다.

정답 B → 遊べる

KEY 23 なる가 붙으면 어떻게 바뀌지?

な형용사가 「なる」에 접속할 때는 어미 「だ」를 「に」로, い형용사가 「なる」에 접속할 때에는 어미 「い」를 「く」로 바꾸어주면 된다. 매우 기초적인 이 유형은 121~127번 사이에서 꾸준히 출제된다. JPT시험은 각 파트별로 뒤로 갈수록 어려워지는데, 오문정정 파트에서는 121~127번 문제가 '초급' 128~134번 문제가 '중급', 135~140번 문제가 '고급'에 해당된다. 출제자에게 초급문제라고 낙인이 찍힌 이 유형을 틀린다면 억울하지 않겠는가?

모범예문

1 新しい道ができて、前より**便利に**なりました。 새로운 길이 생겨서, 전보다 편리해졌습니다.
2 努力すれば**幸せに**なれると信じている。 노력하면 행복해질 수 있다고 믿고 있다.
3 バブル景気が崩壊し、いろいろなものが**安く**なりました。
   거품경기가 붕괴되고, 여러 가지 물건이 싸졌습니다.
4 熱中症の事故は、急に**暑く**なった時に主に発生しています。
   열사병 사고는 갑자기 더워졌을 때에 주로 발생하고 있습니다.

이렇게 함정을 판다!

① な형용사의 어미가 「な」로 바뀌어 있다.

散歩をしてから、すっかり元気な なりました。
　　　　　　　　　　　　元気に

산책을 하고 나서, 완전히 건강해졌습니다.

願いごとが叶ったように、ピアノが上手な なりました。
　　　　　　　　　　　　　　　上手に

소원이 이루어진 듯이, 피아노가 능숙해졌습니다.

② な형용사의 접속형태와 い형용사의 접속형태를 살짝 섞어 놓는다.

道が舗装されてきれいくなりました。 길이 포장되어서 깨끗해졌습니다.
　　　　　　　きれいに

まだ高いので、もっと安くになったら買いましょう。 아직 비싸니까, 조금 더 싸지면 삽시다.
　　　　　　　　　安く

예제 1
普段は彼女にあまり関心がなかったが、彼女の化粧をした姿を見てから好きななった。
　　　　　　　A　　　　　　　　　　　　　　B　　　　C　　　D

예제 2
家まではまだ遠いし、だんだん 寒くになるし、本当に怖かった。
　A　　　　　　B　　　C　　　D

 예제풀이

예제 1 ●○○○○

해설　「好きだ」는 な형용사이므로 '좋아하게 되다'는 「好きになる」가 된다. (A)는 부정과 호응하여 '그다지 ~않다'라는 의미로 사용되며, (B)는 여러 가지 의미로 사용되나 여기서는 '하다'라는 의미로 쓰였다. (C)는 문맥상 이상이 없고 「見た後で」로 바꾸어 쓸 수 있다.

어휘　普段(ふだん) 평소　関心(かんしん) 관심　化粧(けしょう)をする 화장을 하다　姿(すがた) 모습

해석　평소에는 그녀에게 그다지 관심이 없었지만, 그녀의 화장한 얼굴을 보고 나서 좋아하게 되었다.

정답 D → に

예제 2 ●○○○○

해설　「寒い」는 い형용사이므로 (D)를 「寒く」로 고쳐야 올바르다. (A)는 목적지를 나타내는 용법으로서 「までに」에는 이러한 용법이 없으며, (B)는 중지법의 「し」용법으로, 앞에는 종지형(마침표를 찍을 수 있는 형태)이 와야 하는데, 「遠い」는 종지형이므로 이상이 없다(遠いだし(X) 遠くし(X)). (C)는 '서서히 변화'하는 것을 의미하며, 비슷한 의미를 가지는 「ますます」는 '더 빠른 변화'를 의미한다.

어휘　遠(とお)い 멀다　だんだん 점점　寒(さむ)い 춥다　怖(こわ)い 무섭다, 두렵다

해석　집까지는 아직 멀고, 점점 추워져서 정말로 무서웠다.

정답 D → 寒く

KEY 24 「近い、遠い、多い」의 명사 수식 형태에는 변화가 필요!

필자는 '삼총사'라는 영화를 매우 좋아한다. 정의를 사랑하고 선행을 행하는 삼총사의 모습에 깊은 감명을 받았기 때문이다. 반면에 대단히 악질적인 삼총사가 있는데, 바로 전성명사「近い、遠い、多い」라는 녀석들이다. 그 이유는 전성명사「近い、遠い、多い」는 어미「い」를「く」로 바꾸면 명사의 성질을 가져서 수험자들의 혼동을 유발시키기 때문이다. 시험에 출제되는 유형은「近い、遠い、多い」가 뒤에 있는 명사를 단독으로 수식하는 경우인데, 절대로 기본형 그대로 수식할 수 없다는 사실을 명심하자!

모범예문

1 線路に沿って歩いていけば近くの駅に着けます。 近い(X)

　　선로를 따라서 걸어가면 근처의 역에 도착할 수 있습니다.

2 仕事が進まない時、遠くの山を見つめたりします。 遠い(X)

　　일이 진행되지 않을 때, 먼 산을 바라보거나 합니다.

3 就職するために多くの人がJPT試験を受けています。 多い(X)

　　취직하기 위해서 많은 사람이 JPT시험을 보고 있습니다.

이렇게 함정을 판다!

① 「近い、遠い、多い」가 단독으로 명사를 수식하는 형태인데도, 형태의 변화가 없다.

　近いスーパーに買い物に出かけました。
　近くの

　　가까운 슈퍼에 쇼핑하러 나갔습니다.

　バスに乗って遠い病院まで通院しています。
　　　　　　遠くの

　　버스를 타고 먼 곳의 병원까지 통원하고 있습니다.

　私が得た知識を多い人に広めるため、講師の仕事を始めました。
　　　　　　　　多くの

　　제가 얻은 지식을 많은 사람에게 퍼뜨리기 위해, 강사 일을 시작했습니다.

예제 1
姉は着物を着付けしてもらうために、朝6時に 近い美容室へ行った。
　　　　　　　　　　A　　　　　　　　　B　C　　　D

예제 2
夕日が遠い海に沈み、あたり一面が赤い光を弱めながら暗くなっていった。
　　　A　　B　　　　　C　　　　　　　　　　　　　　　　　D

예제 1 ●●○○○

해설　전성명사「近(ちか)い、多(おお)い、遠(とお)い」가 단독으로 명사를 수식할 경우는 바로 수식하는 것이 아니라 형태의 변화가 필요하다. 원칙대로라면 형용사가 명사를 수식하는 경우「近い山、遠い山、多い人」가 되어야 하지만, 이 세 단어는 특수 い형용사로써「近くの山、遠くの山、多くの人」가 된다.
부연 설명을 하자면, 일반적으로 형용사 어미「い」를「く」로 바꾸면 부사화되는데
安い 싸다 → 安(やす)く 싸게 → 安く買いました 싸게 샀습니다
高い 높다 → 高(たか)く 높게 → 高く飛んでいます 높게 날고 있습니다
「近い、遠い、多い」는 어미「い」를「く」로 바꾸면 近く(근처), 遠く(먼 곳), 多く(많음)이라는 명사의 의미도 가져 버린다. 따라서 명사와 명사가 연속으로 올 때는 조사「の」가 필요하므로「近くの山、遠くの山、多くの人」가 되는 것이다.
심화학습으로 넘어가서 이 세 개의 い형용사가 명사를 수식할 때 반드시「~くの」형태로 접속할까? 정답은「천만에」이다. 다음 예문을 보자.
1. 駅から近いところに郵便局があります。
2. 駅から近くのところに郵便局があります。
둘 중에 바른 문장은 어떤 것일까?
단순히「近い、遠い、多く」가 명사를 수식할 경우「近くの、遠くの、多くの」로 바뀐다는 사실만 알고 있으면 2번을 고르게 쉽겠지만, 1번이 올바른 문장이다.

이유는 비록 전성명사라고 할지라도 단독으로 명사를 수식하지 않는 경우에는 형태가 바뀌지 않기 때문이다. 1번 문장을 보면「駅から近い」전체가「ところ」를 수식하는 것이지「近い」가 단독으로「ところ」를 수식하고 있는 것이 아님을 알 수 있다. 하지만 문제에서는「近い」가 단독으로「美容室」를 수식하는 형태이므로 (C)를「近くの」로 바꾸어 주어야 한다. 이처럼 전성명사가「단독으로 뒤에 있는 명사를 수식하는지」아니면「전성명사를 포함한 앞 부분이 뒤에 있는 명사를 수식하는지」를 반드시 살펴보도록 하자. (A)는「~てもらう」형태로 '남이 나에게 ~해 주다'라는 의미이고, (B)는「6時」라는 확실한 시간이 왔으므로 조사「に」가 반드시 붙어야 하며, (D)는 '도달점'을 나타내는「に」와 바꾸어 쓸 수 있다.

어휘 姉(あね) 누나, 언니 着付(きつ)け 옷을 맵시있게 입혀 줌 美容室(びようしつ) 미용실

해석 언니는 기모노를 입기 위해 아침 6시에 가까운 미용실에 갔다.

정답 C → 近くの

예제 2 ●●●○○

해설「遠(とお)い」가 단독으로 명사를 수식하는 형태이므로 (A)를「遠くの」로 고쳐야 한다. (B)는 '(해, 달이) 지다'라는 의미이며, 빛이 어두워지는 것은 '현재부터 미래로 지속적으로 행해진다'고 볼 수 있으므로「~ていく」를 쓴 (D)는 적절하다.(きた(X))

어휘 夕日(ゆうひ) 석양 沈(しず)む 가라앉다, (해, 달이) 지다 辺り一面(あたりいちめん) 주위일대 光(ひかり) 빛 弱(よわ)める 약하게 하다 暗(くら)い 어둡다

해석 석양이 먼 바다에 가라앉고, 주위 일대의 붉은 빛이 연해지면서 어두워져 갔다.

정답 A → 遠くの

KEY 25 「は」와「が」, 뭐가 다르지?

조사 「は」와 「が」는 둘 다 주체를 나타내는 용법을 가지고 있기 때문에, 별반 차이가 없어 보이지만 실은 엄청난 차이가 있다.

1. **私はこの絵を描きました。** 저는 이 그림을 그렸습니다.
2. **私がこの絵を描きました。** 제가 이 그림을 그렸습니다.

위에 있는 두 문장의 차이점을 알겠는가? 1번 문장은 「あなたは何をしましたか」라는 질문에 대한 답변인 반면에, 2번 문장은 「誰がこの絵を描きましたか」에 대한 답변이다.

또, 조사 「は」는 두 번 사용함으로써 대비용법을 가진다.

昨日は雪が降りましたが、今日は降りませんでした。
어제는 눈이 내렸습니다만, 오늘은 내리지 않았습니다.

위 문장에서는 「は」를 두 번 사용함으로써 어제와 오늘을 대비시키고 있음을 알 수 있다.

마지막으로, 의문사와 조사 「は」는 친하지 않다는 사실도 알아두자.

夏休みに旅行に行こうと思っていますが、どこはいいでしょうか。
　　　　　　　　　　　　　　　　　　　　　　が
여름방학에 여행을 가려고 생각하고 있는데, 어디가 좋을까요?

이렇게 함정을 판다!

① 조사 「は」와 「が」를 바꾸어 놓는다.
この頃、同じような本は相次いで出版されている。
　　　　　　　　　　　が

요즈음, 비슷한 책이 잇달아서 출판되고 있다.

私の家が高台にあるので、洪水の被害はあまりありませんでした。
　　は

내 집은 높은 평지에 있어서, 홍수의 피해는 거의 없었습니다.

② 대비 용법으로 쓰이고 있는 조사 「は」 자리에 「が」가 와 있다.
昼食はいつも外食ですが、夕食が家で作って食べます。
　　　　　　　　　　　　　　　は

점심은 항상 외식입니다만, 저녁은 집에서 만들어 먹습니다.

ビールが好きですが、ウイスキーはあまり好きではありません。
　　　は

맥주는 좋아합니다만, 위스키는 그다지 좋아하지 않습니다.

③ 의문사 뒤에 조사 「は」가 붙어 있다.
今度の出張、誰は行くことになりましたか。
　　　　　　　が

이번 출장, 누가 가게 되었습니까?

食事でもご馳走したいのですが、いつはいいですか。
　　　　　　　　　　　　　　　　　　が

식사라도 대접하고 싶은데요, 언제가 좋나요?

예제 1

ドアにぽっかりと穴が空いていますが、一体だれはしましたか。
　　　　A　　　　　　 B　　　　　　　C　　D

예제 2

私に対して悪口を言うのがかまいませんが、私の友だちには言わないでください。
　A　　　　　　　B　　　　　　　　　　　　　　C　　　D

 예 제 풀 이

예제 1 ●●○○○

해설　의문사와 「は」는 친하지 않다. 시험에서 의문사 바로 다음에 「は」가 와 있고 밑줄이 그어져 있다면 무조건 찍어라. 100% 정답이다. (A)는 파트 7에서 '가볍게 뜨는 모양'과 '구멍이 뚫린 모양'이라는 의미로 각각 출제된 적이 있고, (B)는 파트 5에서 한자 찾기 문제로 출제된 적이 있다.(開いて(X) 明いて(X))

어휘　ぽっかりと 가볍게 뜨는 모양, 구멍이 뚫린 모양　穴(あな)が空(あ)く 구멍이 뚫리다

해석　문에 뻥하니 구멍이 뚫려 있습니다만, 도대체 누가 했습니까?

　　　　　　　　　　　　　　　　　　　　　　　　　　　　정답 D → が

예제 2 ●●○○○

해설　이 문제는 조사 「は」의 용법 중에 하나인 「대비」 용법을 묻고 있다.

　　　私は桃(もも)は好きですが、葡萄(ぶどう)は好きではありません。
　　　저는 복숭아는 좋아하지만, 포도는 좋아하지 않습니다.

　　　위 문장에서는 「は」를 두 번 사용함으로써 '복숭아와 포도'를 대비시키고 있는데, 문제에서도 (B)를 「は」로 고쳐야 '나'와 '친구'의 대비가 가능해진다. (A)는 '~대해서'라는 의미로서 '대상이나 방향'을 나타내며, (C)는 '대상'을 나타내는 조사 「に」에 대비를 나타내는 조사 「は」가 합쳐진 형태이다. (D)는 「~ないでください ~말아 주세요」라는 문형의 일부분이다. 원인을 나타내는 「なくて」와는 바꾸어 넣을 수 없다.

어휘　悪口(わるくち)を言(い)う 험담을 하다, 욕을 하다　構(かま)わない 상관없다

해석　나에 대해서 욕을 하는 것은 상관없습니다만, 내 친구에게는 하지 말아주세요.

　　　　　　　　　　　　　　　　　　　　　　　　　　　　정답 B → は

Pattern Study 5

다음 문장을 꼼꼼히 읽고, 잘못된 부분을 올바르게 고치세요.

1 もしほしい物が何でも手に入るとしたら、何はほしいですか。

2 死に物狂いで頑張ったおかげで、柔道が上手でなりました。

3 とても天気がいいので、窓から遠い山がくっきりと見えます。

4 この料理は量が多いすぎて一人ではとうてい食べきれません。

5 肉はよく食べますが、野菜が好きではないので、ほとんど食べません。

6 久しぶりに汚いの車の車内を掃除して洗車をしたら、新車のように見えます。

7 武力による鎮圧といった性急の行動は、自らの寿命を縮めることにつながります。

8 友だちが出来たのが、とても嬉しいでこの喜びを母に話さずにはいられなかった。

9 ちょっとお聞きしたいのですが、皆さんは近い駅まで歩いて何分ぐらいかかりますか。

10 皆様の都合に合わせて来ますので、いつはいいかここで決めてください。

11 テレビでは悪いニュースばかりだが、やさしいの人は本当に世の中にたくさんいます。

12 このゼミは、学校にあまり来ない人や欠席の多くの人は、ついていくことができません。

13 コップに入っているビールがぬるくなってしまい、冷たいのビールが飲みたくなりました。

14 初めて利用させてもらいましたが、きれいと広い部屋で3人でも問題なく過ごすことができました。

15 食べ方を見ればその人の全てが分かると言われるくらい、食べるの時のマナーは大切なのです。

KEY 26 동사에 의해 결정되는 조사, 「に」와 「で」

수험자들이 자주 혼동하는 것 중에 하나가 조사 「に」와 「で」의 구별이다. 그 이유는 두 조사 모두 '장소'의 용법을 가지고 있기 때문인데, 엄밀히 말해 「に」는 '존재의 장소'를, 「で」는 '동작이 행해지는 장소'를 의미한다.

1. 机の上に本がたくさんある。 책상 위에 책이 많이 있다.
2. 机の上で踊っている。 책상 위에서 춤을 추고 있다.

조사 「に」와 「で」는 뒤에 어떤 동사가 오느냐에 따라 구별이 되는데 「に」는 '상태동사(상태를 나타내는 동사)'를 수반하며 「で」는 '동작성 동사(동작과 관련된 동사)'를 수반한다. 1번 문장에는 「ある」라는 상태동사가 있으므로 「に」를 써야 올바르며, 2번 문장에서는 「踊る」라는 동작성 동사가 있으므로 당연히 「で」를 써야 한다.

이렇게 함정을 판다!

① '존재의 장소'를 의미하는 조사 「に」 자리에 「で」가 와 있다.

近くで大きな公園があって、毎日散歩に行きます。
　　 に

근처에 큰 공원이 있어서, 매일 산책하러 갑니다.

公園のベンチに座っていたら、近くでいたおじさんが話しかけてきた。
　　　　　　　　　　　　　　　　　に

공원 벤치에 앉아 있었더니, 근처에 있던 아저씨가 말을 걸어 왔다.

② 이동동사 「行く, 来る」 앞에 장소가 등장하면 조사 「に」가 와야 하는데 「で」가 와 있다.

もうすぐ試験なのに、勉強しないで海で泳ぎに行った。
　　　　　　　　　　　　　　　　に

이제 곧 시험인데, 공부하지 않고 바다에 헤엄치러 갔다.

入院していた友達が退院して学校で来ました。
　　　　　　　　　　　　　　　　に

입원해 있던 친구가 퇴원해서 학교에 왔습니다.

③ 「～といっしょで」에 밑줄을 그어 놓는다.

仕事の後で、上田さんといっしょで近くにあるレストランに行きました。
　　　　　　　　　　　といっしょに

일이 끝난 후에, 우에다 씨와 함께 근처에 있는 레스토랑에 갔습니다.

友だちといっしょで遊ぶ時がいちばん幸せです。
　　　　といっしょに

친구와 함께 놀 때가 가장 행복합니다.

예제 1

駅の前で友達に会って買い物をしてからデパートで行くつもりです。
　　　　A　　　　　　　B　　　　　　　　　　C　　D

예제 2

郵便局の近くであった本屋はお客さんの払い戻しの要求に応じなくてますます客離れが進み、結局
　　　　　A　　　　　　　　　　　　　B　　　　　　C

つぶれてしまった。
　D

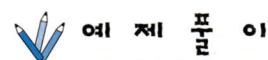

예제1

해설 「行(い)く、来(く)る、帰(かえ)る、戻(もど)る、入(はい)る、登(のぼ)る、上(あ)がる」등의 동사는 이동동사로 불리우는 것들로서 동작이 향해지는 방향에 중점을 두기 때문에 방향을 나타내는 조사「へ」나 도달점을 나타내는 조사「に」를 취한다. (A)는「会う」라는 동작성 동사가 뒤에 있으므로 (A)는「동작을 행해지는 장소」를 나타내는 용법임을 알 수 있다. (D)는 1, 2인칭뿐만 아니라 3인칭에도 사용할 수 있다.

彼は旅行に行くつもりです。(O)

참고로「ほしい 원하다, 갖고 싶다」라는 '화자의 희망'을 나타내는 い형용사는 1, 2인칭에는 쓸 수 있지만 3인칭에는 쓸 수 없다.

私は車がほしい。(O) 1인칭 가능 / 車が欲しいですか。(O) 2인칭 가능 / 彼は車がほしい。(X) 3인칭 불가능

3인칭의 희망을 나타낼 때는「〜ほしがる 〜를 원한다」라는 동사를 사용한다.

彼は車をほしがっている。(O) 3인칭 가능 / 私は車をほしがっている。(X) 1인칭 불가능

한가지 짚고 넘어가야 할 것은「ほしい」는 조사「が」를 취하고「ほしがる」는 조사「を」를 취한다는 것이다.

해석 역 앞에서 친구를 만나서 쇼핑을 하고 나서 백화점에 갈 생각입니다.

정답 C → に

예제2

해설 (A) 뒤에「ある」라는 상태동사가 있으므로 (A)를「近くで」가 아니라「近くに」로 바꾸어야 한다.「近く」는 '근처'라는 의미의 명사이기 때문에 뒤에 조사「に」가 붙을 수 있는 것이며, (B)는 적절한 표현이고「換払(환불)」이라는 우리식 표현은 일본어에 존재하지 않는다는 것도 알아두자. (C)는「〜ないで」와「〜なくて」의 구별을 할 수 있는지 묻고 있는데 '손님의 환불요구에 응하지 않은 것'이 서점이 망하게 된 이유로 볼 수 있으므로「応じなくて」를 쓴 것은 올바르다.(応じないで(X)) (D)는 '망하다, 도산하다'라는 의미로 사용되었고「お客さんの払い戻しの要求に応じなくてますます客離れが進み、結局」부분을 괄호를 쳐보면「本屋は潰れてしまった」가 되는데「つぶれる」앞에 걸리는 조사가「は」이므로 자동사를 쓴 것은 올바르다.(つぶして(X))

어휘 郵便局(ゆうびんきょく) 우체국 近(ちか)く 근처 本屋(ほんや) 서점 払い戻し(はらいもどし) 환불 要求(ようきゅう) 요구 応(おう)じる 응하다 ますます 점점 客離(きゃくばな)れ 손님이 떠남 進(すす)む 나아가다, 진행되다 結局(けっきょく) 결국 潰(つぶ)れる 찌그러지다, 회사가 망하다

해석 우체국 근처에 있던 서점은 손님의 환불요구에 응하지 않아서 점점 손님이 떠나서, 결국 망해 버렸다.

정답 A → 近くに

KEY 27 조사 「を」 뒤에도 자동사가 올 수 있다구!

조사 「を」 다음에는 일반적으로 타동사가 오지만 자동사가 오는 경우도 있다. 자동사를 받는 「を」의 용법은 독해 전 파트에서 골고루 출제되므로 반드시 숙지해 놓도록 하자.

1. '떠나는 대상'을 나타내는 용법
   バスを降りる、 部屋を出る、 港を離れる、 駅を出る 등
   → 버스를 내리거나 방을 나오는 등의 행위는 기존의 장소를 완전히 벗어나는 즉, '완전히 떠나버림'을 의미한다.

2. '통과하는 장소'를 나타내는 용법
   空を飛ぶ、 道を歩く、 橋を渡る、 公園を走る、 山を登る 등
   → 하늘을 날거나 길을 걷는 것 등의 행위는 기존의 장소에서 완전히 벗어나지 못하고 그 장소 안에서 동작이 행해진다. 즉 완전히 떠나버림을 의미하는 것이 아니라 '그 장소 안을 통과하고 있는 것'을 의미한다.

모범예문

1 バスを降りて舗装された道を5分ほど歩くと、駐車場が目に入りました。
   버스를 내리고 포장된 길을 5분 정도 걸었더니, 주차장이 눈에 보였습니다.

2 橋を渡っている人は一人しかいません。
   다리를 건너고 있는 사람은 한명 밖에 없습니다.

3 今日から公園を走ることにしたが、寒くて出かけたくありません。
   오늘부터 공원을 달리기로 했지만, 추워서 나가고 싶지 않습니다.

이렇게 함정을 판다!

① 조사 「を」가 올 자리에 다른 조사가 와 있다.
   お腹が空いてきたので、電車で降りてから昼食をとることにしました。
                        を
   배가 고파져서, 전철을 내리고 나서 점심을 먹기로 했습니다.

   道に車で走っていたら、牛がのろのろと歩いているのが見えた。
      を
   길을 자동차로 달리고 있었더니, 소가 느릿느릿 걷고 있는 것이 보였다.

예제 1

台風による悪天候にかかわらず列車はほぼ定刻どおりに駅で出た。
　　　　　　　A　　　　　　　　　　B　　C　　　　　D

예제 2

角で右に曲がったとたん、塀越しに道路に伸びていた庭木の枝に顔をぶつけ、自転車ごと 横転して
　A B　　　　　　　　　　　　　　　　　　　　　　　　　　　　　　　　　　　　 C D
しまった。

예제 1　●●●○○

해설　'열차가 역에서 동작을 행하는 것'이 아니라 '역에서 떠나는 것'이므로 (D)를 '떠나는 대상'을 나타내는 조사 「を」로 바꾸어 주어야 한다. (A)는 '~와 상관없이'라는 의미의 문형이며 (A)를 '~에도 불구하고'라는 의미의 「~にもかかわらず」로 바꾸어야 하지 않나 생각하여 (A)를 답으로 고른 수험자도 있을 것 같은데 「~にかかわらず、~にもかかわらず」 중 어느 것을 써도 문맥이 통하므로 상관이 없다. (C)는 명사에 바로 접속하여 '~대로'라는 의미이고 「に」는 생략이 가능하다.

어휘　台風(たいふう) 태풍　悪天候(あくてんこう) 악천후　~にかかわらず ~에 상관없이　~にもかかわらず ~에도 불구하고　列車(れっしゃ) 열차　ほぼ 거의　定刻通り(ていこくどお)り 정각대로　駅(えき)を出(で)る 역을 출발하다

해석　태풍에 의한 악천후에 상관없이 열차는 거의 정각대로 역을 출발했다.

정답 D → を

예제 2　●●●○○

해설　'모퉁이를 돌다'는 「角を曲がる」라고 한다. 여기서 「を」는 모퉁이를 완전히 벗어난 것이 아니라 모퉁이에서 동작이 행해지고 있으므로 「통과하는 장소」의 용법으로 사용되었다. (B)는 방향전환을 의미하며(を(X), (C)는 명사에 붙어서 '~와 함께, ~채로'라는 뜻이다.

어휘　角(かど)を曲(ま)がる 모퉁이를 돌다　~たとたん ~하자마자　塀越(へいご)し 담 너머　cf. 塀を巡(めぐ)らす 담장을 두르다　道路(どうろ) 도로　伸(の)びる 뻗다　庭木(にわき) 정원수　枝(えだ) 가지　cf. 技(わざ) 기술　ぶつける 부딪히다　横転(おうてん) 뒹굴음

해석　모퉁이를 오른쪽으로 돌자마자, 담 너머 도로로 뻗어 있던 정원수의 가지에 머리를 부딪혀서 자전거 채로 뒹굴어 버렸다.

정답 A → を

KEY 28 접속조사에 있는 밑줄은 일단 의심!

접속조사라는 것은 문장과 문장을 연결시켜주는 역할을 하는 조사를 말한다. JPT시험에서는 10개가 넘는 접속조사 중에서 유독「ので」와「のに」의 구별을 물으니, 출제자에게 진심으로 감사의 말을 전한다. 정확한 해석을 통하여 '이유, 원인'을 나타내는「ので」와 '역접'을 나타내는「のに」를 구별해 내도록 하자.

모범예문

1 昨夜、遅く寝たので、朝寝坊をしてしまいました。
   어젯밤, 늦게 자서 늦잠을 자 버렸습니다.

2 場所が分からなければ迎えに行くので、下記までご連絡ください。
   장소를 모르면 마중 나갈 테니까, 아래 기입된 번호로 연락주세요.

3 雨が降っているのに、傘を持たないで出かけた。
   비가 내리고 있는데, 우산을 안 가지고 외출했다.

이렇게 함정을 판다!

① 「のに」와「ので」를 바꾸어 놓고 밑줄을 그어 놓는다.
   病気のため、飲み物を飲んではいけないことを知っているので、飲んでしまった。
                                                          のに
   병 때문에 음료수를 마셔서는 안 되는 것을 알고 있는데, 마셔버렸다.
   収入がないのに保険料を払うことができません。
            ので
   수입이 없어서, 보험료를 지불할 수 없습니다.

예제 **1**

写真を <u>撮り</u> に行った <u>ので</u>、何も <u>撮らずに</u> 帰ってきて <u>残念だ</u>。
　　　　A　　　　　B　　　　　C　　　　　　　　　D

예제 **2**

仕事がいそがしい <u>のに</u> 処方箋を <u>取り</u>に行く時間がありません。薬局の人が <u>代り</u>に行ってくれると
　　　　　　　　A　　　　　　B　　　　　　　　　　　　　　　　　　C

<u>助かる</u>んですが。
　D

 예 제 풀 이

예제 1 ●●○○○

해설　(B)를 「のに」로 고쳐야 문맥이 매끄러워진다. (A)는 「동작성 동사ます형 + に」형태로 '~하러'라는 의미이며, (C)는 「동사부정형 + ずに」형태로 '~않고'라는 의미이다. 물론 「撮らないで」로 바꾸어 써도 이상이 없다.

어휘　写真(しゃしん) 사진　残念(ざんねん)だ 유감스럽다

해석　사진을 찍으러 갔는데, 아무것도 찍지 않고 돌아와서 유감스럽다.

정답 **B → のに**

예제 2 ●●○○○

해설　문맥상 (A)에 이유를 나타내는 「ので」가 와야 자연스러운 문장이 된다. (C)를 답으로 고른 수험자는 「薬屋(くすりや)」가 올바른 표현이라고 생각했겠지만, 「薬局(やっきょく)」 역시 올바른 표현이다.

어휘　忙(いそが)しい 바쁘다　処方箋(しょほうせん) 처방전　薬局(やっきょく) 약국　代(かわ)り 대리, 대신　助(たす)かる 도움이 되다

해석　일이 바빠서 처방전을 받으러 갈 시간이 없습니다. 약국의 사람이 대신 가 주면 도움이 되겠습니다만.

정답 **A → ので**

KEY 29 필수! 「に」수반 동사

다음 두 문장에서 이상한 부분이 보이는가?

1. 土曜日には友達を会いに東京へ行ってきました。
2. あの、今日予約しているものですが、道を迷って少し遅れます。

위 두 문장을 보고 아무런 이상한 점을 발견하지 못했다면, 조사「に」를 수반하는 동사에 대한 이해가 부족하다고 볼 수 있다.「会う、迷う」는 조사「に」를 수반하는 동사이므로 위의 두 문장은 다음과 같이 고쳐져야 옳다.

1. 土曜日には友達に会いに東京へ行ってきました。
    토요일에는 친구를 만나러 도쿄에 갔다왔습니다.
2. あの、今日予約しているものですが、道に迷って少し遅れます。
    저기요, 오늘 예약한 사람인데요, 길을 헤매서 조금 늦습니다.

이밖에「乗(の)る、なる、住(す)む、勤(つとめ)る、通(かよ)う、従(したが)う、気(き)づく、気をつける、憧(あこが)れる、勝(まさ)る、向(む)かう」역시「に」를 수반하는 동사들이니 함께 숙지해 놓도록 하자.

모범예문

1 人間は、未来に向かって限りない努力を続けていく存在です。
   인간은 미래를 향해서 한없는 노력을 계속해 가는 존재입니다.
2 大学を卒業して2年間別の会社に勤めていましたが、倒産して転職してきました。
   대학을 졸업하고 2년간 다른 회사에서 근무하고 있었지만, 도산해서 전직했습니다.
3 今はソウルに住んでいますが、昨年まではプサンに住んでいました。
   지금은 서울에서 살고 있습니다만, 작년까지는 부산에서 살았습니다.

이렇게 함정을 판다!

① 조사 「に」를 다른 조사로 바꾸어 놓는다.

山田さんは10年間、銀行で勤めています。
　　　　　　　　　　　　に

야마다 씨는 10년간, 은행에서 근무하고 있습니다.

7月より外科の担当医が交代することがなります。
　　　　　　　　　　　　　　　　　　　に

7월부터 외과 담당의사가 교체됩니다.

예제 1

みなさん、栄養を<u>しっかり</u>とって<u>たっぷり</u>眠って<u>暑さ</u>にやられないように体<u>を</u>気をつけてください。
　　　　　　　　　A　　　　　　　B　　　　　C　　　　　　　　　　　D

예제 2

私<u>の</u>住んでいるアパートは4階建てなので、<u>エレベーター</u>がありません。生まれてからずっと
　A　　　　　　　　　　　　　　　　　　　　　　B

このアパート<u>で</u>住んでいるので、4階まで階段を上るのはもう慣れていますが、遊びに来た友達に
　　　　　　C

は<u>大変そう</u>です。
　　D

예제 1 ●●●○○

해설 「気をつける」는 조사 「に」를 수반하는 동사이다. 따라서 (D)를 「に」로 바꾸어야 한다. (A)는 문맥상 적절한 부사이고, (B)는 「ぐっすり」로 바꾸어 쓸 수 있으며, (C)는 뒤에 조사 「に」가 있으므로 명사형인 「暑さ」가 온 것은 올바르다.

어휘 栄養(えいよう) 영양 しっかり 확실히 たっぷり 듬뿍 眠(ねむ)る 자다 暑(あつ)さ 더위 気をつける 조심하다, 신경을 쓰다

해석 여러분, 영양분은 듬뿍 섭취하고 푹 자서 더위에 지지 않도록 몸에 신경을 써 주세요.

정답 D → に

예제 2 ●●○○○

해설 「住む」라는 동사는 「で」를 수반할 것 같지만 「に」를 수반한다. (A)는 원래 「わたしが住んでいるアパート」이지만 뒤에 있는 명사(アパート)를 수식하는 절에 조사가 있을 경우는 「の」로 대신 받을 수 있어서 「私の住んでいるアパート」형태가 된 것이며 (D)는 な형용사 어간에 「そうだ」가 접속하여 '~인 것 같다'라는 의미의 양태용법이다.

어휘 住(す)む 살다 慣(な)れる 익숙해지다 大変(たいへん)だ 힘들다, 큰일이다

해석 내가 살고 있는 아파트는 4층 건물이어서 엘리베이터가 없습니다. 태어나서부터 줄곧 이 아파트에서 살고 있기 때문에 4층까지 계단을 오르는 것은 이미 익숙해져 있습니다만, 놀러 온 친구들에게는 힘든 것 같습니다.

정답 C → に

KEY 30 「が」와 함께 해요!

다음 두 문장의 공통점을 찾을 수 있겠는가?

1. 日本語を得意な人は日本語が活用できる職場を探せばいい。
2. 誰かに縛られることを嫌いなので、3ヶ月も経たないうちに会社を辞めた。

정답은 두 문장 모두 조사 부분이 잘못되어 있다는 점이다. 「得意だ」와 「嫌いだ」는 모두 조사 「が」를 취하는 어휘이므로 다음과 같이 고쳐져야 올바른 문장이 된다.

1. 日本語が得意な人は日本語が活用できる職場を探せばいい。
   일본어를 잘 하는 사람은 일본어를 활용할 수 있는 직장을 찾으면 된다.
2. 誰かに縛られることが嫌いなので、3ヶ月も経たないうちに会社を辞めた。
   누군가에게 속박되는 것을 싫어해서, 3개월도 지나기 전에 회사를 그만두었다.

이 밖에 「できる、欲(ほ)しい、うまい、分(わ)かる、上手(じょうず)だ、下手(へた)だ、苦手(にがて)だ、好(す)きだ」 앞에도 반드시 조사 「が」가 와야 하니 절대로 틀리는 일이 없도록 하자.

모범예문

1 鈴木さんより英語が上手な人は見たことがありません。
   스즈키 씨보다 영어를 잘하는 사람은 본 적이 없습니다.
2 山田さんの奥さんはきれいだし、料理がうまいです。
   야마다 씨의 부인은 예쁘고, 요리를 잘 합니다.
3 私は旅行が好きなので、暇さえあれば旅行に行きます。
   나는 여행을 좋아해서, 틈만 나면 여행을 갑니다.

이렇게 함정을 판다!

① 조사「が」를「を」로 바꾸어 놓는다.

魚を嫌いなので、肉中心(にくちゅうしん)の食生活が続いている。
　が

생선을 싫어해서, 고기 중심인 식생활이 계속되고 있다.

アメリカに旅行に行きましたが、英語をできなくて苦労(くろう)しました。
　　　　　　　　　　　　　　　　　　　が

미국에 여행을 갔습니다만, 영어를 할 수 없어서 고생했습니다.

예제 1

週に たった一日でもいいから、休みをほしいですが、思うままになりません。
 A　 B　　　　　　　　　　　　 C　　　　　 D

예제 2

「なかなか日本語が上手にならない」という相談をよく受けるが、文法をよく分かっていてなおかつ表現
　　　　　　　　　　　　　　　　　　　　　　 A　　　　 B　　　　　　　　　 C

や単語をたくさん知っているにもかかわらず、日本語が上手ではないというのは日本語会話の実力問
　　　　　　　　　　　　　 D

題というより国語力の問題と言える。

예제 1 ●●○○○

해설 「ほしい」는 조사 「が」를 수반하므로 (C)를 「が」로 고쳐야 한다. (A)는 '횟수나 비율'을 의미하며(で(X)), (D)는 「思うままに」라는 표현의 일부분으로써 올바르다. (D) 뒤의 「まま」를 보고 「〜たまま 〜한 채로」라는 문형을 생각하여 (D)에 「思った」가 와야 한다고 생각해서는 안 된다.

어휘 たった 단, 겨우　休(やす)み 휴식, 휴일　思(おも)うままに 마음대로, 마음껏

해석 일주일에 단 하루라도 좋으니까 휴일을 원합니다만, 마음대로 되지 않습니다.

정답 C → が

예제 2 ●●●○○

해설 「分かる」는 조사 「が」를 수반하는 동사이므로, (B)를 「が」로 고치도록 하자.
문제에서는 「が」와 「分かる」 사이에 「よく」를 넣어서 가볍게 함정을 파고 있으며, 「受ける」는 외부에서 가해진 어떠한 작용을 받을 때 사용하는데, 「相談」 역시 외부에서 가해진 작용으로 볼 수 있으므로 (A)는 적절하다. (C)는 「なお」의 힘줌말이며, (D)는 「〜에도 불구하고」라는 의미의 문형이다.

어휘 なかなか〜ない 좀처럼 〜하지 않다　上手(じょうず)だ 잘하다　相談(そうだん)を受(う)ける 상담을 받다　cf. 相談に乗(の)る 상담에 응하다　文法(ぶんぽう) 문법　尚且(なおか)つ 게다가　表現(ひょうげん) 표현　単語(たんご) 단어　国語(こくご) 국어

해석 「좀처럼 일본어가 능숙해지지 않는다」는 상담을 자주 받지만, 문법을 잘 알고 있고 게다가 표현이나 단어를 많이 알고 있음에도 불구하고 일본어가 능숙하지 않다라는 것은 일본어 회화실력 문제라고 하기보다 국어실력의 문제라고 말할 수 있다.

정답 B → が

Pattern Study 6

다음 문장을 꼼꼼히 읽고, 잘못된 부분을 올바르게 고치세요.

1 うちの子は体が弱いのによく病気にかかります。

2 庭で咲いている花は、香りもいい上にとてもきれいです。

3 いくら妹に頼まれても、いっしょで買い物に行くつもりはありません。

4 この映画を見ると、誰にも10分以内に笑わずにはいられなくなります。

5 前田さんは韓国に来て2年も経ったので、さっぱり韓国語ができない。

6 いくら欠点だらけの人間だとしても、どこかでいいところがあるはずだ。

7 久しぶりに大阪へ行ったついでに、高校時代の親友を会ってきました。

8 バスに乗り遅れてしまったのに、タクシーに乗って帰るほかはない。

9 命を落とすことはありませんが、病のためで生活に大きな支障をきたすでしょう。

10 奈良では有名な寺がたくさんあるので、ゆっくり観光した方がいいですよ。

11 終電に間に合わなければ、タクシーで帰るかどこに泊まるよりほかしかたがありません。

12 使い方をよく分からなくて困った時には、まずこちらを参照してみてください。

13 中国で住んでいるからといって、中国語がぺらぺらと話せるとは限らない。

14 友達が遊びに来たので、近くの公園で行って弁当を買って一緒に食べました。

15 職場や家庭だけでなく、あらゆる状況でいつでもどこにもインターネットを利用する状況になりつつある。

연습문제 ❸

1 <u>温かいの</u>牛乳が<u>飲み</u><u>たい</u>から、<u>コップ</u>を<u>とって</u>ください。
　　　A　　　　　　B　　　　　　C　　　D

2 <u>最近の</u>子供<u>向け</u>のテレビゲームには<u>多い</u>殺害シーンがあり、教育<u>上</u>好ましく<u>ない</u>。
　　　A　　　　B　　　　　　　　　　　　C　　　　　　　　　　　　　　　　　　D

3 明後日<u>の</u>9時の新幹線<u>で</u>、就職してから<u>はじめて</u>故郷に帰る<u>の</u>つもりです。
　　　　A　　　　　　　B　　　　　　　C　　　　　　　　D

4 甘いもの<u>が</u>非常に食べたくなり、学校も早く終わった<u>ので</u>帰りにある有<u>名の</u>喫茶
　　　　　A　　　　　　　　　　　　　　　　　　　　B　　　　　　　　C

店に寄る<u>ことにした</u>。
　　　　D

5 1ヶ月ぶりに息子の家へ行った。<u>案の定</u>、部屋が<u>ごちゃごちゃ</u>していたので掃除を
　　　　　　　　　　　　　　　　　A　　　　　　　B

<u>したら</u>きれい<u>に</u>なった。
　C　　　　　　D

6 昨日から<u>あの</u>窓が<u>開けっぱなし</u>なんですが、<u>一体</u>だれ<u>は</u>開けましたか。
　　　　　　A　　　　B　　　　　　　　　　　C　　　D

7 子供の頃は<u>歌が</u>大好きで、家の<u>近く</u>にある川を父と散歩しながら、沈んで行く
　　　　　　　A　　　　　　　　B

<u>夕日を</u>向かって<u>大きな</u>声で歌うのが日課だった。
　　C　　　　　　　D

8 今日は試験があるからいつもよりやや早く家で出たが、道が混んでいて間に合わな
         A   B   C   D
かった。

9 「データをメールで送ってくれ」と頼んだ。「すぐ送る」という返事だったので全く
    A   B   C
送ってこないので問い合わせたらウィルスに感染しててんてこ舞いだという。
                                        D

10 喫茶店でバイトをしている時、店のオーナーが賞味期限を過ぎた牛乳を平気で
                                    A   B
出しているのを見て、バイトを辞めてからは一切その店では近づいていない。
        C   D

11 終電が終わっていてタクシーで帰ることにしたが、タクシーを捕まえるのも
                    A   B   C
困難なほど、多い人がタクシー待ちをしていた。
           D

12 386世代という言葉が韓国でよく使われるもので、30代で1980年代に大学生活
               A   B
を送った60年代生まれの人々に当たる言葉である。
   C   D

13　高校の時の視力検査の時、見栄というわけでもないのですが、せめて0.3ぐらい
　　　　　　　　　　　　　　A　　　　　　　　　　　　　　　B

　　の視力を欲しくて眼鏡をかけているうちに0.3まで視力表を覚えておきました。
　　　　C　　　　　　　　　　　　　D

14　皆さんからの苦情は責任を持って解決するように努めてまいりますので、ご遠慮
　　　　　　　　　　　　　　　　　　　A　　　　B

　　なく率直のご意見をお寄せください。
　　　　C　　　　D

15　弟は仕事をしていないのに昼夜を問わず近所を自転車でしょっちゅう徘徊し、時
　　　　　　　　　　A　　　B　　　　　　　　　　　　C

　　には缶ビールを片手に持ってうろうろしていることもあります。
　　　　　　　　　　　　　　　D

KEY 31 조사 「に」는 확실한 시간에만!

이 유형은 2001년~2002년에 종종 출제되었는데, JPT시험 특성상 언제 출제되더라도 이상할 것이 없으므로 반드시 숙지해 놓도록 하자. 때를 나타내는 조사 「に」는 불확실한 시간에 단독으로 붙을 수 없음에도 불구하고, 너무나도 태연하게 붙어 있어서 상당히 당황했었던 기억이 난다. 문제를 풀다가 불확실한 시간을 의미하는 단어에 밑줄이 그어져 있다면 곧바로 「に」가 있는지 없는지를 확인하라!

1. 「に」를 붙일 수 없는 단어 → 현재를 기준으로 변하는 불확실한 시간을 의미하는 단어
   今朝、 昨日、 今日、 明日、 先週、 今週、 来週、 先月、 今月、 来月、 去年、 今年、 来年 등

2. 「に」가 붙어야 하는 단어 → 확실한 시간을 의미하는 단어
   5時、 3月、 24日、 2006年 등

3. 「に」가 붙어도 되고 붙지 않아도 되는 단어 → 일정한 시간적 범위를 가지는 단어
   春、 夏、 秋、 冬、 午前中、 午後、 昼 등

모범예문

1 今朝はとても天気が良かったので、近くの公園に散歩に行きました。
   오늘 아침에는 매우 날씨가 좋아서, 근처의 공원에 산책하러 갔습니다.

2 20日に株主総会が行われますので、必ず参加してください。
   20일에 주주총회가 행해지니까, 반드시 참가해 주세요.

3 愛する彼女と来年の秋に結婚しようと思っています。
   사랑하는 그녀와 내년 가을에 결혼하려고 합니다.

이렇게 함정을 판다!

① 불확실한 시간을 의미하는 단어에 조사 「に」가 붙어 있다.

   先週の火曜日に始まった試験は来週に終わります。
                                     に삭제
   저번 주 화요일에 시작된 시험은 다음 주에 끝납니다.

   昨日に初めて彼女と二人きりで会って楽しい時間を過ごしました。
     に삭제
   어제 처음으로 그녀와 단둘이 만나서 즐거운 시간을 보냈습니다.

예제 1
今朝に見た車のフロントグラスには びっしりと霜が付いていた。
　　A　　　　　　　　　　　　　B　　C　　　　D

예제 2
この本が今週に一番よく売れたという事実は、少なくともこれを手に取ってページを開こうとした
　　　　A　　　　　　　　　　　　　　　　　　　　　B　　　　　　　　　C

意識のある人たちが多かったということだろう。
　　　D

 예제 풀이

예제 1 ●●○○○

해설 불확실한 시간에 조사 「に」를 붙일 수 없으므로 (A)를 삭제하여야 한다. (B)는 문장 뒤에 「付いていた」라는 상태를 나타내는 표현이 있으므로 적절하고(では(X)), (C)는 '물체 따위가 빈틈없이 들어차 있는 모양'을 나타내는 부사로써 '유리창에 서리가 잔뜩 붙어 있다'는 의미이며, (D)는 상태를 나타내는 표현「자동사て형 + いる」형태로서 올바르다.(付(つ)けて(X))

어휘 今朝(けさ) 오늘아침 霜(しも) 서리

해석 오늘 아침에 본 자동차의 앞 유리창에는 잔뜩 서리가 붙어 있었다.

정답 A → に 삭제

예제 2 ●●○○○

해설 「今週」는 현재를 기준으로 변하는 불확실한 시간이므로 조사 「に」가 붙을 수 없다. 따라서 (A)의 「に」를 삭제하여야 한다. (C)는「～(よ)うとする ～하려고 하다」라는 문형이며, (D)가 받는 것은「意識」이므로「ある」를 쓴 것은 올바르다.(いる(X))

어휘 売(う)れる 팔리다 少(すく)なくとも 적어도 手に取(と)る 손에 쥐다 ページを開(ひら)く 페이지를 펴다 意識(いしき) 의식

해석 이 책이 이번 주에 가장 잘 팔렸다는 사실은 적어도 이것을 손에 쥐고, 페이지를 펴려는 의식이 있는 사람들이 많았다는 것이겠지.

정답 A → に 삭제

KEY 32 조사는 명사를 좋~아~해~!

조사 바로 앞에 밑줄이 그어져 있다면 반드시 명사 형태가 와 있는지 확인해 보아야 한다. 형용사나 동사가 와 있다면 찍어라. 정답이다. 단, 문형에 연결될 때는 예외이니 주의해야 한다.

要らないものなのに、あまりの<u>安い</u>についつい買ってしまった。(X)
　　　　　　　　　　　　　　安さ(O)
→ 조사는 형용사에 접속 불가능.

中国の方が日本より物価が<u>安い</u>に違いない。(O)
→ 「〜に違いない」라는 문형에 연결되는 형태이므로 가능.

이렇게 함정을 판다!

① 조사 앞에 형용사가 와 있다.

私はそんな彼らの<u>やさしい</u>に、ただただ感謝するばかりだった。
　　　　　　　　やさしさ
나는 그런 그들의 친절함에 그저 감사할 뿐이었다.

大学に合格した時の<u>嬉しい</u>は今でも覚(おぼ)えています。
　　　　　　　　　嬉しさ
대학에 합격했을 때의 기쁨은 지금도 기억하고 있습니다.

② 조사 앞에 동사 기본형이 와 있다.

5日間働いた後の<u>休む</u>は、やはり嬉しいものです。
　　　　　　　　休み
5일간 일한 후의 휴일은 역시 기쁜 법입니다.

回答(かいとう)<u>する</u>を忘れて対応が悪いと叱(しか)られることが多いです。
　　　　するの
회답하는 것을 잊어서 대응이 나쁘다고 꾸지람을 듣는 경우가 많습니다.

예제 1
新しいライセンスは自由に使える著作物をインターネット世界に広めることにより、クリエーターが
　　　　　　　　　　　　　　　　　　　　　　　　　　　　　A

できるだけ優れた作品を作れるように手助けするを目指している。
　　　B　　　　　　　 C　　　　　　　 D

예제 2
彼女の優しいに引き付けられて彼女と結婚しようと腹を決めた。
　　　　A　　　　B　　　　　　　　　　C　　D

예제 1 ●●○○○

해설 「するを」는 문법적으로 맞지 않는 표현이다. 조사「を」가 있으므로 앞은 명사형태가 되어야 하는데 동사에 바로 「を」가 접속되어 있으므로「する」와「を」사이에「こと」를 넣어 주자. (A)는 앞에 조사「を」가 있고(著作物を) 타동사인「広める」를 썼으므로 적절하고(広まる(X)), (B)와 비슷한 표현으로는 시험에서 출제된 적이 있는「なるべく、できるかぎり」가 있으며, (C)는「作る」의 가능형으로서 문맥상 적절하다.

어휘 新(あたら)しい 새롭다 自由(じゆう) 자유 著作物(ちょさくぶつ) 저작물 広(ひろ)める 넓히다, 널리 퍼지게 하다 cf. 知識(ちしき)を広める 지식을 넓히다 優(すぐ)れる 뛰어나다, 우수하다 cf. 天気(てんき)が優れる 날씨가 좋다 健康(けんこう)が優れない 건강이 좋지 않다 作品(さくひん) 작품 手助(てだす)けする 돕다, 거들다 目指(めざ)す 지향하다, 목표로 하다

해석 새로운 라이센스는 자유롭게 사용할 수 있는 저작물을 인터넷 세계에 널리 퍼지게 하는 것에 의하여, 크리에이터가 가능한 한 뛰어난 작품을 만들 수 있도록 도움을 주는 것을 목표로 하고 있다.

정답 D → することを

예제 2 ●●○○○

해설 (A) 뒤에 조사「に」가 있는 것으로 보아 (A)를 명사형태인「優しさ」로 고쳐야 한다. 조사 앞에 형용사나 동사 기본형이 와 있으면 대부분 정답이라고 생각하면 된다. (B)는「引き付ける」의 수동형이며 (C)는 화자의 '의지'를 나타낸다. (D)는「腹を決める 결심하다」라는 관용 표현의 일부분이다.「腹を読(よ)む 속마음을 읽다 腹を割(わ)る 본심을 털어놓다」도 함께 알아두자.

어휘 優(やさ)しい 상냥하다, 친절하다 引き付ける(ひきつける) 끌어당기다, 마음을 끌다

해석 그녀의 상냥함에 끌려서 그녀와 결혼하겠다고 결심했다.

정답 A → 優しさ

KEY 33 「ないで」와 「なくて」에 밑줄이 있으면 정답 확률 70%!

「~ないで」와 「~なくて」의 구별은 오문정정 뿐만 아니라 파트 7 (공란 메우기)에서도 자주 출제되므로 확실히 숙지해서 절대로 틀리는 일이 없도록 하자.

~ないで ~않고 → 두 개의 사항을 대비적으로 표현하거나 부대상황을 나타냄

田中さんが来ないで、前田さんが来た。(대비) 다나카 씨가 오지 않고, 마에다 씨가 왔다.
娘は今朝もご飯を食べないで出かけた。(부대상황) 딸은 오늘 아침도 밥을 먹지 않고 나갔다.

~なくて ~않아서 → 원인, 이유를 나타냄

お金がなくて苦労しています。(원인, 이유) 돈이 없어서 고생하고 있습니다.
思ったより高くなくてほっとしました。(원인, 이유) 생각했던 것보다 비싸지 않아서 안심했습니다.

> **이렇게 함정을 판다!**
> ① 「~ないで」와 「~なくて」를 바꾸어 놓고 밑줄을 그어놓는다.
>   病院で自分の症状をうまく説明できないで困りました。
>   できなくて
>   병원에서 자신의 증상을 잘 설명할 수 없어서 곤란했습니다.
>   服を買いたかったんですが、お金が足りないで買えませんでした。
>   足りなくて
>   옷을 사고 싶었습니다만, 돈이 부족해서 살 수 없었습니다.

예제 1

小学校時代、親から「遊んでばかりいなくて勉強しなさい」とよく言われましたが、「よく遊べ」と
　　A　　　　B　　　　　　　C　　　　　　　　　　　　　　D

言われた記憶はありません。

예제 2

念のため言っておきますが、鍵を部屋の中に置いたまま、出かけなくてください。
　A　　　　　　　B　　　　　　　　　C　　　　　　　D

예제 1 ●●○○○

해설 문제에서는 노는 것과 공부하는 것을 대비적으로 표현하고 있으므로 (C)를 「いないで」로 바꾸어야 한다. (A)는 일본어로는 「時代」이지만 우리말로는 '시절'로 해석하는 것이 적절하며, (B)는 '대상'을 나타내고, (D)는 「言う」의 수동 형태로 쓰였다.

어휘 小学校(しょうがっこう) 초등학교 時代(じだい) 시대, 시절 親(おや) 부모님 遊(あそ)ぶ 놀다 記憶(きおく) 기억

해석 초등학교 시절 부모님에게 「놀지만 말고 공부해라」라고 자주 들었습니다만, 「잘 놀아라」라고 들은 기억은 없습니다.

정답 C → いないで

예제 2 ●●○○○

해설 '~하지 말아 주세요'라는 의미의 문형은 「~ないでください」라고 하므로 (D)를 「出かけないで」로 고쳐야 올바르다. (A)는 '만일을 위해서'라는 의미의 관용 표현이고, (B)는 「~ておく」형태로 보조동사로 쓰였으며, 「~まま ~한 채로」라는 문형 앞에 동사가 올 경우 동사과거형이 와야 하므로 (C) 역시 적절하다.

어휘 ~ておく ~해 두다, ~해 놓다 鍵(かぎ) 열쇠 出(で)かける 나가다, 외출하다

해석 만일을 위해 말해 놓습니다만, 열쇠를 방 안에 놓은 채로 외출하지 말아주세요.

정답 D → 出かけないで

KEY 34 「時」 앞의 시제 구별 방법은?

한 수강생에게 「時」 앞에 과거형이 올 때와 현재형이 올 때 어떻게 구별하느냐고 질문한 적이 있다. 그 수강생은 「時」 앞에 과거형이 오면 '~했을 때', 「時」 앞에 현재형이 오면 '~할 때'라고 해석해서 구별한다고 했다. 물론 틀린 말은 아니지만, 평생 그렇게 구별한다면 문법실력은 항상 제자리걸음일 것이다. 현행 유지를 하고 싶다면 「KEY34」를 건너뛰어도 좋다. 하지만, 일본어의 매력에 빠지고 싶은 수험자라면 반드시 읽어보기 바란다.

「時」 앞에 과거형이 오면, 時 앞 문장의 행위가 時 뒤 문장의 행위보다 먼저 이루어져야 하며(①번 문장) 「時」 앞에 현재형이 오면, 時 앞 문장의 행위가 時 뒤 문장의 행위보다 나중에 이루어지거나(②번 문장), 時 앞 문장의 행위가 時 뒤 문장의 행위와 동시에 이루어져야 한다.(③번 문장)

① アメリカに行った時、時計を買いました。 → 時 앞 과거
   미국에 갔었을 때, 시계를 샀습니다.
② アメリカに行く時、時計を買いました。 → 時 앞 현재
   미국에 갈 때, 시계를 샀습니다.
③ 朝、家を出る時、「行って参ります」と言います。 → 時 앞 현재
   아침에 집을 나올 때, 「다녀오겠습니다」라고 말합니다.

즉 ①번 문장은 미국에 간 행위가 시계를 산 행위보다 먼저 이루어져야 하므로 "미국에 가서 시계를 샀다는 것"을 의미하며 ②번 문장은 미국에 간 행위가 시계를 산 행위보다 나중에 이루어져야 하므로 "미국에 가기 전에 시계를 샀다는 것"을 의미한다. ③번 문장은 時 앞 문장의 행위와 時 뒤 문장의 행위가 동시에 이루어진 경우로서 "집을 나옴과 동시에 인사를 했다는 것"을 의미한다.

> **이렇게 함정을 판다!**
> ① 「時」 앞에 현재형과 과거형을 바꾸어 놓고 밑줄을 그어 놓는다.
>   ご飯を食べた時、いつも「いただきます」と言います。
>   食べる
>   밥을 먹을 때, 항상 「잘먹겠습니다」라고 말합니다.
>   日本に行く時、しばらく日本の小学校に通わせてもらいました。
>   行った
>   일본에 갔었을 때, 잠시 일본의 초등학교에 다녔습니다.

예제 **1**

友達が韓国に遊びに来る時、いろんなところを案内してあげました。
      A   B   C   D

예제 **2**

うちの子は寝た時、腕枕で寝るのですが、こう暑いと寝汗の量が多くて私の両手は汗まみれになって
       A   B   C   D
しまいます。

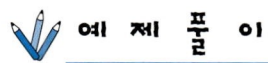
예제풀이

예제 1 ●○○○○

해설 '친구가 한국에 놀러 온 것'이 '화자가 친구에게 여러 장소를 안내해 준 것'보다 먼저 행해진 것이므로 (B)를 과거형인 「来た」로 바꾸어야 올바르다. (A)는 뒤에 「来る」라는 이동동사가 있으므로 올바르며(で(X)), (D)는 안내해 준 주체가 '화자'이므로 적절하다.(もらいました(X) くれました(X))

어휘 遊(あそ)ぶ 놀다　案内(あんない) 안내

해석 친구가 한국에 놀러 왔을 때, 여러 장소를 안내해 주었습니다.

정답 **B** → 来た

예제 2 ●●○○○

해설 「時」앞에 현재형이 오는 경우와 과거형이 오는 경우를 구별하는 묻는 문제이다. (A)는 「時 앞의 시제가 과거」이므로 '자는 것'이 '팔베개를 하는 것'보다 먼저 행해져야 한다는 것인데 문맥이 어색함을 알 수 있다. 당연히 '팔베개를 하고 난 다음에 잠을 자는 것'이 일반적이기 때문이다. 따라서 (A)를 현재형인 「寝る」로 고쳐주어야 한다. (D)는 명사에 바로 접속해서 '~투성이'라는 의미이고 「だらけ」로 바꾸어 넣을 수 있다.(のまみれ(X) のだれけ(X))

어휘 腕枕(うでまくら) 팔베개　寝汗(ねあせ) 잠잘 때 흘리는 식은땀　量(りょう) 양　両手(りょうて) 양손　汗(あせ)まみれ 땀투성이

해석 우리 아이는 잘 때 팔베개를 하고 잡니다만, 이렇게 더우면 식은땀의 양이 많아서 내 양손은 땀투성이가 되어 버립니다

정답 **A** → 寝る

KEY 35 「ある」와「いる」는 식은 죽 먹기!

일반적으로 사물에게는「ある」를, 생물에게는「いる」를 쓴다는 것을 모르는 사람은 없을 것이다. 그런데, 이런 기초적인 내용을 묻는 문제가 1년에 2~3번 꼴로 121번~123번 자리에 출제된다. "설마 이런 문제가 출제될 리가……"하고 방심하다가는 큰 코 다친다.

모범예문

1 すみませんが、ここに**あった**本を見ませんでしたか。
   죄송한데요, 여기에 있었던 책을 못 봤나요?

2 私にはかけがえのない友だちが3人**います**。
   내게는 둘도 없는 친구가 3명 있다.

이렇게 함정을 판다!

① 「いる」와「ある」를 바꾸어 놓고 밑줄을 그어 놓는다.

   テーブルの上に<u>いる</u>本は誰のですか。
                   ある
   테이블 위에 있는 책은 누구 것입니까?

   私には仲のいい友達がたくさん<u>あります</u>。
                              います
   나에게는 사이 좋은 친구가 많이 있습니다.

예제 1

兄弟は3才年下の弟と7才<u>離れた</u>妹が<u>あります</u>が、<u>2人とも大阪に住んでいます</u>。
      A   B   C   D

예제 2

小銭すらないと知っていながら食欲に<u>勝てなくて</u>店に入り、食べ終わってから店員に名刺を<u>渡して</u>
                              A   B

隣に<u>いる</u>銀行で<u>引き出して</u>支払ったことがある。
    C   D

예제 1 ●○○○○

해설 (B)가 받는 것은 '남동생과 여동생' 즉, 사람이므로 (B)를 「います」로 고쳐야 올바르다. (A)는 '나이 차이가 나다'라는 의미로도 사용되며, (C)는 파트 1 사진묘사에서 자주 출제되는 표현이다(「二人とも帽子を被っています 둘 다 모자를 쓰고 있습니다」). (D)는 「住む」가 「に」를 수반하는 동사이므로 이상이 없다.(で(X))

어휘 兄弟(きょうだい) 형제　年下(としした) 연하　cf. 年上(としうえ) 연상　弟(おとうと) 남동생　離(はな)れる 떨어지다, 떠나다　妹(いもうと) 여동생

해석 형제는 3살 연하인 남동생과 7살 차이가 나는 여동생이 있습니다만, 둘 다 오사카에 살고 있습니다.

　　　　　　　　　　　　　　　　　　　　　　　　　　　　　정답 B → います

예제 2 ●●○○○

해설 「銀行」은 사물이므로 「いる」를 쓸 수가 없다. (C)를 「ある」로 고치자. (A)는 문맥상 이유를 나타내고 있으므로 적절하며(勝てないで(X)), (B)는 앞에 조사 「を」가 있으므로 타동사인 「渡す」가 온 것은 올바르다.(渡って(X)) (D)는 「돈을 인출하다」라는 의미이며 비슷한 의미의 동사로 「下(お)ろす」가 있다.

어휘 小銭(こぜに) 적은 돈, 잔돈　~すらない ~조차 없다　食欲(しょくよく)に勝てない 식욕에 이길 수 없다　入(はい)る 들어가다　「동사ます형 + 終(お)わる 다 ~하다　食べ終わる 다 먹다　読み終わる 다 읽」　名刺(めいし)を渡(わた)す 명함을 건네주다　引き出す(ひきだす) (예금 등을) 찾다, 인출하다　支払(しはら)う 지불하다　~たことがある ~한 적이 있다

해석 잔돈조차 없다고 알고 있으면서도 식욕에 이길 수 없어서, 가게에 들어가 음식을 먹고 나서 점원에게 명함을 건네주고 옆에 있는 은행에서 돈을 인출해 지불한 적이 있다.

　　　　　　　　　　　　　　　　　　　　　　　　　　　　　정답 C → ある

KEY 36 「~間」와 「~間に」의 미묘한 차이를 알자!

「間」와 「間に」의 구별을 어려워하는 수험자들이 많은데, 매우 쉬운 내용이므로 어려워 할 이유가 전혀 없다. 구별하는 방법은
  ① 「間」나 「間に」 뒤에 오는 문장을 살펴본다.
  ② 문장 안에서 행해지는 동작이 계속 행해지는 것인지 특정한 시간에 행해지는 것인지를 확인한다.
  ③ 계속 행해지면 「間」, 특정한 시간에 행해지면 「間に」이다.

~間 ~동안에 → 그 기간 동안 동작이 계속 행해지는 것을 의미함

授業を受けている間、弟は外で遊んでいた。 수업을 듣고 있는 동안에, 남동생은 밖에서 놀고 있었다.
(화자가 수업을 듣고 있는 동안, 남동생은 줄곧 밖에서 놀고 있었다는 의미)

~間に ~동안에 → 그 기간 중, 특정한 시간에 동작이 행해지는 것을 의미함

出かけている間に、友達が遊びに来た。 외출하고 있는 동안에, 친구가 놀러 왔다.
(화자가 외출하고 있었던 기간 중, 어떤 특정한 시간에 친구가 놀러 왔다는 의미)

이렇게 함정을 판다!

① 「~間」와 「~間に」를 바꾸어 놓고 밑줄을 그어 놓는다.
  韓国にいる間、プサンに行ってみたいです。
            間に
  한국에 있는 동안에, 부산에 가보고 싶습니다.
  部長は会議の間に、ずっと居眠りをしていました。
              間
  부장님은 회의 시간 동안에, 줄곧 앉아서 졸고 있었습니다.

예제 **1**

サーバーが停止している間には曲のダウンロードが一切できない状態になりますので、ご了承
　A　　　　　　　B　　　　　　　　　　　　　　C　　　　　　　　　　　　　　　　　D
ください。

예제 **2**

この画面は川の水位を監視するため現場を訪れた国土交通省の職員が、地滑りを偶然撮影した
　　　　　　　　　　　　　A　　　　　　　　　　　　　　　　　　B
もので、30分ほどの間、幅10メートル、高さ10メートルにわたって土砂が崩れ落ちた。
　　　　　　　　　C　　　　　　　　　　　　　　　　　D

 예 제 풀 이

예제 1 ●●●○○

해설　서버가 정지되어 있는 동안에 곡의 다운로드는 계속 불가능한 상태이므로, (B)를 「間は」로 고쳐야 한다. (A)는 '주된 정보의 제공이나 작업을 수행하는 컴퓨터시스템'을 뜻하며, (C)는 「ない」와 호응하여 '전혀 ~않다' 라는 의미이다. (D)는 '양해하는 주체' 가 상대방이므로 존경표현을 써야 하며 존경공식 「ご + 한자어 + ください」에 들어맞으므로 이상이 없다.(ご了承して(X))

어휘　サーバー 서버　停止(ていし) 정지　曲(きょく) 곡　ダウンロード 다운로드　状態(じょうたい) 상태　了承(りょうしょう) 양해

해석　서버가 정지되어 있는 동안에는 곡의 다운로드를 전혀 할 수 없는 상태가 되오니, 양해바랍니다.

정답 B → 間は

예제 2 ●●●●○

해설 「間」와 「間に」의 차이점을 묻는 문제이다. 「間」는 '그 기간 동안 계속'의 의미로서 우리가 잘 아는 「まで」와 비슷하다.

私は9時から12時まで勉強しました。 나는 9시부터 12시까지(계속) 공부했습니다.

문제를 보면 문장 끝이 「崩れ落ちた」라는 '특정한 시간에 동작이 행해진 내용'이 왔기 때문에 (C)를 「間に」로 고쳐야 한다. (C)에 「間」를 쓰고 싶다면 문장 끝이 「崩れ落ちていた」라는 계속을 나타내는 진행형태가 와야 한다. (A)는 「~ために ~때문에, ~위하여」라는 문형에서 「に」가 생략된 형태이며, (D)는 '기간이나 범위에 모두 걸쳐서'라는 의미의 문형이다. 비슷한 문형으로 「~にかけて ~에 걸쳐서」가 있는데 「~にかけて」는 단속적인 뉘앙스를 띠기 때문에 「~にわたって」와는 차이가 있다.

9時から12時にかけて停電になります。 9시부터 12시까지 정전이 될 때도 있고 안 될 때도 있습니다.
9時から12時にわたって停電になります。 9시부터 12시까지 계속 정전입니다.

어휘 画面(がめん) 화면 水位(すいい) 수위 監視(かんし) 감시 現場(げんば) 현장 訪(おとず)れる 방문하다 訪(たず)ねる 방문하다 国土交通省(こくどこうつうしょう) 국토 교통성 職員(しょくいん) 직원 地滑(じすべ)り 땅이 미끄러져 내려감 偶然(ぐうぜん) 우연히 撮影(さつえい) 촬영 幅(はば) 폭 cf. 幅広(はばひろ)い 폭 넓다 高(たか)さ 높이 土砂(どしゃ) 토사 崩れ落ちる(くずれおちる) 무너져 내리다

해석 이 화면은 물의 수위를 감시하기 위해 현장을 방문했던 국토 교통성의 직원이 땅이 미끄러져 내려가는 걸 우연히 촬영한 것으로써, 30분 정도의 동안 폭 10미터, 높이 10미터에 걸쳐서 토사가 무너져 내렸다.

정답 C → 間に

KEY 37 「～おかげで」나「～せいで」에 밑줄 있으면 정답 확률 70%!

1년에 2~3번 꼴로 출제되는 유형이다. 「～おかげで」나「～せいで」에 밑줄이 그어져 있으면, 뒤에 오는 문장이 좋은 내용인지, 좋지 않은 내용인지를 살펴보도록 하자. 좋은 내용이면 「～おかげで」에, 좋지 않은 내용이면 「～せいで」에 가볍게 체크해 주자.

～おかげで ~덕분에 → 주로 좋은 내용이 온다
先生のおかげでいい点数を取ることができました。 선생님 덕택에 좋은 점수를 받을 수 있었습니다.

～せいで ~탓에 → 좋지 않은 내용이 온다
テレビを見すぎたせいで、目が悪くなってしまった。 텔레비전을 너무 본 탓에, 눈이 나빠져 버렸다.

이렇게 함정을 판다!

① 「～おかげで」와 「～せいで」를 바꾸어 놓는다.
　一生懸命頑張ったせいで、満足する結果が得られました。
　　　　　　　　　おかげで
　열심히 노력한 덕택에, 만족할 결과를 얻을 수 있었습니다.

　風邪をひいたおかげで、何を食べても味が分かりません。
　　　　　　　せいで
　감기에 걸린 탓에, 무엇을 먹어도 맛을 모르겠습니다.

예제 1
無能な大統領のおかげで、経済は悪化する一方で、国民の風当たりは強くなるばかりだ。
　A　　　　　B　　　　　　　　　　　　　　　C　　　　　　　D

예제 2
デパートでつい自分の買い物に夢中になってふと気がつくと、隣に息子がいなかった。心配で

たまらなかったが友人が機転を利かせてくれたせいで店内放送がすぐに流れて息子は無事に見つかった。
　　A　　　　　　　　B　　　　　　　　　C　　　　　　　　　D

예제풀이

예제 1 ●●●○○

- **해설** 문장 뒤에 '경제가 악화되고 국민의 비난이 거세지기만 한다'라는 좋지 않은 내용이 왔으므로 (B)를 「せいで」로 고쳐야 한다. (A)는 な형용사가 명사를 수식하는 형태로써 올바르고(無能の(X)), (D)는 '~하기만 하다'라는 의미의 문형이다. 유사한 문형으로 「~一方だ」가 있는데 둘의 차이점은 「~ばかりだ」는 좋지 않은 내용에만 사용 가능하지만, 「~一方だ」는 좋은 내용과 좋지 않은 내용 모두 사용가능하다는 점이다.
  ここ数年、株価は下落するばかりだ。(O) 좋지 않은 내용
  ここ数年、株価は上昇するばかりだ。(X) 좋은 내용
  ここ数年、株価は下落する一方だ。(O) 좋지 않은 내용
  ここ数年、株価は上昇する一方だ。(O) 좋은 내용
- **어휘** 無能(むのう)だ 무능하다 大統領(だいとうりょう) 대통령 経済(けいざい) 경제 悪化(あっか) 악화 国民(こくみん) 국민 風当(かぜあ)たり 비난
- **해석** 무능한 대통령 탓에 경제는 악화되기만 하고, 국민의 비난은 거세지기만 한다.

정답 B → せいで

예제 2 ●●●○○

- **해설** 「~おかげで」는 주로 좋은 내용이, 「~せいで」는 좋지 않은 내용이 온다. 아들이 무사히 발견된 것은 좋은 내용이므로 (C)를 「おかげで」로 고쳐야 한다. 참고로 좋지 않은 내용(비꼼의 의미를 나타낼 때)에도 「~おかげで」를 쓸 수 있다는 것을 알아두자.
  お前のおかげで授業に間に合わなかったんだ。 네 덕택에 수업에 늦었어.
  (A)는 「~てたまらない ~해서 견딜 수 없다」라는 문형의 일부분이며 유사한 표현으로 「~てしかたがない、~てしょうがない、~てならない」가 있다. (D)는 앞에 조사 「が」가 있으므로(店内放送が) 자동사인 「流れる」가 온 것은 올바르다.(流して(X))
- **어휘** 買(か)い物(もの) 쇼핑 夢中(むちゅう)になる 열중하다 ふと 문득 気(き)がつく 깨닫다, 정신을 차리다, 주의가 미치다 心配(しんぱい) 걱정 友人(ゆうじん) 친구 機転(きてん)を利(き)かせる 재치 있게 굴다 店内放送(てんないほうそう)が流(なが)れる 안내 방송이 흐르다 無事(ぶじ)だ 무사하다 見(み)つかる 발견되다
- **해석** 백화점에서 그만 자신의 쇼핑에 열중하다가 퍼뜩 정신을 차리자 옆에 아들이 없었다. 걱정이 되어서 견딜 수 없었는데 친구가 재치를 발휘해 준 덕택에 안내 방송이 바로 흘러서 아들은 무사히 발견되었다.

정답 C → おかげで

KEY 38 「〜てくる」와 「〜ていく」를 구별하자!

문장 안에 「〜てくる」나 「〜ていく」가 보인다면, 해석을 해 보고 어떠한 행위가 과거에서 현재까지 지속되었는지, 아니면 현재에서 미래로 지속되어 가는 것인지를 살펴보도록 하자. 그리하면 매직아이처럼 정답이 보일 것이다.

〜てくる 〜해 오다 → 과거 어떤 시점에서 현재까지 행위가 지속됨을 의미
2000年から急激に少年犯罪が増えてきた。 2000년부터 급격하게 소년범죄가 증가해 왔다.

〜ていく 〜해 가다 → 현재부터 미래로 행위가 지속됨을 의미
これからも科学はますます発展していくだろう。 앞으로도 과학은 점점 발전해 갈 것이다.

이렇게 함정을 판다!

① 「くる」와 「いく」를 바꾸어 놓는다.
　25才の時から、ずっとここで働いていきました。
　　　　　　　　　　　　　　　　きました
　25살 때부터, 줄곧 여기서 일해 왔습니다.
　就職してからも日本語の勉強は続けてくるつもりです。
　　　　　　　　　　　　　　　　　　　いく
　취직하고 나서도 일본어 공부는 계속해 갈 생각입니다.

예제 1
最近、目の下のくまが濃くなっていって少し目元が弛んだような気がする。
　　　　　　　　　A　　　　B　　　　　C　　　D

예제 2
経営者として生きてくるためには、多くのリスクを乗り越えられる失敗経験を踏まえた高い経営技量
　　　　　　　A　　　　　　　　　　　B　　　C　　　　　　　　　　D
が必要だ。

예제풀이

예제 1 ●●○○○

해설 「~てくる」는 '과거 어떤 시점에서 현재까지 행위가 지속됨'을 의미하고 「~ていく」는 '현재부터 미래로 행위가 지속됨'을 의미한다. 문맥상 '기미가 짙어져 온 것'이 올바르지 '기미가 짙어져 가는 것'이 아니므로 (B)를 「きて」로 바꾸어야 한다. (A)는 「濃い」라는 い형용사가 なる에 접속한 형태이므로 어미 「い」가 「く」로 바뀐 것이며, (D)는 「~ような気がする ~할 것 같은 느낌이 든다」라는 문형의 일부분이다.

어휘 最近(さいきん) 최근 くま 기미 濃(こ)い 짙다 目元(めもと)が弛(たる)む 눈매가 처지다 気(き)がする 느낌이 들다.

해석 최근 눈 밑의 기미가 짙어져서 조금 눈매가 처진 듯한 느낌이 든다.

정답 B → きて

예제 2 ●●●○○

해설 문맥상 '경영자로서 살아가는 것'이 자연스러우므로 '현재에서 미래로 행위 지속'되는 「~ていく」를 써야 적절하다. (C)의 「乗り越える」는 「乗り切る」로 바꾸어 쓸 수 있으며, (D)는 '판단의 근거로 삼다, 입각하다'라는 의미로 사용되었다.

어휘 経営者(けいえいしゃ) 경영자 生(い)きる 살다 リスク 위험 乗り越える(のりこえる) 극복하다 失敗経験(しっぱいけいけん) 실패 경험 技量(ぎりょう) 기량 必要(ひつよう) 필요

해석 경영자로서 살아가기 위해서는 많은 위험을 극복할 수 있는 실패 경험에 입각한 높은 경영기량이 필요하다.

정답 A → いく

KEY 39 약간의 꼼꼼함을 요구하는 의미의 중복!

1. 지금 역전 앞에서 기다리고 있으니까 빨리 와.
2. 어제 먹었던 닭도리탕은 매우 맛있었어요.

위의 문장에는 올바르지 못한 단어가 들어가 있다. 「역전 앞」은 '역전'이 '역 앞'이라는 뜻임에도 불구하고 '앞'을 한 번 더 쓴 군더더기 표현이고, 「닭도리탕」은 우리말 '닭'에 일본어 '鳥(とり)'가 합쳐진 '닭닭탕'이라는 의미로서 의미가 중복되어 있다.

오문정정에서도 이와 같은 의미중복 문제가 1년에 2~3번 꼴로 출제되는데, 주로 121~125번 사이에 출제된다. 「昼寝を寝る」, 「仕事を働く」, 「外食を食べる」같은 표현에 밑줄이 그어져 있으면 무조건 찍어라. 100% 정답이니까 말이다.

모범예문

1 日曜日はいつも家族と一緒に外食をしています。
   일요일에는 항상 가족과 함께 외식을 하고 있습니다.

2 ちょっとでも昼寝をした方が、能率(のうりつ)が高いそうだ。
   조금이라도 낮잠을 자는 쪽이 능률이 높다고 한다.

이렇게 함정을 판다!

① 같은 한자가 중복되어 있거나, 의미가 중복되어 있다.

1時間ほど昼寝を寝たら、気分が爽(さわ)やかになりました。
              したら

1시간 정도 낮잠을 잤더니, 기분이 상쾌해졌습니다.

サラリーマンらしく仕事にふさわしい服装(ふくそう)を着てください。
                                        して

샐러리맨답게 일에 어울리는 복장을 해주세요.

勉強をしながら仕事を働いでいますが、疲れてたまりません。
              して

공부를 하면서 일을 하고 있습니다만, 피곤해서 견딜 수 없습니다.

예제 1
返事を待ちきれなくて携帯で電話を話そうとしたが、バッテリーが上がっていて駄目だった。
　　　　A　　　　　　　B　　　　　C　　　　　　　　　　　D

예제 2
息子が昼寝を寝ている間に家事を済ませて、寝ようとすると息子は必ずといっていいほど目を
　　　　　　A　　　　B　　　　　　　　　C

覚ます。
D

 예 제 풀 이

예제 1 ●●○○○
해설　(C)를 보면 한자「話」가 중복되어 있음을 알 수 있다. '전화를 하다'는「電話をする」나「電話をかける」라는 표현을 쓴다. (A)는「동사ます형 + きれない 완전히 ~할 수 없다」라는 문형에「~なくて ~하지 않아서」라는 문형이 결합된 형태이며, (B)는 '수단'의 용법으로 사용되었다. (D)는 '다 떨어지다'라는 의미이다.
어휘　返事(へんじ) 답변, 답장　携帯(けいたい) 휴대전화　バッテリーが上(あ)がる 배터리가 다 떨어지다 = バッテリーが無(な)くなる　駄目(だめ)だ 소용없다
해석　답변을 기다릴 수 없어서 휴대전화로 전화를 하려고 했지만, 배터리가 떨어져 있어서 소용없었다.
　　　　　　　　　　　　　　　　　　　　　　　정답 C → しようとした 또는 かけようとした

예제 2 ●●●○○
해설　'낮잠을 자다'라는 표현은「昼寝をする」라고 한다. 따라서 (A)를「して」로 고쳐야 한다.
　　　'집안 일을 끝낸 것'은 아들이 자는 동안에 계속 행해진 것이 아니라 그 기간 중 특정한 시간에 행해진 것이므로「間に」를 쓴 (B)는 올바르다. (D)는 앞에 조사「を」가 있으므로 형태가 적절하다.(覚める(X))
어휘　現在(げんざい) 현재　息子(むすこ) 아들　家事(かじ) 집안일　済(す)ませる 끝내다 = 済(す)ます 끝내다 cf. 済(す)む 끝나다　~(よ)うとする ~하려고 하다　必(かなら)ず 반드시, 틀림없이　目(め)を覚(さ)ます 눈을 뜨다, 잠을 깨다
해석　아들이 낮잠을 자고 있는 동안에 집안 일을 끝내고, 자려고 하면 아들은 반드시라고 해도 좋을 정도 잠을 깬다.
　　　　　　　　　　　　　　　　　　　　　　　　　　　　　정답 A → して

KEY 40 초원이 다리는 백만 불짜리 다리!

어디선가 들어본 적이 있는 말일 것이다. 영화 '말아톤'의 유명한 대사인데, '말아톤'은 '마라톤'의 잘못된 표기법이지만, 주인공의 순수함을 전달하기 위해 제목으로 채택되었다고 생각된다. 그런데, 황당하게도 JPT시험에서도 이와 비슷한 내용이 등장한다. 「マラソン」을 「マラソーン」으로 바꾸어 놓고 밑줄을 그어놓기 때문이다. 이처럼 가타카나의 장음 유무를 묻는 문제가 1년에 2번 꼴로 출제되니, 시험문제에서 가타카나에 밑줄이 그어져 있다면 필히 장음의 유무를 확인하기 바란다. 꼼꼼히 살펴보지 않는다면, 쉽게 답을 찾지 못하고 많은 시간을 허비하게 될 것이다.

모범예문

1 ぜひ、パーティーにみんなで遊びに来てください。
  꼭, 파티에 모두 놀러 와 주세요.
2 この文章(ぶんしょう)にはアンダーラインが引かれています。
  이 문장에는 밑줄이 그어져 있습니다.

이렇게 함정을 판다!

① 있어야 할 가타카나의 장음을 확 빼 버린다.
  未成年者(みせいねんしゃ)にはビルなどの酒類を販売いたしません。
                  ビール
  미성년자에게는 맥주 등의 주류를 판매하지 않습니다.

  晩ご飯のおかずでも買おうと近くのスーパに立ち寄りました。
                              スーパー
  저녁 반찬이라도 사려고 근처 슈퍼에 들렀습니다.

② 없어야 할 가타카나의 장음을 슬그머니 집어 넣는다.
  3日目はバースに乗って博物館(はくぶつかん)に行きました。
        バス
  3일째에는 버스를 타고 박물관에 갔습니다.

  私にはどうやらファッションセーンスがないようだ。
                      センス
  나에게는 아무래도 패션센스가 없는 것 같다.

예제 1

氷が入ったままのアイスコーヒを冷蔵庫に保存すると、氷が溶けて濃度が薄くなってしまう。
　　　　　　　　　　　A　　　　　　B　　　　　　　C　　D

예제 2

彼はマラソーンにかぎらず、陸上競技にかけては誰にも負けないという。
　　　A　　　　B　　　　　C　　　　　　　　　　　D

예제 1　●●●○○
해설　'커피'의 올바른 가타카나 표기법은 「コーヒー」이다. (C) 앞에 조사 「が」가 있으므로 자동사인 「溶ける」가 온 것은 올바르며, (B),(D)는 문맥에 적절한 2자 한자이다.
어휘　氷(こおり) 얼음　冷蔵庫(れいぞうこ) 냉장고　保存(ほぞん) 보존　溶(と)ける 녹다　濃度(のうど)が薄(うす)い 농도가 옅다
해석　얼음이 들어 있는 채로 아이스커피를 냉장고에 보존하면, 얼음이 녹아서 농도가 옅어져 버린다.

정답 A → コーヒー

예제 2　●●●●○
해설　'마라톤'의 올바른 가타카나 표기법은 「マラソン」이다. (B)는 '~에 한하지 않고, ~뿐만 아니라'라는 의미로 비슷한 의미의 문형인 「~だけでなく、~ばかりでなく、~ばかりか、~のみならず」와 묶어서 숙지해 놓도록 하자. (C)는 '~에 있어서는'이라는 뜻이고, (D) 대신에 전문(전해 들은 문장)의 「~そうだ、~ということだ」로 바꾸어 써도 이상이 없다.
어휘　陸上競技(りくじょうきょうぎ) 육상 경기　負(ま)ける 지다
해석　그는 마라톤에 한하지 않고, 육상 경기에 있어서는 누구에게도 지지 않는다고 한다.

정답 A → マラソン

Pattern Study 7

다음 문장을 꼼꼼히 읽고, 잘못된 부분을 올바르게 고치세요.

1 スーパーで買い物をしている間、財布を落してしまいました。

2 私がここまで来られたのは、みなさんに助けていただいたせいです。

3 ちょっと風が強かったが、雨が降らないで本当によかったです。

4 始めてから2年近くかかってきた仕事がとうとう来週に終わります。

5 生徒の希望に応えて、図書館は夜12時までに開かれることになった。

6 花と自然の美しいに感動する心は、自然を大切にする原点であります。

7 皆さんに積極的に手伝っていただいたせいですぐに教室がきれいになりました。

8 鈴木君は授業の間に、先生のおっしゃることを聞かず、ずっとおしゃべりをしていた。

9 今まで一生懸命に頑張っていった事がこういう結果につながったと思います。

10 昨日体力を使い果たしてしまい、今朝に目が覚めたら11時を過ぎていました。

11 財布を落してしまい、バスに乗ったお金がなかったので、友だちに貸してもらった。

12 要するに一番重要なことはプロジェクトを期限まで完成させ、利益につなげることだ。

13 私と息子は今年の4月で一時帰国する予定なので、その時に先生と会う約束をした。

14 何百年も続いていった暮らしのありようが、ここ30年ほどですっかり変わってしまった。

15 景気が低迷していて、消費者が農産物を質より価格の安いで選びがちだという点が生産者にとっては辛いところだ。

연습문제 ④

1. 食事が済んでバス停に戻るとさっき車の中にあった女性二人が立っていた。
   　　　　A　　　　B　　　　　　　　　　　C　　　　　　　D

2. 子供の性格や適性を考えなくて一方的に親の希望や夢だけを託すことはいけない。
   　　　　　　A　　　B　　　　　　　　　　　　　　　　C　　　　D

3. 変わり果てた弟の姿を見て思わず涙がこみ上げていった。
   　　A　　　　　　B　C　　　　D

4. 株式の注文を一桁間違えて出してしまったおかげで大金が消え去ってしまった。
   　　　　　　A　　　　B　　　　　　C　　　　　　D

5. 私は絵を描いた時、色んなことにこだわりすぎているのではないだろうかと思って
   　　　　A　　　　　　B　　　　　C

   今回は頭を空っぽにして描くことにした。
   　　　　　D

6. 明日に大講堂で新入社員の歓迎会がありますのでみんな欠席しないで 参加して
   　　A　　B　　　　　　　　　　　　　　　　　　　　C　　　　　D

   ください。

7. 我々の生きている社会は専門的な職業によって暮らすを立てて行く社会である。
   　　　　　　　　　　　　　　　　　　　　　　A

   餅は餅屋に任せ、看護は看護婦に任せることが変な素人の口出しよりも能率も
   　　　B　　　　　　　　　　　　　　　　　　　　　　　　C

   上がるし、よりよい結果が得られるからだ。
   　　　　　　D

8 楽しく生活して<u>くる</u>ための節約生活が<u>度</u>を越してしまい、一番大切な子供の心を
 　　　　　　　A　　　　　　　　　　B

 <u>ないがしろにして</u>いた私に<u>やっと</u>気がついた。
 　　C　　　　　　　　　　D

9 携帯電話のバッテリーが<u>なくなって</u>充電している<u>間に</u>、上司が<u>ずっと</u>電話を<u>かけて</u>
 　　　　　　　　　　　　　A　　　　　　　　　　B　　　　　　C　　　　　　　　D

 いたらしい。

10 水道管の接続部分を何も<u>考えなくて</u> <u>外して</u>しまい、水が私に向かって噴き出した。
 　　　　　　　　　　　　A　　　　　B

 慌てて手で押さえたが身動きも<u>とれず</u>、私もトイレも<u>水浸し</u>になってしまった。
 　　　　　　　　　　　　　　C　　　　　　　　　　D

11 薬が<u>効いて</u>いる<u>間</u>にはよかったが、薬が切れると、<u>とたんに</u>痛みを<u>感じた</u>。
 　　　A　　　　B　　　　　　　　　　　　　　　　C　　　　　　　D

12 机の上に<u>いた</u>手紙<u>のうち</u> <u>一通</u>は、先週<u>受けた</u>試験の成績表だった。
 　　　　　A　　　　B　　　C　　　　D

13 休日は<u>昼寝を寝たり</u>釣に<u>行ったり</u>しながら <u>ゆっくりと</u>過ごしています。
 　　　　A　　　　　B　　　　　　　　C　　　　D

14 コンビニは<u>非常に</u>便利だが、<u>売られている</u>は<u>スーパー</u>より高くて品質も<u>あまり</u>よくない。
 　　　　　A　　　　　　　　B　　　　　　C　　　　　　　　　　D

15 汗を<u>掻こうと</u>厚着を<u>着て</u>運動をするのは逆効果を<u>招きます</u>ので、<u>ご注意</u>ください。
 　　　A　　　　　　B　　　　　　　　　　　C　　　　　　　D

Pattern Study FINAL

다음 문장을 꼼꼼히 읽고, 잘못된 부분을 올바르게 고치세요.

1　友達に頼んでケーキの作り方を教えてもらいました。

2　外国に留学したおかげで視野が多く広がりました。

3　どんな稼いでも、使う時間がなければはじまりません。

4　友だちの家へ遊ぶに行くところ、あいにく留守だった。

5　アパートは駅から近ければ近いさえ高くなります。

6　こちらにお越しの際は是非一度お立ち寄ってください。

7　非常にややこしい問題だので、なかなか答えられます。

8　母から来た手紙を見るとたん、涙が込み上げていきました。

9　近くで新しい駅ができたおかげで、とても便利ななりました。

10　そんな有名の人がこの古臭い店に来るはずがないでしょう。

11　健康を取り戻すためには、何も考えないでゆっくり休むことだ。

12　インストールに際しては、必ず手順をそって作業してください。

13　この数年、失業率は増えたばかりだし、株価は下がる方だ。

14　サビス精神が旺盛で、人に頼むと断ることができません。

15　命をかけてまでそんな危ないところにわざわざ行くことはあります。

16　投票率の減少は政府に対する無関心の現れでほかならない。

17 今日は体の具合が悪いので、休んでいただきたいのですが。

18 一流大学を卒業したからといい、必ずしも成功するとは限らない。

19 親に相談したところ、就職は後にして大学で行くように勧めさせた。

20 ご期待にお応えするために、ご最善を尽くしているとお伝えてください。

21 これの社会で生きていく以上、この社会のしきたりに従うざるを得ない。

22 どんなスポーツでも練習すればするほどうまくなるのは当然のことだ。

23 テレビから離れないでみると、目が悪くなりますから、気をつきましょう。

24 この製品は壊れてやすいので、取り扱さに十分気をつけてください。

25 会社に持ち帰って検討した上に、急いでお返事させていただきます。

26 小学生でもここに書いているとおりにすれば儲けられることができます。

27 信じるがたいことだが、やはり新聞に出ているからには事実が相違ない。

28 そんなことも知らないなんで、教師にとって恥ずかしいのではありませんか。

29 嬉しいのに売れ行きが好調で、生産の方が追いつけなくなっています。

30 大阪は一度行くことがありますが、機会があればまた行きたがります。

31 落ち葉がこれほど散らかしていたら、一人で全部集めるようがありません。

32 さまざまな問題を抱いている制度のあり方について、早急に結論を出したべきだ。

33 せっかくの休日だったので、どこでも出かけず、午後2時までに寝ました。

34 どんなことがあっても小さい子供を一人で遊びに行かれるものではない。

35 値段は安いにこしたことはないけど、あまり安すぎるのも心配になります。

36 結婚してからというもの家計簿を書いているが、苦しい生活が続いている。

37 こちらが怪しいの手段で対抗すれば相手ももっと変なことをやりかねます。

38 新しいアパートに引っ越したばかりので、駅まで行く道がまだ分かりません。

39 息子のことが心配で5分おきに電話をかけてみたが、一概につながらない。

40 応募書類は、不採用の場合でも返却いたしませんのでご了承して下さい。

41 私の知る限りでは、英語の上達を気にしていない韓国人はほとんどいる。

42 無名の大学が何か新しいことを始まったといっても、誰も振り向いてあげない。

43 昨日から今日とかけて大雪が降り続いていて家から一歩も出られなかった。

44 核兵器は、一瞬にして無差別に多い人の命を奪ってしまう恐ろしいことだ。

45 当日は激しい雨にもかかわって多くの保護者の皆様にご参加いただきました。

46 最近太った気味なので、少しでも脂肪を減らしようと思ってジョギングを始めた。

47 愛する人やお世話になっている方へ、あなたのメッセージをお届けになります。

48 彼女と昔のことを話していたら、初め彼女と会う時のことを思い出しました。

49 来月に3年間付き合ってきた彼と結婚するつもりですが、まだ誰でも話していません。

50 毎朝きちんと早起きして遅刻しないように学校に来る習慣をつけないといけない。

51 私たちが行ったところは、地盤がゆるく、雨による土砂崩れが発生した地区だった。

52 自信を持って話をしないと、本当のことでも、嘘のような聞こえてしまう恐れである。

53 満期までの5年間、皆様のお金をお預かってして、半年ごとで利子をお支払いいたします。

54 いつも周りの目を気にするながら生きていった私には、とうてい理解できない行為だった。

55 東京に行くと、お台場に行ってみた方がいいですよ。ものすごく有名のところですから。

56 明るいうちに帰らなかったと、また雪が降ってきて自宅に帰られなくなるので、早くに帰りました。

57 病気がちのお母さんを田舎にひとり置いて、東京で行くことがとうていできなかった。

58 警察の話では、少年により犯罪が増加傾向を示し、しかも凶悪化しているとのものです。

59 ミサイルを完全に打ち落とすことができる手立ては、日本をはじめどの国も持っていません。

60 生徒が憩う場所がただでさえ少ないのに、それを取り上げてしまうのは納得しかねません。

Pattern Study 6

실전 모의고사 1~5회

Pattern Study 6

실전 모의고사 1회

1 夏休みの時、友達と<u>いっしょに</u> 田舎に行って魚を<u>とったり</u>泳い<u>だりながら</u>遊<u>んだ</u>。
                          A   B   C   D

2 学校の<u>周り</u>で<u>見つけた</u>花や虫の写真を<u>買った</u>ばかりのカメラで<u>しました</u>。
              A   B   C   D

3 昨日の夜7時<u>に</u>朝食を予約しておいた<u>のに</u>、その時間に間に合う<u>ように</u>出かける
                  A   B   C

   <u>用意</u>をして上に上がって行ったらまだ朝食はできていなかった。
    D

4 結婚し<u>てから</u> <u>常に</u>幸せ<u>で</u>してくれたあなた、どうもありがとう。<u>決して</u>忘れないよ。
            A   B   C   D

5 「人はいつ死ぬか」という研究をしている外国の社会学者の調査<u>によると</u>誕生日の
                                                                             A

   1ヶ月くらい前からの死亡率は急に<u>下がる</u>が、誕生日が<u>過ぎる</u>とまた<u>上昇しそうだ</u>。
                                        B   C   D

6 車で買い物に<u>行った</u>時、駐車場がいっぱいだったが、一箇所<u>空けて</u>いたので車を
                     A   B

   止めました。<u>後で</u>気が<u>ついたら</u>車いす専用の駐車スペースでした。
                C   D

7 英語<u>にも</u> <u>だんだん</u>慣れてきて、ドラマもだいたい <u>分かれる</u>ように<u>なった</u>。
          A   B   C   D

8 人というのは<u>一度</u>犯罪を<u>犯す</u>となかなか<u>歯切れ</u>がかからない<u>ようだ</u>。
　　　　　　　　A　　　　　　B　　　　　　　　C　　　　　　　　D

9 3月に公表された地価公示<u>によれば</u>商業地については<u>横ばい</u>の地点が増加している
　　　　　　　　　　　　　　　　A　　　　　　　　　　　　B

　<u>ものの</u>、大都市圏と地方圏は<u>下降幅</u>が縮小した。
　　C　　　　　　　　　　　　D

10 IMFの後、韓国のインフレ<u>は</u>だんだん<u>ひどくなる</u>一方で、「政府も打つ手<u>がある</u>」
　　　　　　　　　　　　　　A　　　　　　B　　　　　　　　　　　　　　　　C

　という気が<u>する</u>。
　　　　　　D

11 経済の<u>グローバル化</u>が<u>進む</u>中で、国際収支の重要性はますます<u>高まる</u> <u>方だ</u>。
　　　　　　A　　　　　　　B　　　　　　　　　　　　　　　　　C　　　D

12 前日に酒を飲みすぎて体調を<u>壊した</u>ままで試験を<u>受けて</u>はいい点数が<u>とれる</u>
　　　　　　　　　　　　　　　　A　　　　　　　　B　　　　　　　　C

　<u>はずがない</u>。
　　D

13 <u>座り込んで</u>人<u>から</u>話しかけてもらう<u>の</u>を待っていては、話しかけてもらえない<u>わけ</u>
　　　A　　　　　B　　　　　　　C　　　　　　　　　　　　　　　　　　　D

　がない。

14 1ヶ月くらい<u>前に</u>右手をドアに挟んで大騒ぎしたのだが、赤くなった<u>だけで</u>腫れも
　　　　　　　　A　　　　　　　　　　　　　　　　　　　　　　　　B

　わりと早く<u>抜けた</u>の<u>で</u>ほうっておいた。
　　　　　C　　　　D

15 おそらく北方と南方で来た人々が次第に混じり合いながらやがて体つきも暮らし
      　　　　　A　　　　B　　　　　　　C
   ぶりも同じようになって現在の民族になったのだろう。
   　D

16 「お酒は一滴も飲めない」と言った彼が焼酎を一気に飲んでしまったので呆気に
   　　　　A　　　B　　　　　　　　　　C
   乗られた。
   　D

17 瞬く間に２月もほとんど過ぎ、ソウルはかなり暖かくなってもうすっかり春めぐってきた。
   　A　　　　　　　　　　　　　　　　B　　　　　　　　　C　　　　D

18 やっと休みを取り、予約をして「グアムへ」と思いきって何十年ぶりかの大雪に
   　　　　　　　　　　　　　　　　　　　　A
   見舞われて電車が一本も動かず、バスも通行止めになっていて家から一歩も
   　B
   動けなくて やむなくキャンセルした。
   　C　　　　D

19 電気製品を修理して補償しようとする会社側の申し出に対して当事者側は「買った
   　　　　　　A　　　　　　　　　　　　　　　　　　　　　B
   ばかりの製品だから新品交換での賠償を望む」と言っているため、両者の言い分
   　　　　　　　　　　　　　　　　　　　　　　　　　　　　　　　　　C
   や金額の折り合いが合いにくくなった。
   　　　　D

20 かりそめにも医者ともあろうものが患者を騙して金儲けをするとは 信じにくいことだ。
   　A　　　　　　B　　　　　　　　　　　　　　　　　C　　　D

실전 모의고사 2회

1 学校の<u>真</u>正面の文房具屋が<u>できて</u>以前に比べてとても<u>便利</u>になりました。
      A   B   C   D

2 スピード<u>違反</u>で免許<u>停止中</u>にもかかわらず <u>30日間</u>も運転を<u>続いた</u>。
    A   B   C   D

3 ここ<u>で</u>売っている商品は全部消費税<u>込み</u>だから韓国より <u>高い</u><u>です</u>と思います。
    A   B   C D

4 <u>どうやら</u>彼女は何時間もの車の<u>移動</u>に耐えられそうだし、山歩きも<u>嫌く</u>はない<u>らしい</u>。
     A   B   C D

5 昨日は午後6時に会社<u>で</u>出て田中さんと夕食を食べ<u>てから</u>映画を<u>見</u>に行きました。
   A   B   C   D

6 電車のドアが<u>閉めそうで</u>走って行って手で<u>開けようとしたら</u>手が<u>挟まって</u>時計が
              A   B   C

   <u>壊れた</u>。
    D

7 うちの子は<u>外</u>に<u>出る</u>のが<u>嫌い</u>なので夏休みも<u>どこでも</u>行きませんでした。
          A B   C   D

8 これは<u>偽物</u>ですよ。素人なら<u>未だしも</u>私のような<u>玄人</u>は<u>見た</u>とすぐ分かります。
     A   B   C   D

9　電車に乗る瞬間、靴の片方がホームに残っていることに気づき、ドアの閉まる
　　　　A　　　　　　　　　　　　　　　　　B　　　　　　　C

　　電車から間一髪で降りた。
　　　　　　　D

10　相手に分かりやすくいろんなことを説明しようとすることは時と場合によっては
　　　A　　　　　　　　　　　　　　B　　　　　　　　　　　　　　C

　　物議を呼ぶこともあります。
　　　　　D

11　朝早く電車に乗ったが、平生と違って着物を着る人が多くてびっくりした。
　　　　　　A　　　　　　B　　　　　C　　　　　　　　D

12　イラクに派兵してから大事なく6ヶ月が過ぎてからといって現状に慣れ、この派遣
　　　　　　　　　　　A　　　　　B

　　の危うさを忘れてはなるまい。
　　　C　　　D

13　その国では人種を差別することは憲法で禁止されているが、まだ白人と黒人の
　　　　　　　　　　　　　A　　　　　B

　　生活においては雲泥の間があると思う。
　　　C　　　　　D

14　出された作品はいずれも勝てず劣らずすばらしくてどの作品が最優秀賞をもらう
　　　A　　　　　　　　B　　　　　　　　　　C　　　　　D

　　か興味津々だ。

15　最近、某社の製品に付いているマークとシールを集めてポイントを貯めるとプレ
　　　　　　　　　　　　A　　　　　　　　　　　　　　　　　　　　　　　　B
　　ゼントがもらうキャンペーンをやっています。その中にある景品がほしくて一生
　　　　　C　　　　　　　　　　　　　　　　　　　　　　　D
　　懸命集めています。

16　日本のドラマで奥さんが家事の合間に旦那さんの出張の準備を手伝っているような
　　　　　　　　　　　　　　　A　　　　　　　　　B
　　シーンをしばしば目にするが、これはわが家では想像だにつくことである。
　　　　　　　　　　C　　　　　　　　　　　　　　　　　　D

17　親戚に借金を頼みに行ったが、「早く帰れ」とばかりに そっぽを向いていて取り付く
　　　　　　　　A　　　　　　　　　　　　B　　　　　　　C
　　島がある。
　　　　D

18　30年ぶりに再会した親と子供は感激の涙を流しながらお互いに抱いた。
　　　　A　　　　　　　　　　　　B　　　　　C　　　　　　　　　D

19　火曜日と金曜日に入っていた出張が土壇場でキャンセルとなったため比較的時間
　　　　　　　　　　A　　　　　　　　　B
　　があり、溜まっている仕事をいやいやこなした。
　　　　　　C　　　　　　　　D

20　繁華街と言っても日曜日の夜ともなると 人並みが疎らで、その疎らさ加減が普段
　　　　　　　　　　　　　　　A　　　　　　B　　　　　　　　　　　　　C
　　の雰囲気と非常に違うのでいかにも他の街にいるみたいだ。
　　　　　　　　　D

실전 모의고사 3회

1 ソウルは土地の値段が<u>高いで</u>普通の会社員<u>が</u>自分の家を<u>持つ</u>ことはなかなか難し
   　　　　　　　　　　　A　　　　　　　B　　　　　　C

   <u>いそうだ</u>。
   　D

2 1階<u>で</u>住んでいるので上の階<u>からの</u>落ちてきた物がごみ<u>になって</u>家のベランダの
   　A　　　　　　　　　　　　B　　　　　　　　　　　　C

   前に<u>たまる</u>。
   　　　D

3 <u>重い荷物</u>を持ち<u>ながら</u>階段を<u>上が</u>ろうとするお年よりを助けたら喜んで<u>あげた</u>。
   　A　　　　　　　B　　　　　　C　　　　　　　　　　　　　　　　　　　　　D

4 5年間つきあってきた彼女に<u>ふられて</u>生まれて<u>初めて</u> <u>ビル</u>を<u>5本も</u>飲んでしまった。
   　　　　　　　　　　　　　　A　　　　　　　B　　　C　　　D

5 昨日<u>から</u>降り続いた雪<u>のせいで</u>バス<u>を</u>降りる時、危うく<u>滑るはずだった</u>。
   　　A　　　　　　　　B　　　　C　　　　　　　　　D

6 妻と2人で息子に会いに<u>行った</u>途中、高校時代の<u>同級生</u>に<u>ばったり</u>会った。
   　　　　　　　　　　　A　　　B　　　　　　　　C　　　D

7 <u>一生懸命</u>走ってゴールが目の前に見えてきたとき、靴が<u>脱げて</u>しまった。そのまま
   　A　　　　　　　　　　　　　　　　　　　　　　　　　　　B

   <u>走り続けた</u>けど、後の人に<u>追い越させて</u>しまった。
   　C　　　　　　　　　　　D

8 大学の農場には春から秋にかけて大量の作物が植えられてあって学生や教授が
        A   B   C
日々研究に使用している。
 D

9 ここは性別、年齢を問いますので、誰でも自由に通れます。ただし、外国人は
              A   B   C
例外になります。
 D

10 発注したデジカメが昨日届けたが、使い方が分からなくて友達に教えてもらった。
    A   B   C   D

11 ご主人の知り合いにフリーでお仕事をしている人がいますが、もう何年も税金を
    A   B   C
全然払っていないらしいです。
      D

12 紛失した物品を拾得した場合、当社の規定に従って紛失されたお客さまの人的事
                                  A
項を確認した上で 居住地に無料でお送りになっています。
         B   C   D

13 そんな些細なことで頭を立てるなんて彼はさぞ器の小さい人物だろう。
        A   B   C   D

14 彼は日本に行くなり、重い病気にかかって歩くことがおろか起きることすらできない。
            A   B   C   D

15 大学を卒業した後でどんな会社で働くかどうかまだ決めていないので返事を急ぐ
　　　　　　A　　　　　　　B　　　　　　　　C

ことはない。
　D

16 アメリカに入国する際に必要な手がかりはまず指紋をとり、そしてカウンターの上
　　　　　　　　A　　　　　B　　　　　C

にあるカメラで顔写真を撮影することです。
　　　　　　　D

17 切符売り場で東京駅までの切符を買って1時間も待っていたらとうとう電車が来た。
　　　A　　　　　B　　　　　　　　　C　　　　　　D

18 細い小道にさしかかった時、後ろから大スピードで自転車を漕いでいる男に腕を
　　　　　　A　　　　　　　　B　　　　　　　　C

掴まれた。
　D

19 彼女は手を変え品を変えても問題が解けず、頭を傾げている。
　　　　A　　　B　　　　　　　C　　　D

20 石油の需要が増えているうえ産油国側の政治不安が重なった ため石油価格の沸騰
　　　　　　　　　　　　A　　　　　　　　　　　B　　　　C　　　　　　D

が続いている。

실전 모의고사 **4회**

1 バックを <u>開ける</u> と その <u>上</u> に <u>小さな</u> 財布が <u>入って</u> いました。
         A   B   C   D

2 韓国で一番 <u>速い</u>「KTX」という列車はソウル駅を午前10時に <u>出て</u> プサン駅に午後
              A   B   C

   1時に <u>着くの</u> 予定です。
         D

3 <u>多い</u> <u>ダイエット</u> 方法が <u>紹介されて</u> いますが、<u>結局</u> は消費カロリーより摂取する
    A   B   C   D

   カロリーが少なければやせていくのです。

4 うちの娘 <u>は</u> まだ言葉を <u>聞き取りにくい</u> のか、この前、<u>大きな</u> 間違いを <u>してしまいま</u>
           A   B   C   D
   <u>す</u>。

5 子供が <u>喜ぶ</u> 姿を見ていると <u>なんだか</u> 最高のプレゼントを <u>受けた</u> <u>ような</u> 気がします。
         A   B   C   D

6 小さい頃 <u>から</u> 夢見てきた夢を <u>目指して</u> 今月から友達と2人 <u>きり</u> で事業を <u>始まりました</u>。
            A   B   C   D

7 車道の両端は適法か違法かはともかく <u>駐車している</u> 車で <u>ろくに</u> <u>走り</u> ことができない。
                                    A   B   C   D

8 電車が <u>出る</u> までまだ余裕がある <u>から</u>、今の <u>うちで</u> デパートに <u>寄って</u> プレゼントを
         A   B   C   D
   買っておいたらどうですか。

9 午後1時半から2時間半くらい会議が続く予定なので、午後1時までは昼食を食べ
      A   B   C
   ておいてください。
   D

10 日本がアメリカに従い無法な軍事占領に協力、加担するために自衛隊の派兵、駐留
            A   B
   を続ければ日本とイラクの両国民に取り返しのつかない犠牲をもたらすことに
                                    C
   なるかねない。
   D

11 「伝統は守っていくべきだ」という考えをもっている人々がいる方、伝統に縛られる
              A   B   C   D
   のは無意味だと考える人々もいる。

12 電車が終点に到着したことに気づかず、うとうと居眠りしていましたが、発車寸前
                    A   B   C
   に急に目をさめて急いで降りました。
       D

13 公園に囲まれた山沿いに遠くビーチが広がるとても美しい見込みです。
   A   B   C   D

14 彼は高校時代からたばこを吸ってきたことを親の前では おくびに出さなかった。
        A   B   C   D

15 法律には緊急避難というのがあって海で遭難して1人しか乗らないボートに何人
　　　A　　　　　　　　　　　　　　　　　　　　　　　　　B
かが群がった時にはやむをえず、自分の命を守るために溺れた人々を見殺しにし
　　　C　　　　　　　D
たとしても無罪になる。

16 その小学生の死は親の暴力に耐えかねなくての自殺と見られたが、実は親に殺さ
　　　　　　　　　　　　　　A　　　　　　　　B　　　　　　　　　C
れたことが明らかになった。
　　　　　　D

17 鈴木部長は仕事もろくにしないくせに、しょっちゅう部下の仕事に口を出す。
　　　　　　　　　　　　　　A　　　　　　　　　　　　　　　　　　B
呆れ果てて開いた口が塞がる。
　　C　　　　　　D

18 この講座を通じて自分にとっての今後の課題や留意点が見えてきました。「目か
　　　　　A　　　　　B　　　　　　　　C
ら鱗が取れた」と言えるでしょう。
　　　　D

19 母と兄の反対を押しきって彼と結婚した以上、ちょっとした夫婦喧嘩で弱気を吐
　　　　　　　　A　　　　　B　　　　　　　　　　　　　　　　　　　C
いて実家に帰るわけにいかない。
　　　　　　D

20 無神経で意地悪で自分のことしか考えていない。何ともひどいB型の血液型性格
　　　　　A　　　　　　　　　　　　　　　　　　　　　B
診断だが、自分を振り返ると恥ずかしいながら的を当てていることに気づく。
　　　　　　　　　　　　　C　　　　　　　D

실전 모의고사 5회

1 昨日父と<u>行く</u><u>店は</u>今住んでいる<u>ところ</u>から、歩いて15分<u>ぐらい</u>の場所にある。
　　　　　　A　B　　　　　　　C　　　　　　　　　D

2 毎日<u>は</u>学校<u>から</u>帰ってからシャワーを<u>浴びて</u>、音樂を聞きながら夕食を<u>とります</u>。
　　　A　　　　B　　　　　　　　　　C　　　　　　　　　　　　　　　D

3 1人<u>で</u>電車<u>に</u>乗っていたら幼稚園くらいの男の子とその<u>母</u>が席に<u>座っていた</u>。
　　　A　　　B　　　　　　　　　　　　　　　　　　　　　C　　　D

4 昨日<u>から</u>教室の 電灯が<u>つけっぱなし</u>になっていますが、<u>誰は</u> <u>つけました</u>か。
　　　A　　　　　　　　　　B　　　　　　　　　　　　　　C　　D

5 <u>降りる時に気が付いたから</u>よかった<u>ものの</u>、危うく彼女からのプレゼントを<u>バス</u>
　　A　　　　　　　　　　　　　　　B　　　　　　　　　　　　　　　　　　　　C

の中に忘れる<u>どころだった</u>。
　　　　　　D

6 私の親友<u>の</u>杉村が一流大学に <u>受かって</u> <u>お礼を</u> <u>言った</u>。
　　　　　A　　　　　　　　　B　　　C　　D

7 この<u>広い</u><u>曲線は</u>ここ10年間のクーラーの<u>販売量</u>を<u>示して</u>います。
　　　　A　　B　　　　　　　　　　　　　C　　　D

8 国際化が<u>ともなって</u>海外<u>においても</u>アジア各国<u>をはじめ</u>多くの国で日本語を学び
　　　　　　A　　　　　　　　B　　　　　　　　　C

たいという熱意が<u>高まって</u>います。
　　　　　　　　D

9 傘を<u>持ち歩く</u>となぜか雨が降らないのですが、持っていない時は<u>ざあざあ</u>降ります。
　　　　　Ａ　　　　　　　　　　　　　　　　　　　　　　　　　Ｂ
<u>でも</u>雨の時は傘がない<u>こと</u>が多いのです。
Ｃ　　　　　　　　Ｄ

10 タバコを吸う人をまるで<u>汚らわしい</u>ものを見る<u>かのらしい</u>視線で<u>蔑む</u>非喫煙者が
　　　　　　　　　　　　Ａ　　　　　　　　Ｂ　　　　　Ｃ
案外<u>多い</u>。
　　Ｄ

11 雨<u>の</u>日、車を運転していたら<u>前の車</u>が急にバックしてきて私の車のボンネット<u>に</u>
　　　Ａ　　　　　　　　　　Ｂ　　　　　　　　　　　　　　　　　　　　　　Ｃ
ぶつかった。出てきて謝るのかと思ったら<u>逃げらせた</u>。
　　　　　　　　　　　　　　　　　　　Ｄ

12 水は生命の<u>源</u>なのでいい水を飲んでいると病気の予防や老化防止に<u>役立つ</u>と言わ
　　　　　　Ａ　　　　　　　　　　　　　　　　　　　　　　　　Ｂ
れている。年の<u>おかげで</u>若く見える人たちは水に気を<u>使って</u>いるらしい。
　　　　　　　Ｃ　　　　　　　　　　　　　　　Ｄ

13 <u>眠そうな顔</u>をして座っていたら友達に写真を<u>撮って</u>もらって<u>顔</u>から<u>火</u>が出るほど
　　　Ａ　　　　　　　　　　　　　　　　　Ｂ　　　　　　Ｃ　　Ｄ
だった。

14 入社して間もない頃、<u>あまり</u>眠さに<u>耐えきれなくて</u> <u>更衣室</u>で昼寝を<u>して</u>しまった。
　　　　　　　　　　　Ａ　　　　Ｂ　　　　　　Ｃ　　　　　Ｄ

15 田中部長は「仕事がつまらない」と溜息ばかりを吹いているのですが、だからといって
         　　　　　　　　　　　　　A　　　　　　　B　　　　　　　　C

　　仕事を真面目にしているわけではなくメールばかり送って遊んでいます。
　　　　　　　　　　　　　　D

16 半導体業界ならではの熾烈な戦いが以前にもましに激しく繰り広げられていて、
　　　　　　　　A　　　B　　　　　　　C

　　我が社も躍起になっている。
　　　　　　D

17 振り返ってみると迂闊なことだったし、自らの不明を恥じなければならないが、
　　　　　　　　　A　　　　　　　　　　　B

　　1945年8月15日を鏡に古い日本の価値の体系は尽く崩壊した。
　　　　　　　　C　　　　　　　　　　　　D

18 妻は音に対して 神経質で、ほんの小さな音でも気になりだしたらいても立っても
　　　　　　A　　　B　　　C

　　いなくなります。
　　　D

19 我々弁護士及び当連合会は基本的人権を擁護し、社会正義を実現することを使命と
　　　　　　A　　　　　　　　　　　　B

　　する立場にあるにもかかわらず、長期間にわたって重大な人権侵害の事実を見極め
　　　　　　　　　　　　　　　　　C　　　　　　　　　　　　　　　　　　D

　　てきた。

20 危険を共にする山岳部の仲間とは、単なる友だち同士とは違い桁ちがいな強い信
　　　A　　　　　　　　　　　　　　　B　　　　　C　　　　D

　　頼関係で結ばれている。

Pattern Study 6

정답 및 해설

Pattern Study 1

1

1 方だ → 一方だ	2 幸せ → 幸い	3 かねる → かねない	4 もの → こと
5 ところ → つもり	6 市役所 → 銀行	7 つもり → 予定	8 あの → あれ
9 進展 → 進歩	10 それ → その	11 迷走 → 低迷	12 の → こと
13 にたいして → にたいする 또는 にたいしての		14 箸 → フォーク	15 におき → において

1 「~一方(いっぽう)だ ~하기만 하다」라는 문형을 묻는 문제.
해석 나라, 지방을 불문하고 선거 투표율은 내려가기만 한다.
어휘 地方(ちほう) 지방 選挙(せんきょ) 선거 ~を問(と)わず ~를 불문하고 投票率(とうひょうりつ) 투표율

2 「不幸中(ふこうちゅう)の幸(さいわ)い 불행 중 다행」이라는 어휘를 묻는 문제.
해석 불행 중 다행인지, 피해자의 생명에 이상은 없었던 것 같다.
어휘 被害者(ひがいしゃ) 피해자 命(いのち) 생명 別状(べつじょう) 보통과 다른 상태, 이상

3 「~かねる ~하기 어렵다」와 「~かねない ~일지도 모른다」를 구별하는 문제.
해석 큰 병이 될지도 모르니까, 확실히 고치는 편이 좋아요.
어휘 ちゃんと 확실히, 분명히 治(なお)す 병을 고치다

4 「もの」와 「こと」를 구별하는 문제.
해석 나 정도의 나이가 되면, 자신의 일은 스스로 정해야 한다.
어휘 決(き)める 결정하다, 정하다

5 화자의 의지를 나타내는 「~つもりだ」를 숙지하고 있는지 묻는 문제.
해석 여동생에게는 이번 생일선물로 귀걸이를 사 줄 생각입니다.
어휘 誕生日(たんじょうび) 생일 イヤリング 귀걸이

6 말도 안 되는 명사를 찾는 문제. 시청에서는 돈을 찾을 수 없다.
해석 오늘, 은행에 가서 통장에서 돈을 찾아 왔습니다.
어휘 通帳(つうちょう) 통장 お金(かね)を下(お)ろす 돈을 찾다

7 문맥상 '의지'가 아닌, 계획성이 있고 구체적인 '예정'이 올바르다.
해석 이번 달 말에 아버지가 귀국할 예정이어서, 여행을 갈 수는 없다.
어휘 帰国(きこく) 귀국 旅行(りょこう) 여행 ~わけにはいかない ~할 수는 없다

8 지시대명사가 잘못되어 있는 유형. 「あれほど 그토록, 그렇게까지」라는 표현을 묻는 문제.
해석 그토록 공부해서 만점을 목표로 하고 있었는데, 바라는 바가 아닌 결과였다.
어휘 満点(まんてん) 만점 目指(めざ)す 목표로 하다 不本意(ふほんい)だ 바라는 바가 아니다

9 2자 한자를 살짝 바꾸어 놓은 유형. 인터넷은 '진전' 하는 것이 아니라 '진보' 하는 것이다.

어휘 進展(しんてん) 진전 出会(であ)い 만남 確(たし)かだ 확실하다 進歩(しんぽ) 진보

해석 인터넷의 진보에 의해서 만남이 보다 편리해진 것은 확실합니다.

10 잘못된 지시대명사를 고치는 유형. 명사를 수식하는 형태는 「その」이다.

해석 본 규약은 예고 없이 변경되는 경우가 있고, 그 경우에는 메일로 알려 드리겠습니다.

어휘 規約(きやく) 규약 予告(よこく) 예고 変更(へんこう) 변경

11 2자 한자를 살짝 바꾸어 놓은 유형. 「景気」와 어울리는 2자 한자는 「低迷」이다.

해석 반도체 사업의 경기가 침체상태에서 벗어나지 못하고 있어서, 지금부터 앞으로의 비지니스를 경계하고 있는 사람도 많다.

어휘 半導体事業(はんどうたいじぎょう) 반도체 사업 景気(けいき) 경기 迷走(めいそう) 정해진 진로를 달리지 않음 警戒(けいかい) 경계 低迷(ていめい) 침체상태를 벗어나지 못함

12 「~ことがない」라는 문형에 「の」가 들어갈 자리는 없다.

해석 드라마를 수없이 본 저입니다만, 이 정도로 애절하고 슬픈 드라마는 지금까지 본 적이 없었습니다.

어휘 切(せつ)ない 애절하다 ~たことがない ~한 적이 없다

13 「~にたいして」라는 문형이 명사를 수식하는 형태면 「~にたいする」나 「~にたいしての」가 되어야 한다.

해석 저는 야구교실을 담당하고 있습니다만, 아이들의 야구에 대한 열정은 지금도 옛날도 바뀌지 않았다고 생각합니다.

어휘 担当(たんとう) 담당 情熱(じょうねつ) 정열 昔(むかし) 옛날

14 말도 안 되는 명사를 찾는 유형. 양식을 먹을 때 젓가락은 사용하지 않는다.

해석 양식을 먹을 때는 나이프나 포크 등이 많이 늘어서 있어서, 어떻게 해야 좋을지 모르고 그만 흠칫흠칫 해 버립니다.

어휘 洋食(ようしょく) 양식 ナイフ 나이프 箸(はし) 젓가락 並(なら)ぶ 늘어서다 おどおど 공포·불안 등으로 침착하지 못한 모양, 주뼛주뼛, 흠칫흠칫

15 「~におき」라는 문형은 존재하지 않는다. 「~において ~에 있어서」로 바꾸어야 올바르다.

해석 가장 중요한 것은 학교의 위기 관리에 있어서 학교라는 특수하고 조직적인 배경을 인식한 후에, 교장을 중심으로 한 관리직원 자신의 위기 관리 의식을 높이는 것이다.

어휘 危機管理(ききかんり) 위기 관리 特殊(とくしゅ) 특수 組織的(そしきてき) 조직적 背景(はいけい) 배경 認識(にんしき) 인식 ~上(うえ)で ~한 후에 管理職員(かんりしょくいん) 관리직원 意識(いしき) 의식 高(たか)める 높이다

Pattern Study 2

2
1 泣く → 泣かない　　2 置かれて → 置いて 또는 あります → います　　3 動く → 動かす
4 起きられます → 起きられません　　5 考える → 考えた　　6 食べるに → 食べに
7 決めた → 決まった　　8 食べる → 食べ　　9 会うに → 会いに
10 なったから → なってから　　11 ある → いる　　12 言うかねる → 言いかねる
13 教えました → 教わりました 또는 教えられました　　14 増えた → 増える
15 及ぶ → 及ばない

1 「めったに～ない 좀처럼 ～않다」라는 표현을 묻는 문제.
　해석　좀처럼 울지 않는 나이지만, 편지를 읽고 그만 울어버렸다.
　어휘　めったに～ない 좀처럼 ～않다 つい 그만

2 「置かれる」는 자동사 성질을 띠므로 「자동사て형 + いる」형태에 맞추거나, 「置かれて」를 「置いて」로 고쳐서 「타동사て형 + ある」형태로 맞추면 된다.
　해석　테이블 위에 먹다 만 빵과 과일이 놓여져 있습니다.
　어휘　동사ます형 + かけ ～하다 만 果物(くだもの) 과일

3 앞에 조사 「を」가 있으므로 타동사인 「動かす」가 와야 한다.
　해석　스즈키 씨의 마음을 담은 연주에는 사람의 마음을 움직이는 것이 있습니다.
　어휘　心(こころ)を込(こ)める 마음을 담다 演奏(えんそう) 연주 動(うご)かす 움직이다

4 「なかなか～ない 좀처럼 ～않다」라는 표현을 묻는 문제.
　해석　대학에 들어가서 독신생활을 시작했는데, 아침에 좀처럼 일어날 수 없습니다.
　어휘　一人暮(ひとりぐ)らし 독신생활

5 「～た挙(あ)げ句(く) ～한 끝에」라는 문형에 맞추어 앞에 오는 동사는 과거형이 되어야 한다.
　해석　어떻게 하면 좋을까 생각한 끝에, 졸업하고 나서 귀국하기로 했다.

6 「동작성 동사ます형 + に ～하러」를 묻는 문제.
　해석　역 앞 레스토랑에 피자를 먹으러 갔는데, 평판대로 맛있었다.
　어휘　評判(ひょうばん) 평판

7 앞에 조사 「が」가 있으므로 자동사의 과거형인 「決まった」가 와야 올바르다.
　해석　미국 기업에 취직이 결정된 이상은 영어 실력을 향상시키는 수밖에 없다.
　어휘　就職(しゅうしょく) 취직 ～からには ～한 이상은 腕(うで)を上(あ)げる 실력을 향상시키다 ～よりほかない ～밖에 없다

8 「～すぎる 너무 ～하다」는 「동사ます형」에 접속하므로 앞부분이 「食べ」가 되어야 한다.
　해석　아무리 몸에 좋다고 해서, 필요 이상으로 과식하는 것은 바람직하지 않습니다.
　어휘　～からといって ～라고 해서 好(この)ましい 바람직하다

9 「동작성 동사ます형 + に ~하러」라는 형태에 맞추어 「会いに」로 고쳐야 한다.

해석 요전에 알게 된 라면 가게 아저씨를 만나러 갔는데, 가게는 닫혀 있었다.

어휘 先日(せんじつ) 요전 知り合う(しりあう) 서로 알다, 아는 사이가 되다

10 「~てから ~하고 나서」라는 문형을 묻는 문제.

해석 역에서 집까지의 사이에 가로등이 적어서, 어두워지고 나서 혼자 걸어서 돌아오는 것은 무섭습니다.

어휘 街灯(がいとう) 가로등 少(すく)ない 적다 暗(くら)い 어둡다 怖(こわ)い 무섭다

11 「자동사て형 + いる」에 맞추어 「ある」를 「いる」로 고치자.

해석 요리에 벌레가 들어 있는 것을 발견한 날은 하루종일 기분이 나쁘고 속이 메슥메슥합니다.

어휘 料理(りょうり) 요리 発見(はっけん) 발견 むかむか 메슥메슥

12 「~かねる ~어렵다」라는 문형은 「동사ます형」에 접속한다.

해석 관리인의 바쁨과 태만에 의해, 만전이라고는 말하기 어려운 관리체제가 계속되고 있습니다.

어휘 管理人(かんりにん) 관리인 多忙(たぼう) 다망 怠慢(たいまん) 태만 万全(ばんぜん) 만전 管理体制(かんりたいせい) 관리체재

13 문맥상 '언니에게 여러 가지를 배웠다'가 적절하므로 「教(おそ)わる 가르침을 받다, 배우다」라는 동사나, 「教える」의 수동형인 「教えられる」가 와야 한다.

해석 어머니는 일이 바빠서 나를 돌볼 틈이 그다지 없었기 때문에, 언니에게 여러 가지를 배웠습니다.

어휘 世話(せわ)をする 돌보다 教(おし)える 가르치다

14 「~恐(おそ)れがある ~할 우려가 있다」라는 문형은 「동사기본형」에 접속한다.

해석 이 수속을 하지 않으면 자기 부담액이 증가할 우려가 있으니까, 조금 일찍 보건소에 신청해 주세요.

어휘 手続(てつづ)き 수속 自己負担額(じこふたんがく) 자기 부담액 増(ふ)える 늘다 早(はや)めに 조금 일찍 保健所(ほけんしょ) 보건소 申請(しんせい) 신청

15 「足元(あしもと)にも及(およ)ばない 발끝에도 못 미치다」라는 표현을 묻는 문제.

해석 실제로 입사했더니 주위에는 매우 유능한 사람이 많이 있어서, 나는 발끝에도 못 미치는 느낌이었다.

어휘 実際(じっさい)に 실제로 入社(にゅうしゃ) 입사 周(まわ)り 주위 非常(ひじょう)に 매우 有能(ゆうのう) 유능 大勢(おおぜい) 많은 사람

연습문제 ①

1

1 B → 残した	2 D → 止めて	3 D → います	4 B → 魚屋
5 B → しようとした	6 C → 買いに	7 D → ありません	8 A → そこ
9 B → にかけて	10 D → ものだ	11 D → 交番	12 A → 取りに
13 C → 消えて	14 D → いなかった	15 B → 進捗	16 B → ためには
17 D → 始められない	18 B → こんな	19 C → これは	20 A → 進めば
21 C → 死んだ	22 D → 閉鎖	23 A → 天職	24 A → 場合
25 A → ことだから	26 D → 結局	27 C → 上がらない	

---

1 자·타동사의 구별 ●●○○○

해설 「車に」에 괄호를 쳐보면 (B) 앞에 조사「を」가 걸리는 것을 알 수 있다. 따라서 (B)를 타동사인「残した」로 고쳐야 한다. (A)는 '존재의 장소'의 용법으로 쓰였고, (C)는 '자신의 부주의로 인하여 깜빡했을 때 쓰는 표현'으로써 문맥상 적절하다. (D) 역시 앞에 조사「を」가 있으므로 타동사인「閉める」를 사용한 것은 올바르다.(閉まって(X))

어휘 鍵(かぎ) 열쇠 残(のこ)す 남기다 cf. 残(のこ)る 남다 ～たまま ～한 채로 うっかり 깜빡 閉(し)める 닫다 cf. 閉(し)まる 닫히다

해석 열쇠를 차에 남긴 채로 깜빡 문을 닫아 버렸다.

2 자·타동사의 구별 ●●○○○

해설 (D) 앞에 조사「を」가 있으므로 타동사인「止める」를 써야 한다. (B)는 조사「が」의 '전제' 용법으로 '질문이나 의뢰 등 상대에게 어떤 행위를 요구하기 전에 서론으로써 서술하는 것'을 의미한다. (C)는 한자 읽기로 출제될 가능성이 높으니 숙지해 놓도록 하자.

어휘 運転手(うんてんしゅ) 운전사, 기사 辺(あた)り 근처 止(と)まる 멎다, 그치다 cf. 止(と)める 세우다

해석 기사아저씨, 죄송합니다만 이 근처에서 차를 세워주세요.

3 상태를 나타내는 표현의 이해 ●●●○○

해설 '상태'를 나타내는 방법으로는「타동사て형 + ある」와「자동사て형 + いる」가 있다. (D) 앞에「書かれて」가 와 있는데 이는 타동사「書く」를 수동형「書かれる」로 만든 것이고, 타동사를 수동형으로 바꾸면 자동사의 성질을 띠므로「자동사て형 + いる」형태가 적용되어 (D)를「います」로 고쳐야 한다.

(B)는 명사를 수식할 경우 반드시「の」가 있어야 하므로 올바른 형태이다. 참고로「～にたいして、～にかんして」도 마찬가지로 명사를 수식할 경우「の」가 있어야 한다. 또는「～にたいする、～にかんする」형태로도 가능하다.

女性(に対しての／に対する)暴行(ぼうこう)は、断じて許すことができない。
여성에 대한 폭행은 결코 용서할 수 없다.
教育(に関しての／に関する)問題は、微妙(びみょう)な部分があります。
교육에 관한 문제는 미묘한 부분이 있습니다.

어휘 新聞(しんぶん) 신문 国民年金(こくみんねんきん) 국민연금 株価(かぶか) 주가 情報(じょうほう) 정보

해석 신문에 국민연금이랑 주가에 관한 정보가 상세하게 쓰여져 있습니다.

4 말도 안 되는 명사 찾기 ●○○○○

해설 4개의 밑줄이 문법적으로 이상이 없을 경우에는 반드시 문맥을 따져 보아야 한다. 생선을 사기 위해서는 채소가게로 가는 것이 아니라 생선가게로 가야하므로 (B)를 「魚屋」로 고쳐야 한다. (A)는 '~때문에'라는 의미의 '이유'를 나타내는 용법과 '~하기 위하여'라는 의미의 '목적' 용법이 있는데 여기서는 '목적' 용법으로 쓰였다. (C)는 「自分で」로 바꿔 쓸 수 있으며 한자 읽기에 주의하자. 「自(みずか)ら 스스로」와 「自(おの)ずから 저절로」의 두 단어로 함정을 파기 때문이다.

어휘 八百屋(やおや) 채소가게 それから 그리고, 그리고 나서 分(わ)ける 나누다

해석 생선을 사기 위하여 생선가게에 갔습니다. 그리고 나서 집에서 스스로 요리를 만들어서 좋아하는 사람에게 나누어 주었습니다.

5 형태가 살짝 바뀐 문형 찾기 ●●●●○

해설 '~하려고 하다'라는 의미의 문형은 「~(よ)うとする」이므로 (B)를 「しようとした」로 바꾸어야 올바르다. 「~前に ~전에」라는 문형 앞에는 반드시 동사 기본형이 오므로 (A)는 형태가 적절하며, (C)는 「감정을 나타내는 い형용사, な형용사, 동사 + ことに ~하게도」라는 문형이다. 여기서 「こと」는 형식명사이며 앞에 있는 「残念だ」가 な형용사이므로 「残念なことに」는 올바른 형태이다. 파트 7에서도 자주 출제되는 유형으로 형식명사 「ところ, はず, わけ, もの, こと」 앞에 な형용사가 오면 반드시 어미 「だ」가 「な」로 바뀌어야 한다는 사실을 잊지 말자. (D)는 앞에 「蚊を」가 생략된 형태로써 타동사인 「逃す」를 쓴 것은 올바르다.

어휘 蚊(か) 모기 発見(はっけん) 발견 退治(たいじ)する 퇴치하다 残念(ざんねん)なことに 유감스럽게도 逃(のが)す 놓치다 cf. 逃(に)げる 달아나다, 회피하다 逃(のが)れる 달아나다, 면하다

해석 자기 전에 모기를 발견해서 퇴치하려고 했지만 유감스럽게도 놓쳐 버렸다.

6 문형의 잘못된 접속형태 ●●○○○

해설 「동작성 동사ます형 + に ~하러」라는 기초문형을 묻는 문제이다. (C)를 「買いに」로 고치자. (D)는 종종 출제되는 「のに」의 접속형태로써 아무런 이상이 없다.(だのに(X))

어휘 取り寄せ(とりよせ) 주문해서 가져오게 함 手(て)に入(い)れる 손에 넣다 たった 겨우, 단지, 다만 止(と)める 멈추다, 세우다 盗(ぬす)む 훔치다

해석 주문해서 겨우 손에 넣었던 자전거가 구입하고 나서 단 2주간만에, 게다가 15분 정도 빵을 사러 세워 놓았던 것뿐인데 도둑맞아 버렸다.

7 의심할 필요가 있는 동사의 긍정형태 ●●○○○

해설 문맥상 「あまり」가 부정과 호응하여 '그다지 ~하지 않다'라는 의미가 되어야 함을 알 수 있다. 따라서 (D)를 「ありません」으로 고쳐야 한다. (A)의 전성명사 「多い」는 명사를 수식하는 형태가 아니라 서술적 용법을 쓰였으므로 형태가 바뀔 필요가 없으며, (B)는 뒤에 상태동사 「ある」가 있으므로 적절하고(では(X)), (C)는 い형용사가 명사를 수식하는 형태로서 이상이 없다.(大きいの(X))

어휘 国道(こくどう) 국도 狭(せま)い 좁다 cf. 狭(せば)まる 좁아지다, 좁혀지다 幅(はば)が狭まる 폭이 좁아지다 狭(せば)める 좁히다 多(おお)い 많다 cf. 多(おお)く 많음 急流(きゅうりゅう) 급류 長(なが)い 길다 大(おお)きい 크다

해석 일본은 국도가 좁고 산이 많아서 일본의 강에는 급류가 많고, 그다지 긴 강이나 큰 강은 없습니다.

8 잘못되어 있는 지시대명사 찾기 ●○○○○

해설 문맥상 '저기'가 아니라 '거기'가 올바르므로 (A)를 「そこ」로 고쳐야 한다. (D)는 「〜ておく 〜해 놓다, 〜해 두다」의 일부분이며, 아예 (D)를 삭제해 버려도 이상이 없다.

어휘 混(こ)む 혼잡하다, 붐비다 あそこ 저기 時間(じかん)がかかる 시간이 걸리다 先(さき)に 먼저 始(はじ)める 시작하다

해석 길이 혼잡해서 거기에 가기까지 시간이 걸릴 것 같으니까, 먼저 시작해 두세요.

9 형태가 살짝 바뀐 문형 찾기 ●●●○○

해설 「〜から〜にかけて」라는 문형은 '(장소나 시간을 나타내는 명사를 받아서) 〜부터 〜에 걸쳐서'라는 의미인데, (B)에 조사가 「と」로 잘못되어 있음을 알 수 있다. (C)는 앞에 조사 「が」가 있으므로 자동사인 「荒れる」를 쓴 것은 올바르며(荒らし(X)), (D)는 「見る」의 수동형태이다.

어휘 関西各地(かんさいかくち) 관서지방 각지 天候(てんこう)が荒(あ)れる 날씨가 거칠어지다, 날씨가 사나워지다 落雷(らくらい) 낙뢰, 번개가 떨어짐 原因(げんいん) 원인 見(み)られる 보여지다 火災(かさい) 화재 相次(あいつ)ぐ 잇달다

해석 어제 오후부터 저녁에 걸쳐서 관서지방 각지에서는 날씨가 사나워지고, 번개가 떨어진 것이 원인으로 보여지는 화재 등이 잇달았습니다.

10 「こと、もの、の」의 구별 ●●●○○

해설 「〜たものだ」는 '〜하곤 했다'라는 의미로써 '과거의 회상'을 나타낸다. 문장 안의 「幼い頃」도 하나의 단서가 된다. (D)를 고치지 않고 그대로 해석하면, 문맥이 자연스럽지 못할 뿐더러 「〜ことだ」 앞에는 동사 기본형이 와야 하는데, 앞에 과거형이 와 있으므로 접속 형태가 올바르지 못함을 알 수 있다. 어휘력이 부족하면 (C)를 정답으로 골라버릴 수도 있다.

어휘 幼(おさな)い 어리다 来客(らいきゃく) 내객, 방문객 風呂敷(ふろしき) 보자기, 허풍 cf. 大風呂敷(おおぶろしき)を広(ひろ)げる 허풍을 떨다 手にする 손에 들다, 손에 넣다 訪(おとず)れる 방문하다 中身(なかみ) 내용물, 알맹이 想像(そうぞう) 상상 cf. 想像にかたくない 상상하기 어렵지 않다 子供心(こどもごころ) 동심 期待(きたい)する 기대하다 包(つつ)み 보따리 見(み)つめる 주시하다, 응시하다

해석 어렸을 때, 방문객은 자주 보자기를 손에 들고 방문했다. 안에 무엇이 들어 있을까 하고 내용물을 상상하면서 어린 마음에 보따리를 바라보곤 했었다.

11 말도 안 되는 명사 찾기 ●●○○○

해설 문맥상 (D)를 「交番」으로 바꾸어야 올바르다. (A)는 「駐車場」가 사물명사이므로 적절하고(いる(X)), (B)는 앞에 조사 「を」가 있으므로 타동사인 「見つける」를 쓴 것 역시 적절하며(見つかりました(X)), (C)는 「わざと」와의 구분이 필요한데「わざと」는 '어떠한 행위를 의도적이지 않은 척하면서 의도적으로 행하는 모습'을, 「わざわざ」는 '어떤 일을 위해서 특별히 무언가를 하는 모습'을 나타내므로 좋은 내용으로도 사용이 가능하다. 돈을 주워서 파출소에 가져다 주는 행위는 좋은 내용이므로 (C)는 이상이 없다.(わざと(X))

어휘 近(ちか)く 근처 駐車場(ちゅうしゃじょう) 주차장 札(さつ) 지폐 見(み)つける 발견하다 cf. 見(み)つかる 발견되다 隠(かく)す 숨기다 cf. 隠(か く)れる 숨다 犯罪(はんざい) 범죄 わざわざ 일부러, 특별히 銀行(ぎんこう) 은행

해석 집 근처에 있는 주차장에서 놀고 있었는데 1000엔짜리 지폐를 발견했습니다. 숨겨서 가지고 돌아가면 범죄라고 생각해서 일부러 파출소까지 가지고 갔습니다.

12 문형의 잘못된 접속형태 ●●○○○
해설 '~하러'라는 표현은 「동작성 동사ます형」에 「に」를 붙이므로 (A)를 「取りに」로 고쳐야 한다. (B)는 한자 읽기에 주의해야 할 부사이다. 「早速(さっそく)(O) そうそく(X)」 '담배를 피우다'라는 표현은 「タバコをふかす(= 吸う)」라고 한다.
어휘 店員(てんいん) 점원 早速(さっそく) 즉시 注文(ちゅうもん) 주문 ふっと 문득 = ふと 厨房(ちゅうぼう) 주방 思(おも)いきり 마음껏 = 思(おも)う存分(ぞんぶん) タバコを吹(ふ)かす 담배를 피우다 驚(おどろ)く 놀라다 = びっくりする
해석 점원이 주문을 받으러 왔기 때문에 즉시 주문을 하고, 문득 앞을 봤는데 다른 점원이 주방 안에서 마음껏 담배를 피고 있는 것을 보고 놀랐다.

13 상태를 나타내는 표현의 이해 ●●●○○
해설 「자동사て형 + いる」나 「타동사て형 + ある」는 상태를 나타내는 표현이다. (C) 뒤에 「いる」가 있으므로 (C)를 자동사인 「消えて」로 고쳐야 한다. (A)는 「동작성 명사 + に」형태로 '~하러'라는 의미이고, (D)는 앞에 「閉まる」라는 자동사가 있으므로 「자동사て형 + いる」형태로 올바르다 (あった(X)).
어휘 夕食(ゆうしょく) 저녁밥 散歩(さんぽ) 산책 出(で)かける 나가다, 외출하다 珍(めずら)しい 드물다 始(はじ)める 시작하다 cf. 始(はじ)まる 시작되다 間違(まちが)い 잘못, 실수 宿(やど) 숙소 戻(もど)る 돌아오다 電気(でんき)が消(き)える 전기가 꺼지다 cf. 電気を消(け)す 전기를 끄다 入(い)り口(ぐち) 입구 ↔ 出口(でぐち) 출구 閉(し)まる 닫히다 cf. 閉(し)める 닫다
해석 저녁을 먹은 후, 산책하러 나가서 드물게 노래 부르기 등을 시작해 버린 것이 잘못으로, 숙소에 돌아왔더니 전기가 꺼져 있고 입구 문도 닫혀 있었다.

14 의심할 필요가 있는 동사의 긍정형태 ●○○○○
해설 「しか」는 반드시 부정과 호응하여 '~밖에 없다'라는 의미를 나타낸다. 따라서 (D)를 「いなかった」로 고쳐야 올바르다. (A)는 '존재하는 장소'의 용법으로 쓰였으며(で(X)), (B)는 '동작이 행해지는 장소' 용법으로 사용되었다. 「受ける」는 '외부로부터 가해진 작용을 받는 경우'에 사용하는데, '수업'은 외부에서 가해진 것으로 볼 수 있으므로 (C)는 이상이 없다.(もらった(X))
어휘 実力(じつりょく)を上(あ)げる 실력을 향상시키다 授業(じゅぎょう)を受(う)ける 수업을 듣다 同(おな)じだ 같다 受講(じゅこう) 수강 定年退職(ていねんたいしょく) 정년퇴직 おじいさん 할아버지
해석 일본어 실력을 향상시키기 위해서 집 근처에 있는 학원에서 수업을 들었다. 수강하고 있는 사람 중에 남자는 나와 정년 퇴직한 할아버지 밖에 없었다.

15 살짝 바뀐 2자 한자 찾기 ●●●○○
해설 공사는 '진보' 되는 것이 아니라 '진척' 되는 것이므로 (B)를 「進捗」로 바꾸어야 한다. (A)는 '가득' 이라는 뜻이 아니라 '있는 한도를 다하는 모양' 을 뜻하며 (C)는 「ビール」와 혼동하지 않도록 하자.
어휘 今月(こんげつ)いっぱい 이번 달 말 完工(かんこう) 완공 目標(もくひょう) 목표 工事(こうじ) 공사 進歩(しんぽ) 진보 状態(じょうたい) 상태

被害(ひがい) 피해 ビル 건물 崩(くず)れる 무너지다 cf. 崩(くず)す 무너뜨리다 お金を崩(くず)す 돈을 잔돈으로 바꾸다 切(せつ)ない 애달프다, 안타깝다

해석 이번 달 말 완공을 목표로 80%정도 공사가 진척된 상태였지만 태풍피해로 인해 큰 건물이 전부 무너져 버린 안타까운 상황이 발생했다.

16 형태가 살짝 바뀐 문형 찾기 ●●●○○

해설 '~하기 위해서, ~때문에'라는 의미의 문형은 「~ために」이다. (A)는 「多い」라는 형용사가 단독으로 명사(国)를 수식하는 형태이므로 올바르며(多い(X)), (D)는 「ジレンマに陥る 딜레마에 빠지다」라는 표현의 일부분으로써 이상이 없다.

어휘 去年(きょねん) 작년 安全(あんぜん) 안전 多少(たしょう) 다소 自由(じゆう) 자유 犠牲(ぎせい) 희생 少々(しょうしょう) 약간 危険(きけん)にさらされる 위험에 노출되다 ~なければならない ~하지 않으면 안 된다

해석 작년의 테러 이후, 대다수의 나라에서는 「안전을 위해 다소의 자유를 희생할 것인가. 그렇지 않으면 자유를 위해서는 약간의 위험에 노출되지 않으면 안 되는가」라는 딜레마에 빠졌다.

17 의심할 필요가 있는 동사의 긍정형태 ●●●○○

해설 '송별회의 주인공이 오지 않았는데 송별회를 시작한다는 것'은 말이 안 된다. (D)를 「始められない」로 바꾸어야 문맥이 매끄러워진다. (B)는 「~ないことには ~않고서는」라는 문형의 일부분이며 (C)는 「是が非でも 무슨 일이 있더라도」라는 관용표현의 일부분으로써 이상이 없다.

어휘 送別会(そうべつかい) 송별회 始(はじ)める 시작하다

해석 그녀를 위한 송별회이니까 그녀가 오지 않고서는 무슨 일이 있더라도 시작할 수 없는 것이다.

18 잘못되어 있는 지시대명사 찾기 ●●●●○

해설 「こんな」는 '연체사'로써 명사를 바로 수식한다. 따라서 (B)의 불필요한 「の」를 삭제해야 올바르다. (D)는 '~할 리가 없다'는 의미이고 유사문형인 「はずがない」로 바꾸어 쓸 수 있다.

어휘 有名(ゆうめい)だ 유명하다 汚(きたな)い 더럽다

해석 그런 유명한 사람이 이런 더러운 가게에 절대로 올 리가 없다고 생각한다.

19 잘못되어 있는 지시대명사 찾기 ●●●○○

해설 「これは~ためだ 이것은 ~때문이다」라는 문형을 묻는 문제이다. 따라서 (C)를 「これは」로 고쳐야 한다. (A)는 출제빈도가 높은 비즈니스 용어이므로 숙지해 놓을 필요가 있으며, (B)는 '회사가 도산하다'라는 의미로 쓰였다. (D)는 「からである」로 바꾸어 써도 무방하다.

어휘 下請け(したうけ) 하청 つぶれる 도산하다 円高(えんだか) 엔고현상 影響(えいきょう) 영향 売上(うりあげ)が下(さ)がる 매상이 줄다

해석 우리회사의 하청회사가 도산했다. 이것은 엔고현상의 영향으로 우리회사의 매상이 줄었기 때문이다.

20 형태가 살짝 바뀐 문형 찾기 ●●●○○

해설 (A) 뒤에 「進むほど」가 있으므로 「~ば ~ほど ~하면 ~할수록」이라는 문형에 맞추어 (A)를 「進めば」로 바꾸어야 한다. (B)는 '~하는 한편' 이라는 의미의 문형이며, 앞에는 반드시 동사 기본형이 온다. 원래는 「~一方で」인데 「で」가 생략된 형태이다. (C)는 「~という」와 비슷한 표현

이지만 차이점은 「～との」는 일반적으로 '다른 사람의 발언이나 생각에 대해서 말할 경우'에 사용되고, 「～という」는 '자신의 생각을 나타내는 경우'에 사용된다는 점이다.

- **어휘** 地球温暖化(ちきゅうおんだんか) 지구온난화 世紀末(せいきまつ) 세기말 発生(はっせい) 발생 台風(たいふう) 태풍 数(かず) 수 減(へ)る 줄다, 감소하다 ～一方(いっぽう)で ～하는 한편으로 勢力(せいりょく) 세력 強大(きょうだい) 강대 傾向(けいこう) 경향 試算(しさん) 시산(시험적으로 하는 계산) 研究員(けんきゅういん) 연구원 まとめる 모으다, 정리하다, 결말짓다
- **해석** 「지구온난화가 진행되면 진행될수록 21세기말에는 발생하는 태풍의 수가 20%나 감소하는 한편, 세력이 강대해지는 경향이 있다」라는 시산(시험적으로 하는 계산)을 연구원들이 정리했다.

21 문형의 잘못된 접속형태 ●●●○○

- **해설** 누가 라면을 '죽을 작정'으로 먹겠는가? (C)를 「～たつもりで ～한 셈치고」라는 문형에 맞추어 「死んだ」로 고쳐야 올바르다. (A)는 문맥상 '구체적인 사물'을 지칭하므로 적절하고(こと(X)), (B)는 '～해야 한다'라는 의미의 문형이다. (D)는 「동사ます형」에 접속하여 '다~하다'라는 의미이다.
- **어휘** ただ 공짜, 무료 文句(もんく)つき 문구가 붙음 発見(はっけん) 발견 失敗(しっぱい) 실패, 실수 払(はら)う 돈을 지불하다 強迫観念(きょうはくかんねん) 강박관념 死(し)ぬ 죽다 cf. 亡(な)くなる 돌아가시다 「동사ます형＋きる 끝까지～하다, 다～하다」 食(た)べきる 다 먹다 走(はし)りきる 끝까지 달리다
- **해석** 근처의 라면 집에서 「이것을 다 먹으면 공짜」라는 문구가 붙은 것을 발견했다. 돈을 가지고 있지 않아서 「실패하면 돈을 지불해야 한다」라는 강박관념에 죽는 셈치고 다 먹었다.

22 살짝 바뀐 2자 한자 찾기 ●●●○○

- **해설** '폐지'는 '실시하던 일이나 풍습 · 제도 따위를 그만두거나 없애는 것'이라는 뜻이다. 문맥상 (D)를 「閉鎖(폐쇄)」로 바꾸어야 적절하다. (A)는 좋은 내용, 좋지 않은 내용에 모두 사용할 수 있으며, (B)는 「～(よ)うと思う ～하려고 생각하다」라는 문형이다.
- **어휘** ～せいか ～때문인지 腰(こし) 허리 痛(いた)い 아프다 泳(およ)ぐ 헤엄치다 廃止(はいし) 폐지 がっかりする 실망하다
- **해석** 앉아 있는 일이 많은 것 때문인지 허리가 아파져서, 풀장에서 헤엄치려고 생각하고 건강센터에 갔더니 3월말까지 폐쇄로 되어 있어서 실망했다.

23 살짝 바뀐 2자 한자 찾기 ●●●○○

- **해설** '전직'을 발견한다는 것은 말이 안 된다. (A)를 「天職 천직, 하늘로부터 받은 직업」으로 바꾸어야 문맥이 통한다. (C)는 '길을 돌아온 것'이 35세까지 계속되었다는 의미로서 이상이 없고(までに(X)), (D)는 「～ということだ ～라는 것이다」라는 문형의 일부분으로 올바르다.
- **어휘** 転職(てんしょく) 전직, 직업을 바꿈 見(み)つける 발견하다 cf. 見(み)つかる 발견되다 人生(じんせい) 인생 告白(こくはく)する 고백하다 言(い)い換(か)える(いいかえる) 바꿔 말하다 回り道(まわりみち) 길을 돌아감
- **해석** 그는 자신의 천직을 발견하고 인생의 스타트라인에 선 것이 35세 때라고 고백한다. 바꿔 말하면 35세까지는 길을 돌아 왔다는 것이다.

24 살짝 바뀐 2자 한자 찾기 ●●●●○

해설 「度合」는 '정도'라는 뜻으로 문맥이 어색하다. (A)를 「場合」 정도로 바꾸도록 하자. (B)는 '다른 사람으로부터 들은 이야기 등의 간접적인 정보에 의한 화자의 추측'을 의미하며, (C), (D)는 파트 7(공란 메우기)에서 상투적으로 등장하는 부사들이다.

어휘 拾(ひろ)う 줍다 野良猫(のらねこ) 도둑고양이 度合(どあい) 정도 結構(けっこう) 꽤, 상당히 病気持ち(びょうきもち) 병을 가짐 大変(たいへん)だ 힘들다, 큰일이다 案の定(あんのじょう) 아니나 다를까, 예상한대로 すでに 이미

해석 고양이를 주웠습니다. 「도둑고양이의 경우는 꽤 병을 가지고 있는 것이 많은 것 같아서 힘들다」고는 들었습니다만, 아니나 다를까 이번 달에 이미 3번이나 병원에 갔습니다.

25 형태가 살짝 바뀐 문형 찾기 ●●●○○

해설 「〜ことだから」는 주로 「사람을 나타내는 명사 + の」에 접속해서 '그 사람의 성격이나 행동패턴 등에 의거하여 무언가의 판단을 내릴 때 사용'하는 문형이다. (A)를 「ことだから 〜이니까」로 고치자. (C)는 「逃れる」의 가능형태이다. (D)는 「타동사て형 + ある」형태로 '〜해져 있다'라는 의미이다. (D)를 「打っておいた」로 바꾸어 써도 이상이 없다.

어휘 自分(じぶん) 자신 計画(けいかく) 계획 間違(まちが)える 틀리다, 실수하다, 잘못하다 責任(せきにん) 책임 逃(のが)れる 피하다, 벗어나다, 도망치다 手(て) 수단, 손, 일손 打(う)つ 치다, 손을 쓰다, 주사 따위를 놓다 cf. 注射(ちゅうしゃ)を打(う)つ 주사를 놓다 〜に違(ちが)いない 〜임에 틀림없다 = 〜に相違(そうい)ない

해석 그이니까, 자신의 계획이 잘못되어도 자신만은 책임을 피할 수 있는 수단은 써 놨음에 틀림없다.

26 살짝 바뀐 2자 한자 찾기 ●●○○○

해설 해석을 해보면 (D)를 「結局(결국)」로 고쳐야 하는 것을 쉽게 알 수 있다. '전화가 걸려오다'는 「電話がかかってくる」라고 하므로 (B)는 적절하다.

어휘 引っ切り無し(ひっきりなし) 끊임없음 電話(でんわ)がかかってくる 전화가 걸려오다 電話をかける 전화를 걸다 定期講読(ていきこうどく) 정기구독 勧誘(かんゆう)する 권유하다 = 誘(さそ)う 권하다 断(ことわ)る 거절하다, 사전에 양해를 구하다 結末(けつまつ) 결말 申し込む(もうしこむ) 신청하다

해석 끊임없이 걸려오는 타임지 정기구독을 권유하는 전화에 한번은 거절했지만, 몇 번이나 권유받아서 결국 신청해 버렸다.

27 의심할 필요가 있는 동사의 긍정형태 ●●●●○

해설 「うだつが上がらない」라는 관용 표현을 묻는 문제이다.
「うだつ 동자기둥 上がらない 올라가지 않는다 → 동자기둥이 올라가지 않는다 → 출세를 못한다」 「うだつ」라는 것은 집을 지을 때 대들보 위에 세우는 동자기둥을 말하고, 그 위로 지붕을 얹는데 동자기둥은 항상 지붕에 눌려 있기 때문에 올라갈 수가 없다는 데에서 나온 표현이다. (A)는 '목적' 용법으로 사용되었다.(をため(X)) (D)는 물건의 개수를 셀 때만 쓴다는 편견을 버리자. 애초에 「文句一つ言わない 불평 한마디 하지 않다」 형태로 숙지해 놓으면 편하다.

어휘 夫(おっと) 남편 リストラ 구조조정 嵐(あらし) 폭풍우 頑張(がんば)る 분발하다 息子(むすこ) 아들 娘(むすめ) 딸 うだつが上(あ)がらない 출세를 못 하다 親父(おやじ) 아버지 文句(もんく)を言(い)う 불평을 하다, 불만을 터뜨리다

해석 남편은 가족을 위해서 구조조정의 폭풍우 속에서도 분발해 왔다. 아들들에게 출세를 못하는 아버지라는 말을 들어도 불평 한마디 하지 않았다.

Pattern Study 3

3

1 くれます → あげます
2 待たれた → 待たされた 또는 待たせられた
3 お届けになります → お届けします
4 行った → 行く
5 ご遠慮して → ご遠慮
6 行く → 行った
7 お答えになります → お答えします
8 祖父さん → 祖父
9 お母さん → 母
10 あげます → くれます
11 飲まれて → 飲まされて 또는 飲ませられて
12 人たちが → 人たちに 또는 もらった → くれた
13 お急いでください → お急ぎください
14 取って → 取られて
15 お意見 → ご意見

1 수수표현을 묻는 문제. 힘이 되어주는 주체는 화자이므로 「あげる」를 써야 한다.
해석 내가 힘이 되어줄 테니까, 너무 걱정하지 마세요.
어휘 力(ちから) 힘 心配(しんぱい) 걱정

2 '기다리기 싫었음에도 불구하고 어쩔 수 없이 기다리게 된 것'이므로 사역수동형을 써야 한다.
해석 전철을 타려고 했지만, 사고가 나서 (어쩔 수 없이) 1시간이나 기다렸다.

3 상품을 보내는 주체는 화자이므로 겸양표현을 써야 올바르다.
해석 상품은 반드시 보내겠으니, 잠시만 기다려 주십시오.
어휘 商品(しょうひん) 상품 届(とど)ける 보내다 暫(しばら)く 잠시, 당분간

4 「今週の土曜日」라는 미래를 명시하는 단어가 있으므로 동사를 「行く」로 고쳐야 올바르다.
해석 이번 주 토요일에 날씨가 좋으면, 산이나 바다에 갈 생각입니다.

5 존경공식 「ご + 한자어 + ください」에 맞추어 「して」를 삭제해야 올바르다.
해석 관내를 견학할 때에는 흡연과 사진 촬영을 삼가 주십시오.
어휘 館内(かんない) 관내 見学(けんがく) 견학 ~際(さい) ~때 喫煙(きつえん) 흡연 写真撮影(しゃしんさつえい) 사진 촬영 遠慮(えんりょ) 삼감, 사양함

6 「昨夜」라는 과거를 명시하는 단어가 있으므로 동사를 과거형인 「行った」로 고쳐야 한다.
해석 어젯밤에 갔었던 레스토랑은 평판대로 맛있었고, 서비스도 좋았다.
어휘 昨夜(ゆうべ) 어젯밤 評判(ひょうばん) 평판

7 대답을 하는 주체가 화자이므로 겸양 표현인 「お答えします」를 쓰는 것이 올바르다
해석 보호자 분으로부터의 질문에는 무엇이든지 대답해드리니까, 마음 편히 물어주세요.
어휘 保護者(ほごしゃ) 보호자 何(なん)なりと 무엇이든지 気軽(きがる)に 마음 편하게

8 자신 및 자신의 가족에게 경어를 사용할 수 없다.
　해석　할아버지를 만날 때마다 기운이 없어지고 여위어 가고 있는 것을 알 수 있었다.
　어휘　~たびに ~때마다　無(な)くなる 없어지다, 다 떨어지다　痩(や)せる 여위다, 마르다

9 자신의 가족에게 경어를 사용할 수 없으므로 「母」로 고쳐야 올바르다.
　해석　혼자서 살고 있는 어머니에 관한 일이 걱정되어서 안절부절 못합니다.
　어휘　いても立(た)ってもいられない 안절부절 못하다

10 장소를 가르쳐 주는 주체는 '일본인'이라는 상대방이므로 「くれる」를 쓰는 것이 올바르다.
　해석　일본인은 매우 친절하기 때문에, 지도를 보여주면 기분 좋게 장소를 가르쳐 줍니다.
　어휘　地図(ちず) 지도　見(み)せる 보여주다　快(こころよ)い 상쾌하다, 기분 좋다　場所(ばしょ) 장소

11 문맥상 '어쩔 수 없이 술을 마셨다'라는 의미이므로 사역수동형을 써야 한다.
　해석　어젯밤은 선배와 같이 어울려서 마실 수 없는 술을 (어쩔 수 없이) 마셔서 심한 꼴을 당했습니다.
　어휘　先輩(せんぱい) 선배　付き合う(つきあう) 사귀다, 행동을 같이 하다　散々(さんざん)な目(め)にあう 심한 꼴을 당하다

12 도움을 준 주체가 상대방이므로 「~が~くれる」나 「~に~もらう」형태를 써야 한다.
　해석　주위 사람들이 도와 준 덕택으로, 내가 원하는 길을 걸을 수 있었습니다.
　어휘　周(まわ)り 주위　助(たす)ける 돕다　望(のぞ)む 바라다, 원하다

13 존경공식「お + 동사ます형 + ください」에 맞추어 「동사ます형」인「急ぎ」로 바꾸어야 한다.
　해석　종료가 얼마 남지 않았으니, 마음에 드시는 상품의 구입은 서둘러 주십시오.
　어휘　終了(しゅうりょう) 종료　間近(まぢか) (시간이) 얼마 남지 않음　お気に入り(おきにいり) 마음에 듦　求(もと)め 구입　急(いそ)ぐ 서두르다

14 「取る」가「取られる」로 바뀌어야 문맥이 자연스러워진다.
　해석　아버지에게 부탁 받아서 담배를 사러 갔을 때, 근처의 대학생에게 돈을 빼앗겨 버렸습니다.
　어휘　頼(たの)む 부탁하다　近所(きんじょ) 근처

15 「意見」은 한자어이므로「ご」가 붙어야 올바르다.
　해석　조례개정에 즈음하여 시민 여러분의 의견을 듣고, 개정안에 반영시켜가고 싶습니다.
　어휘　条例改正(じょうれいかいせい) 조례개정　~にあたって ~에 즈음하여　市民(しみん) 시민　改正案(かいせいあん) 개정안　反映(はんえい) 반영

Pattern Study 4

4

1 わざと → わざわざ 　　2 きれいし → きれいだし　　3 顔 → 眉
4 ように → ような　　　　5 あって → して　　　　　6 手 → 腕
7 上手し → 上手だし　　　 8 こりこり → こつこつ　　9 実に → 実際に
10 においにして → においがして　11 必ず → 必ずしも 또는 強ち　12 ように → ような
13 そうに → そうな　　　　14 肩 → 歯　　　　　　　15 抱いて → 抱えて

---

1 문맥상 「わざと 고의로」가 아닌 「わざわざ 일부러, 특별히」가 와야 올바르다.
　해석 바쁘신 와중에 일부러 와주셔서 황송합니다.
　어휘 恐縮(きょうしゅく) 죄송하게 여김, 황송하게 여김

2 중지법의 「し」는 반드시 문장이 끝나는 형태에 접속해야 한다.
　해석 여동생은 예쁘고, 상냥해서 많은 남성에게 프로포즈를 받고 있습니다.
　어휘 優(やさ)しい 상냥하다 男性(だんせい) 남성 プロポーズを受(う)ける 프로포즈를 받다

3 「眉(まゆ)をひそめる 눈살을 찌푸리다」라는 관용 표현을 묻는 문제이다.
　해석 그때 아버지는 쓴웃음을 참는 듯이 눈살을 찌푸리고 복잡한 표정을 짓고 있었다.
　어휘 苦笑(くしょう)をこらえる 쓴웃음을 참다 複雑(ふくざつ)だ 복잡하다 表情(ひょうじょう) 표정

4 「ようだ」가 수식하는 것은 「音」라는 명사이므로 「ような」로 형태가 바뀌어야 한다.
　해석 한밤중에 무언가가 부딪친 듯한 큰 소리가 나서 잠이 깨 버렸다.
　어휘 真夜中(まよなか) 한밤중 ぶつかる 부딪치다 目(め)が覚(さ)める 잠이 깨다

5 「においがする 냄새가 나다」라는 표현을 묻는 문제.
　해석 버스 정류장에서 버스를 기다리고 있었더니 어디선가 좋은 냄새가 났습니다.

6 「腕(うで)が上(あ)がる 솜씨가 늘다」라는 관용 표현을 묻는 문제.
　해석 일을 하면서 자신의 솜씨가 늘어 가는 것을 실감할 수 있어서 매우 기쁘다.
　어휘 実感(じっかん) 실감

7 중지법의 「し」는 문장이 끝나는 형태에 접속해야 하므로 「上手だ」로 고쳐야 한다.
　해석 다나카 씨는 귀엽고, 노래를 잘하고, 목소리도 예뻐서 만날 때마다 좋아진다.

8 문맥상 「こりこり 단단한 것을 씹는 소리, 오독오독」가 아닌 「こつこつ 꾸준히」가 와야 한다.
　해석 나는 스스로 계획하고 꾸준히 공부하는 것이 서툴러서, 공부모임에 참가하고 있다.
　어휘 計画(けいかく) 계획 苦手(にがて)だ 서투르다, 질색이다 勉強会(べんきょうかい) 공부모임 参加(さんか) 참가

9 문맥에 맞게 「実(じつ)に 실로, 매우」를 「実際(じっさい)에 실제로」로 바꾸자.
　해석　맞선 상대를 실제로 만나 봤더니, 메일이랑 사진에서 받았던 인상과 동떨어져 있었다.
　어휘　お見合(みあい) 맞선　相手(あいて) 상대　印象(いんしょう) 인상　かけ離(はな)れる 동떨어지다

10 '냄새가 나다'는 「においがする」라고 표현한다.
　해석　집에 돌아왔더니, 오븐에서 좋은 냄새가 나서 피로도 싫은 일도 잊어 버렸다.
　어휘　オーブン 오븐　疲(つか)れ 피로　忘(わす)れる 잊다

11 「必ず」는 「ない」와 호응할 수 없으므로 「必ずしも」나 「強ち」로 바꾸어야 한다.
　해석　돈만 있으면 무엇이든 할 수 있다고 생각하기 쉽지만, 반드시 돈이 있는 것이 행복하다고는 말할 수 없다.
　어휘　~さえ~ば ~만 ~하면　~がちだ ~하기 쉽다　幸(しあわ)せだ 행복하다　必(かなら)ずしも~ない 반드시 ~않다 = 強(あなが)ち~ない

12 「ようだ」가 수식하는 것은 「視線」이라는 명사이므로 「ような」로 바꾸도록 하자.
　해석　내가 반의 모두에게 비웃음 당하고 있었을 때, 그녀는 단지 동정하는 듯한 시선을 던졌을 뿐이었다.
　어휘　笑(わら)われる 비웃음을 당하다　ただ 단지　哀(あわ)れむ 동정하다　視線(しせん) 시선　投(な)げかける 던지다

13 「そうだ」가 수식하는 것은 「料理」라는 명사이므로 「そうな」로 바뀌어야 올바르다.
　해석　이름표가 놓여진 테이블에 착석했더니, 보기만 해도 맛있는 듯한 다채로운 요리가 잇달아서 등장했다.
　어휘　名札(なふだ) 명찰, 이름표　着席(ちゃくせき) 착석　見(み)るからに 보기만 해도　多彩(たさい)だ 다채롭다　続々(ぞくぞく)と 잇달아서　登場(とうじょう) 등장

14 「歯(は)が立(た)たない 당해낼 수 없다」라는 관용 표현을 묻는 문제이다.
　해석　브라질에서 프로축구팀이 와서 한국팀과 교류시합을 했습니다만, 당해낼 수 없었습니다.
　어휘　交流試合(こうりゅうしあい) 교류시합

15 '머리를 싸매고 고민하다'는 「頭(あたま)を抱(かか)える」라는 표현을 쓴다.
　해석　쓰레기를 줄이는 것은 쓰레기 처리에 드는 경비에 머리를 싸매고 고민하고 있는 관공서뿐만 아니라, 가정으로서도 돈이 굳게 되는 것이다.
　어휘　減(へ)らす 줄이다　処理(しょり) 처리　経費(けいひ) 경비　役所(やくしょ) 관공서　浮(う)く (돈이) 굳다, 남다

연습문제 ❷

❷

1 A → 乗る	2 B → する	3 D → もらいました	4 C → 静かだし
5 B → 思い出される	6 D → よかったら 또는 よければ		7 D → 止まります
8 C → ご案内し	9 D → 明きません	10 C → いました	11 D → ように
12 C → じっと	13 D → ご	14 D → 食べさせて	15 D → 寝た
16 B → ように	17 D → 白	18 D → 入ったら	
19 B → くれました	20 B → 二つ返事	21 D → 問い合わせ	22 A → とんとんと
23 D → 絶たない			

1 시제 문제 ●○○○○

해설 '버스에 타는 것'은 아직 이루어지지 않은 미래의 행위이므로 '과거형'으로 받을 수 없다. (A)를 「乗る」로 고쳐야 올바르다. (B)는 '원인, 이유'를 나타내는 표현으로 이상이 없다.(ないで (X)) (C)는 비슷한 의미의 부사인 「やむをえず」를 찾는 문제가 출제된 적이 있다.

어휘 仕方(しかた)なく 어쩔 수 없이 = やむをえず

해석 버스에 탈 돈이 없어서 어쩔 수 없이 집까지 걸어갔습니다.

2 「においがする」의 숙지 ●●○○○

해설 「においがある」라는 표현은 없다. (B)를 「する」로 고쳐야 올바르다. (C)는 명사를 수식하는 형태로서 적절하며(それ(X)), (D)의 「知る」라는 동사는 긍정일 때는 「～ている」형태로 써야 하며, 부정일 때는 「～ている」형태를 쓸 수 없다.(知っている(O) 知っていない(X) 知らない(O))

어휘 さっき 조금 전 変(へん)だ 이상하다 においがする 냄새가 나다 原因(げんいん) 원인

해석 조금 전부터 이상한 냄새가 납니다만, 그 원인을 알고 있습니까?

3 수수표현의 이해 ●●○○○

해설 '아는 사람이 내게 일을 소개해 준 것'이므로 (D)를 「もらいました」로 고쳐야 올바르다. (A)는 「この間(あいだ)、先日(せんじつ)」로 바꾸어 넣을 수 있으며, (B)는 '～를 통해서'라는 의미의 문형이고, (C)는 '어느, 어떤'이라는 의미로 사용되었다.

어휘 先頃(さきごろ) 요전 知り合い(しりあい) 아는 사람 紹介(しょうかい) 소개

해석 요전에 아는 사람을 통해서 어떤 일을 소개받았습니다.

4 중지법의 「し」 ●●●○○

해설 중지법의 「し」 앞에는 반드시 종지형이 와야 하므로 (C)를 「静かだし」로 고쳐야 올바르다. (B)는 올바른 명사이며 시험에서는 「魚屋、銀行、郵便局」 등 말도 안 되는 명사로 바꾸어 놓고 밑줄을 그어놓으므로 상점이나 관공서에 밑줄이 그어져 있으면 반드시 의심해 보아야 한다. (D)는 뒤에 있는 「アパート」를 「近い」가 단독으로 수식하는 것이 아니고 「職場から近い」가 수식하고 있으므로 형태가 바뀌어서는 안 된다.(近くの(X)) (KEY 24 예제 1번 풀이 참조)

어휘 新居(しんきょ) 새 주택 探(さが)す 찾다 不動産屋(ふどうさんや) 부동산 あちこち 여기저기 静(しず)かだ 조용하다 職場(しょくば) 직장 決(き)める 정하다 cf. 決(き)まる 정해지다

해석 새 주택을 찾으러 부동산에 갔습니다. 여기저기 보고 조용하고 직장에서 가까운 아파트로 정했습니다.

5 수동형의 이해 ●●●○○

해설 문맥상 (B)에 「思い出す」의 수동형인 「思い出される」가 와야 적절하다. 어휘력이 부족하면 (C)나 (D)를 정답으로 고를 우려가 있다.

어휘 反射的(はんしゃてき) 반사적 思い出す(おもいだす) 생각하다, 생각해내다 姿(すがた) 모습 左側(ひだりがわ) 좌측 傾(かたむ)ける 기울이다 cf. 耳(みみ)を傾(かたむ)ける 귀를 기울이다 = 耳を澄(す)ます = 耳をそばだてる うつむき加減(かげん) 약간 머리를 숙인 모양 歩(ある)く 걷다 後(うし)ろ姿(すがた) 뒷모습

해석 아버지라는 단어에서 반사적으로 생각되는 모습은 머리를 조금 왼쪽으로 기울이면서 앞으로 숙이고 걷는 뒷모습이다.

6 적절한 가정법 찾기 ●●●○○

해설 「と」가정법은 '반드시 그렇게 된다'는 뉘앙스를 띄며 문장 뒤에 '의지, 희망, 명령, 의뢰, 권유' 등의 표현이 올 수 없다. 뒷문장에 「出かけましょう」라는 권유 표현이 있으므로 '의지, 희망, 명령, 의뢰, 권유' 등의 표현을 받을 수 있는 「たら」가정법을 써서 (D)를 「よかったら」로 바꾸어 주자. 이 경우에는 「よかったら」 대신에 「よければ」로도 바꿔쓰기가 가능하다. 일반적으로 「ば」 가정법은 문장 뒤에 '의지, 희망, 명령, 의뢰, 권유' 등의 표현이 올 수 없지만, 상태동사나 형용사를 「ば」가정법으로 만든 경우에는 가능하다. 「よければ」는 「よい」라는 い형용사의 가정형이므로 가능하다. (A)는 우리말로 '~만'으로 해석되며, '한정' 용법으로 사용되었다.
「ばかり」와 비슷한 표현으로 「だけ」가 있는데, 주의할 점은 「ばかり」를 사용한 문장이 '몇 번이나 반복해서, 언제나'라는 의미를 나타낼 때는 「だけ」와 바꿔쓰기가 불가능하다는 점이다.
いつも文句だけ言っている。(X)
→ 문 중에 '항상'이라는 의미가 포함되어 있다.
いつも文句ばかり言っている。(O)
(A) 역시 「だけ」로 바꿔 쓰기는 불가능하다. 문맥상 '비가 반복해서 내린다'는 의미를 나타내기 때문이다. (B)는 '진행'을 의미한다.(てあります(X))

어휘 最近(さいきん) 최근 もし 만약, 혹시 天気(てんき) 날씨 お天気屋(てんきや) 기분파, 변덕쟁이 = 気(き)まぐれ 出(で)かける 나가다, 외출하다

해석 최근, 비만 오고 있네요. 만약 내일 날씨가 좋으면 외출합시다.

7 시제문제 ●●○○○

힌트 문장 안에 「明日」라는 미래를 명시하는 단어가 있으므로 (D)를 「止まります」로 고쳐야 한다. (A)는 '~를 비롯하여'라는 의미의 문형이며, (C)는 '원인' 용법으로 사용되었다.

어휘 ~をはじめ ~를 비롯하여 私鉄(してつ) 사철 飛行機(ひこうき) 비행기 全(すべ)て 전부, 모두 = 尽(ことごと)く 交通機関(こうつうきかん) 교통기관 スト 파업 止(と)まる 멈추다, 정지하다

해석 내일은 JR을 비롯하여 사철, 버스, 비행기 등 모든 교통기관이 파업으로 정지합니다.

8 존경·겸양표현의 이해 ●●●○○

해설 경어문제는 행위의 주체를 잘 파악해야 한다. 상대방이 주체이면 존경어를 써 주어야 하고 화자가 주체이면 겸양어를 써야 하기 때문이다. 문제를 잘 보면 (C)의 행위를 하는 주체가 화자이므로 (C)를「ご + 한자 + ください」형태의 존경공식이 아닌「ご + 한자 + する」형태인 겸양공식을 써야 한다. 따라서 (C)를「ご案内し」로 고쳐야 올바르다.

(A), (B)는 모두「~(ら)れる」의 용법 중 '존경' 용법으로 사용되었으며, (D)는 '수동' 용법으로 사용되었다.「~(ら)れる」는 여러 파트에서 출제되는 매우 중요한 표현이므로「존경, 가능, 수동, 자발」의 4가지 용법을 반드시 숙지해 놓아야 한다.

カエルがヘビに食べられた。
개구리가 뱀에게 먹혔다. → 수동
一日に15時間寝られる。
하루에 15시간 잘 수 있다. → 가능
先生が本を読まれている。
선생님이 책을 읽고 계신다. → 존경
故郷のことが思われる。
고향이 생각난다. → 자발

어휘 利用(りよう) 이용 希望(きぼう)する 희망하다 申し込む(もうしこむ) 신청하다 優先的(ゆうせんてき) 우선적 案内(あんない) 안내 客室料金(きゃくしつりょうきん) 객실요금 別(べつ) 별도 加算(かさん) 가산

해석 인터넷 이용을 희망하시는 손님은 예약 혹은 체크인할 때에 신청하시면 우선적으로 인터넷서비스가 가능한 객실을 안내해 드리고, 이용시에는 객실요금과는 별도의 요금이 가산됩니다.

9 관용 표현의 올바른 형태 ●●●●○

해설 「埒(らち)が明(あ)かない 결말이 나지 않다, 진척이 안 되다」라는 관용 표현을 숙지하고 있어야 풀 수 있는 문제이다. (D)를「明(あ)きません」으로 고치자.

「埒 울타리 明かない 열리지 않는다 → 울타리가 열리지 않는다 → 결말이 나지 않는다, 진척이 되지 않는다」옛날 나라시대에 축제를 할 때, 하루 전에 신을 모신 가마를 밖으로 옮겨놓은 다음 울타리를 쳐서 사람들의 접근을 금지시켰다. 다음날 아침이 되면 울타리를 거두고 축문을 올렸는데 이때부터는 사람들이 접근할 수 있었고, 이렇게 '울타리가 제거되는 것'을「埒が明く」라고 했다는 데에서 유래되어서「埒が明かない」라고 하면 '결말이 나지 않는다, 진척이 되지 않는다'라는 의미가 생겼다.

어휘 当時(とうじ) 당시 引き払う(ひきはらう) 퇴거하다, 옮기다 不動産屋(ふどうさんや) 부동산 敷金(しききん) 전세 보증금 返却(へんきゃく) 반환 求(もと)める 요구하다 ~たところ ~했는데, ~했더니, ~한 결과 はぐらかす (말을) 얼버무리다

해석 당시 살고 있었던 아파트를 옮기게 되어서 부동산에 전세 보증금의 반환을 요구했더니 얼버무릴 뿐이어서 진척이 되지 않습니다.

10 시제문제 ●○○○○

해설 문장 앞에「子供の時」라는 과거를 명시해 주는 단어가 있으므로 (C)를「いました」로 고쳐야 한다. (B)는「なる」가「に」를 수반하는 동사이므로 적절하다. (D)는「今」에 걸리므로 현재형이 왔다.(いました(X))

어휘 パイロット 파일럿 講師(こうし) 강사

해석 어렸을 때 파일럿이 되려고 생각하고 있었습니다만 지금은 강사 일을 하고 있습니다.

11 「ようだ」의 적절한 형태 ●●○○○
해설 '~하도록'이라는 의미의 문형은 「~ように」이다. (A)는 '전 지역, 전 범위에 걸쳐서'라는 의미이고, (B)는 앞에 「が」가 있으므로 자동사인 「続く」가 온 것은 적절하다.(続けて(X))
어휘 猛暑(もうしょ) 맹서, 뜨거운 더위 続(つづ)く 계속되다 cf. 続(つづ)ける 계속하다 体調(たいちょう)を崩(くず)す 컨디션을 망치다 気(き)をつける 주의하다, 조심하다
해석 최근 전국에 걸쳐서 맹서가 계속되고 있으니까 컨디션을 망치지 않도록 조심해 주세요.

12 문맥에 적절한 부사 ●●●●○
해설 부사의 의미를 묻는 문제이다. 「そっと」는 '살짝, 몰래'라는 의미인데 문맥상 어색하므로 (C)를 「じっと 참고 가만히 있는 모양, 가만히」로 고치자. (A)는 뒤에 오는 문장이 좋은 내용이므로 적절하며(せいで(X)), (D)는 「~わけにはいかない」라는 문형에서 「は」가 생략된 형태로서 아무런 이상이 없다. 「は」가 생략 가능하다는 사실을 모르면 (D)를 정답으로 고르기 쉽다.
어휘 ~おかげで ~덕택으로 孫(まご) 손자 息子(むすこ) 아들 帰(かえ)す 돌려보내다 頂(いただ)く もらう의 겸양어 そっと 살짝, 몰래, 그대로 ~わけに(は)いかない ~할 수는 없다
해석 국민 여러분의 덕택으로, 손자도 아들도 돌려 받았으니까 가만히 있을 수는 없습니다.

13 존경 · 겸양표현의 이해 ●●○○○
해설 (D) 뒤에는 「紹介」라는 한자어가 있고 일반적으로 한자어에는 「ご」가 붙으므로 (D)를 「ご」로 고치자. (A)는 '자기회사'를 낮추어서 표현하는 말로 「当社」로 바꾸어 쓸 수 있다. (B) 역시 「希望」가 한자어이므로 「ご」가 붙었다.
어휘 弊社(へいしゃ) 폐사(자기회사의 겸양표현) 寄(よ)せる 의지하다, 보내다 求人情報(きゅうじんじょうほう) 구인정보 希望(きぼう) 희망 沿(そ)う 따르다 紹介(しょうかい) 소개
해석 저희회사에 보내어진 구인정보 중에서 여러분의 희망에 따른 기업을 소개하겠습니다.

14 사역형의 이해 ●●○○○
해설 문맥상 (D)를 사역형태인 「食べさせて」로 고쳐야 올바르다. (A)는 앞에 「友だちに」가 있으므로 적절하며(くれた(X)), (B)는 케이크가 사물명사이므로 바른 형태이고(いて(X)), (C)는 「~かどうか ~인지 어떤지」라는 문형의 일부분으로서 이상이 없다.
어휘 ~てもらう (남이 내게) ~해 주다 おいしい 맛있다
해석 친구가 사준 케이크가 있어서, 맛있는지 어떤지 아이에게 먹여 보았다.

15 시제문제 ●●○○○
해설 문장 안에 「昨夜」라는 과거를 명시하는 표현이 있으므로 (D)를 과거형인 「寝た」로 고쳐야 한다. (A)는 '주체'를 나타낸다. (C)는 「それから」로 바꾸어 써도 된다.
어휘 昨夜(ゆうべ) 어젯밤 お風呂(ふろ)に入(はい)る 목욕을 하다 寝(ね)る 자다, 눕다
해석 어젯밤에는 친구가 초코렛 케이크를 사와서 함께 먹었다. 그 후, 목욕을 하고 나서 잤다.

16 「ようだ」의 적절한 형태 ●●●○○

해설 (B)가 뒤에 있는 명사「お風呂」를 수식하는 형태가 아니므로 (B)를 「ように」로 고쳐야 올바르다. (A)는 '있다'라는 의미가 아니고 '어떤, 어느'라는 의미이다.

어휘 ある日(ひ) 어느 날 いつものように 언제나처럼 脱衣室(だついしつ) 탈의실 脱(ぬ)ぐ 벗다 風呂場(ふろば) 목욕탕 じろじろ 빤히 쳐다보는 모양

해석 어느 날 언제나처럼 혼자서 목욕을 하려고 탈의실에서 옷을 벗고, 이미 5명인가 6명이 들어가 있던 목욕탕에 들어갔더니 웬일인지 몇 명인가 나를 빤히 보고 있었습니다.

17 관용 표현의 올바른 형태 ●●●●○

해설 「白を切る」라는 관용 표현을 묻는 문제이다. (A)는 「時」앞에 현재형이 왔으므로 「時」앞 문장의 행위가 「時」뒤 문장의 행위보다 나중에 일어나거나, 「時」앞 문장의 행위와 「時」뒤 문장의 행위가 동시에 일어나야 한다.(KEY34 참조) '본가에 가는 것보다 먹을 것을 지참하는 것이 먼저'이므로 (A)는 올바르다. (B)는 냉장고 안에 있는 '구체적인 사물'을 가리키므로 적절하고 こと(X), (C)는 「食べる」의 겸양어이다.

어휘 夫(おっと) 남편 実家(じっか) 본가, 친정 常(つね)に 항상 持参(じさん) 지참 冷蔵庫(れいぞうこ) 냉장고 勝手(かって)だ 제멋대로 하다 頂戴(ちょうだい)する 먹다 白(しら)を切(き)る 시치미떼다

해석 결혼하기 전에는 남편의 본가에 갈 때, 항상 먹을 것을 지참해서 갔었습니다만, 결혼하고 나서는 본가의 냉장고에 있는 것을 제멋대로 먹고 시치미를 떼고 있습니다.

18 적절한 가정법 찾기 ●●●○○

해설 (D)의 「なら」가정법은 상대방의 말에 근거하여 판단을 내릴 때 쓰는 가정법인데, 이 문장에서는 사용이 불가능하다. 화자가 '문을 열고 들어가서 아주머니가 앉아 있는 것을 발견'하였으므로 '발견' 용법을 가지고 있는 「と」나「たら」가정법을 써야 하기 때문이다. 두 가정법은 뉘앙스 차이가 있는데「入ると」를 쓰면 단지 카운터에 아줌마가 앉아 있었다는 것을 객관적으로 묘사할 뿐이지만, 「入ったら」를 쓰면 카운터에 아줌마가 앉아 있어서 놀랐다는 뉘앙스를 띄게 된다. 이 문제를 풀기 위한 또 하나의 힌트는 '문장 끝이 과거형으로 끝났다는 것'이다. 과거형을 받을 수 있는 가정법은 「と」와 「たら」뿐이라는 것을 절대로 잊지 말자. (A)는 「時」앞에 과거형이 왔으므로 「時」앞 문장의 행위가 「時」뒤 문장의 행위보다 먼저 이루어져야 하는데, '목욕탕에 간 것이 먼저이고 놀란 것이 나중'이므로 올바르다. (C)는「타동사て형 + ある」형태로 '상태'를 나타내는 표현이다.

어휘 銭湯(せんとう) 공중목욕탕 少(すく)なからず 적지 않게 扉(とびら) 문 番台(ばんだい) 공중목욕탕의 카운터 座(すわ)る 앉다

해석 일본의 공중목욕탕에 처음 갔었을 때, 적지 않게 놀랐던 적이 있었습니다. 남자라고 써져 있는 문을 열고 들어갔더니 카운터에 아줌마가 앉아 있었습니다.

19 수수표현의 이해 ●●○○○

해설 문맥상 '아버지가 나에게 요리를 만들어 준 것'이고 앞에 「父が」가 있으므로 (B)를 「くれました」로 고쳐야 한다.(もらいました(X)) (A)는 '원인' 용법으로 쓰였으며, (D)는 「油と間違えて」에

괄호를 쳐보면 조사 「を」에 걸리므로, 타동사인 「入れる」를 쓴 것은 적절하다.(入って(X))

어휘 病気(びょうき) 병 寝込む(ねこむ) 푹 잠들다, 병으로 몸져눕다 料理(りょうり) 요리 ～なんて ～따위 朝食(ちょうしょく) 아침 目玉焼き(めだまやき) 계란 후라이 焼(や)く 굽다 cf. 焼(や)ける 구워지다 洗剤(せんざい) 세제 油(あぶら) 기름 間違える(まちがえる) 잘못하다, 틀리다, 실수하다 入(い)れる 넣다 入(はい)る 들어가다

해석 어머니가 병으로 누워 있기 때문에 아버지가 아침을 만들어 주었습니다만, 요리 따위 거의 한 적이 없는 아버지는 계란 후라이를 할 때에 세제를 기름으로 잘못 알고 넣어 버렸습니다.

20 관용 표현의 올바른 형태 ●●●○○

해설 「二つ返事」라는 관용 표현을 묻는 문제이다. 어떤 TV프로그램에서 10~20대의 젊은이들에게 의미를 물어봤는데 정답률이 20%도 안 됐던 표현이다. 대다수가 '두 개의 대답'이라고 생각해서 「二(に)の足(あし)を踏(ふ)む 망설이다」라는 관용표현과 비슷한 의미로 생각했는데, 여기서 「二つ」의 의미는 두 개가 아니라 次(つぎ) 다음」을 의미한다. 즉 상대방의 부탁에 대해서 즉시 다음의 대답을 준비한다는 의미에서 '쾌히 승낙하다'라는 의미를 가지게 된 것이다. (C)는 승낙해 준 주체가 '친구'이므로 이상이 없다.(あげて(X))

어휘 司会(しかい) 사회 頼(たの)む 부탁하다 cf. 頼(たよ)る 의지하다 二つ返事(ふたつへんじ) 쾌히 승낙함 引き受ける(ひきうける) 떠맡다 ほっとする 안심하다

해석 친구에게 사회를 부탁했더니 쾌히 떠맡아 줘서 안심했다.

21 존경·겸양표현의 이해 ●●●○○

해설 「お + 동사ます형 + ください」라는 존경공식만 알고 있으면 쉽게 맞출 수 있는 문제이다. 공식에 맞춰서 (D)에는 「問い合わせ」가 들어가야 한다. 호텔에서 숙박하는 것은 나갈 때까지 계속 있는 것이므로 (B)에 '계속'을 의미하는 「間」가 온 것은 올바르고(間に(X)), (C)는 「前(まえ)もって」, 「事前(じぜん)に」로 바꾸어 넣을 수 있다.

어휘 「お + 동사ます형 + になる ～하시다 お泊(と)まりになる 숙박하시다 お買(か)いになる 구입하시다 愛(あい)する 사랑하다 奥様(おくさま) 사모님 驚(おどろ)かせる 놀라게 하다 客室(きゃくしつ) 객실 際(さい) 때 予(あらかじ)め 미리 問い合わせる(といあわせる) 문의하다

해석 저희 호텔에 숙박하시는 동안, 사랑하는 사모님이나 친구들을 「앗」하고 놀라게 할 이벤트나 선물이 필요하시다면 객실을 예약할 때에 미리 문의해 주세요.

22 문맥에 적절한 부사 ●●●○○

해설 「がんがん」은 '종소리 등이 요란스럽게 울리는 모양'을 의미하므로 (A)를 '가볍게 두드리는 소리'를 뜻하는 「とんとん」으로 고쳐야 한다. (B)는 「叩く」의 수동형태로서 '누군가에게 두드림을 당했다'는 의미이며, (D)는 단순히 모르는 사람을 의미하므로 「知らない」가 적합하고, '이해'를 의미하는 「わからない」로 바꾸어 쓰는 것은 불가능하다.

어휘 とんとん 가볍게 두드리는 소리, 톡톡 肩(かた)を叩(たた)く 어깨를 두드리다 振り向く(ふりむく) 뒤돌아 보다

해석 톡톡하고 어깨를 누군가가 두드렸기 때문에 뒤를 돌아보았더니 모르는 사람이 서 있었다.

23 관용 표현의 올바른 형태 ●●●○○

해설 「跡を絶たない 끊이지 않는다」라는 관용표현을 묻는 문제이므로 (D)를 「絶たない」로 바꾸자. (A)는 앞에 조사 「が」가 있으므로 이상이 없고(続ける(X)), (B)는 「동사기본형 + 一方(で) ~하는 한편」이라는 의미의 문형이며, (C)는 뒤에 명사를 수식할 경우에는 「せっかくの」가 된다는 점을 주의하자. 문제에서는 「入った」를 수식하므로 「せっかく」가 옳다.

어휘 就職難(しゅうしょくなん) 취직난 続(つづ)く 계속되다 せっかく 모처럼 若者(わかもの) 젊은이

해석 취직난이 계속되는 한편, 모처럼 들어간 회사를 금방 그만두는 젊은이가 끊이지 않는다.

Pattern Study 5

5

1 何は → 何が　　　2 上手で → 上手に　　　3 遠い → 遠くの
4 多いすぎて → 多すぎて　　5 野菜が → 野菜は　　6 汚いの → 汚い
7 性急の → 性急な　　8 嬉しいで → 嬉しくて　　9 近い → 近くの
10 いつは → いつが　　11 やさしいの → やさしい　12 多くの → 多い
13 冷たいの → 冷たい　　14 きれいと → きれいで　15 食べるの → 食べる

1 의문사 뒤에 「は」가 붙기는 어려우며, 「ほしい」는 「が」를 수반하는 단어이다.
해석 만약 원하는 것이 무엇이든지 손에 들어온다고 한다면, 무엇을 원합니까?
어휘 手(て)に入(はい)る 손에 들어오다

2 な형용사가 「なる」에 접속할 때는 어미가 「に」로 바뀌어야 한다.
해석 필사적으로 노력한 덕택에, 유도를 잘하게 되었습니다.
어휘 死(し)に物狂い(ものぐるい) 필사적임　柔道(じゅうどう) 유도

3 전성명사 「遠い」가 단독으로 명사를 수식하는 형태이므로 「遠くの」로 바뀌어야 옳다.
해석 매우 날씨가 좋아서 창문에서 먼 산이 뚜렷이 보입니다.
어휘 窓(まど) 창문　くっきりと 뚜렷하게, 선명하게

4 「～すぎる 매우 ～하다」가 い형용사에 접속할 경우 어간에 접속하므로 「い」가 삭제되어야 한다.
해석 이 요리는 양이 너무 많아서 혼자서는 도저히 다 먹을 수 없습니다.
어휘 とうてい～ない 도저히 ～않다

5 고기와 채소를 대비시키고 있으므로 「は」를 두 번 사용하여야 한다.
해석 고기는 자주 먹습니다만, 채소는 좋아하지 않아서 거의 먹지 않습니다.
어휘 野菜(やさい) 채소　ほとんど 거의

6 い형용사가 명사를 수식할 때는 바로 수식해야 하므로 「の」를 삭제시키자.
해석 오랜만에 더러운 차의 차 안을 청소하고 세차를 했더니, 새 차같이 보입니다.
어휘 汚(きたな)い 더럽다　車内(しゃない) 차 안　掃除(そうじ) 청소　洗車(せんしゃ) 세차　新車(しんしゃ) 새 차

7 な형용사가 명사를 수식할 때는 어미 「だ」가 「な」로 바뀌어야 한다.
해석 무력에 의한 진압이라는 성급한 행동은 스스로의 수명을 단축시키는 것으로 이어집니다.
어휘 武力(ぶりょく) 무력　鎮圧(ちんあつ) 진압　性急(せいきゅう)だ 성급하다　自(みずか)ら 스스로　寿命(じゅみょう) 수명　縮(ちぢ)める 단축시키다　つながる 이어지다

8 「嬉しいで」라는 표현은 없다. 올바른 형태인 「嬉しくて」로 바꾸도록 하자.
　해석　친구가 생긴 것이 매우 기뻐서 이 기쁨을 어머니에게 말하지 않고는 못 배겼다.
　어휘　喜(よろこ)び 기쁨　〜ずにはいられない ~하지 않고는 못 배기다

9 전성명사 「近い」가 단독으로 명사 「駅」를 수식하고 있으므로 「近くの」로 바꾸어야 한다.
　해석　잠깐 묻고 싶습니다만, 여러분은 근처의 역까지 걸어서 몇 분 정도 걸립니까?

10 의문사 바로 다음에 「は」가 와 있다. 「が」로 고치도록 하자.
　해석　여러분의 형편에 맞추어서 오겠으니, 언제가 좋을지 여기서 정해주세요.
　어휘　都合(つごう) 형편, 사정　合(あ)わせる 맞추다　決(き)める 정하다

11 い형용사가 명사를 수식할 때는 바로 수식하므로 「の」가 빠져야 한다.
　해석　텔레비전에서는 나쁜 뉴스뿐이지만, 친절한 사람은 정말로 세상에 많이 있습니다.
　어휘　世の中(よのなか) 세상

12 전성명사 「多い」가 단독으로 명사 「人」를 수식하는 것이 아니라, 「欠席の多い」가 「人」를 수식하는 형태이므로 「多い」의 형태가 바뀌어서는 안 된다.
　해석　이 세미나는 학교에 그다지 오지 않는 사람이나 결석이 많은 사람은 따라갈 수가 없습니다.
　어휘　ゼミ 세미나　欠席(けっせき) 결석　ついていく 따라가다

13 い형용사가 명사를 수식할 때 「の」는 필요없다.
　해석　컵에 (들어) 있는 맥주가 미지근해져 버려서, 차가운 맥주가 마시고 싶어졌습니다.
　어휘　温(ぬる)い 미지근하다　冷(つめ)たい 차갑다

14 '깨끗하고 넓은 방'이 되어야 문맥이 통하므로, 「きれいで」로 고쳐야 한다.
　해석　처음으로 이용했습니다만, 깨끗하고 넓은 방에서 3명이라도 문제없이 지낼 수가 있었습니다.
　어휘　利用(りよう) 이용　過(す)ごす 지내다

15 동사가 명사를 수식할 때는 바로 수식하므로 「の」는 불필요하다.
　해석　먹는 방법을 보면 그 사람의 모든 것을 알 수 있다고 들을 정도로, 먹을 때의 매너는 중요한 것입니다.
　어휘　全(すべ)て 전부, 모든 것　マナー 매너

Pattern Study 6

6
1 のに → ので	2 庭で → 庭に	3 いっしょで → いっしょに
4 誰にも → 誰でも	5 ので → のに	6 どこかで → どこか
7 親友を → 親友に	8 のに → ので	9 ためで → ために
10 奈良では → 奈良には	11 どこに → どこかに	12 使い方を → 使い方が
13 中国で → 中国に	14 公園で → 公園に 또는 公園へ	15 どこにも → どこでも

1 '몸이 약한 것'은 병에 걸리게 되는 이유가 되므로, 「ので」가 와야 한다.
해석 우리 아이는 몸이 약해서 자주 병에 걸립니다.
어휘 体(からだ)が弱(よわ)い 몸이 약하다 病気(びょうき)にかかる 병에 걸리다

2 뒤에 「咲いている」라는 상태 표현이 있으므로 조사 「に」가 와야 올바르다.
해석 정원에 피어있는 꽃은 향기도 좋은데다가 매우 아름답습니다.
어휘 咲(さ)く 꽃이 피다 香(かお)り 향기 ~上(うえ)に ~인 데다가

3 「いっしょで」라는 표현은 없다. 「いっしょに」가 올바르다.
해석 아무리 여동생에게 부탁 받아도, 함께 쇼핑을 갈 생각은 없습니다.
어휘 いくら~ても 아무리 ~해도

4 「でも」는 의문사에 붙어서 '예외 없이 전부'라는 의미를 가진다.
해석 이 영화를 보면 누구라도 10분 이내에 웃지 않고는 못 배기게 됩니다.
어휘 笑(わら)う 웃다 ~ずにはいられない ~하지 않고는 못 배기다

5 역접으로 연결되어야 문맥이 통하므로 「ので」를 「のに」로 바꾸어야 한다.
해석 마에다 씨는 한국에 와서 2년이나 지났는데도 전혀 한국어를 할 수 없습니다.
어휘 経(た)つ (시간, 세월이) 지나다 さっぱり~ない 전혀 ~않다

6 문맥상 「どこかで」를 「どこか」정도로 바꾸어 주어야 한다.
해석 아무리 결점 투성이의 인간이라고 해도, 어딘가 좋은 점이 있을 터이다.
어휘 欠点(けってん) 결점 ~だらけ 투성이 ~はずだ ~일 터이다

7 「会う」는 「に」를 수반하는 동사이다.
해석 오랜만에 오사카에 갔었던 김에, 고등학교 시절의 친한 친구를 만나고 왔습니다.
어휘 ~ついでに ~하는 김에 親友(しんゆう) 친한 친구

8 버스를 놓친 것이 택시를 타고 돌아갈 수밖에 없는 '이유'가 되므로, 「ので」가 와야 한다.
해석 버스를 놓쳐버렸기 때문에, 택시를 타고 돌아갈 수밖에 없다.
어휘 乗り遅れる(のりおくれる) 놓치다 ~ほか(は)ない ~할 수밖에 없다

9 「~ために ~때문에, ~를 위하여」라는 문형을 묻는 문제.

해석 생명을 잃는 일은 없습니다만, 병 때문에 생활에 큰 지장을 초래할 것입니다.

어휘 命(いのち)を落(おと)す 생명을 잃다 病(やまい) 병 支障(ししょう)をきたす 지장을 초래하다

10 「ある」가 있으므로 '존재하는 장소'를 나타내는 조사 「に」를 사용해야 한다.

해석 나라에는 유명한 절이 많이 있으니까, 느긋하게 관광하는 편이 좋아요.

어휘 寺(てら) 절 ゆっくり 천천히, 느긋하게 観光(かんこう) 관광

11 '불확실성'을 의미하는 조사 「か」가 생략되어서는 안 된다.

해석 마지막 전철 시간에 맞지 않으면 택시로 돌아가든지 어딘가에서 묵을 수밖에 없습니다.

어휘 終電(しゅうでん) 마지막 전철, 막차 泊(と)まる 묵다 ~よりほかしかたがない ~밖에 없다 ≒ ~よりほか(は)ない ≒ ~ほか(は)ない ≒ ~しかない

12 「分かる」는 「が」를 수반하는 동사이다.

해석 사용법을 잘 몰라서 곤란한 때에는 우선 이쪽을 참조해 보세요.

어휘 参照(さんしょう) 참조

13 「住む」는 「に」를 수반하는 동사이다.

해석 중국에서 살고 있다고 해서, 중국어를 술술 말할 수 있다고는 할 수 없다.

어휘 ~からといって ~라고 해서 ぺらぺら 외국어를 유창하게 말하는 모양, 술술 ~とは限(かぎ)らない ~라고는 할 수 없다

14 이동동사 「行く」는 앞에 장소가 올 때, 조사 「に」나 「へ」를 취한다.

해석 친구가 놀러 와서, 근처의 공원에 가서 도시락을 사서 함께 먹었습니다.

15 「でも」는 의문사에 붙어서 '예외 없이 전부'라는 의미를 가진다.

해석 직장이나 가정뿐만 아니라, 온갖 상황에서 언제라도 어디서라도 인터넷을 이용하는 상황이 되고 있는 중이다.

어휘 職場(しょくば) 직장 家庭(かてい) 가정 あらゆる 온갖, 모든 状況(じょうきょう) 상황 ~つつある ~하고 있는 중이다

연습문제 ❸

❸

1 A → 温かい	2 C → 多くの	3 D → 帰る	4 C → な
5 D → に	6 D → が	7 C → に	8 C → を
9 C → のに	10 D → には	11 D → 多くの	12 A → は
13 C → が	14 C → な	15 A → ので	

1 い형용사의 명사수식 형태 ●○○○○

해설　전성명사「近い、多い、遠い」를 제외한 い형용사가 명사를 수식할 때는 그대로 수식하므로 (A)의 불필요한「の」를 삭제해야 한다. (B)는 1, 2인칭의 희망을 나타내는 표현이며 3인칭의 희망을 나타낼 때는「たがる」를 쓴다.

어휘　温(あたた)かい 따뜻하다　牛乳(ぎゅうにゅう) 우유　コップ 컵　取(と)る 잡다, 쥐다

해석　따뜻한 우유가 마시고 싶으니까 컵을 집어 주세요.

2 전성명사의 이해 ●●○○○

해설　「多い」가 단독으로「殺害シーン」이라는 명사를 수식하므로 (C)를「多くの」로 고쳐야 한다. (A)는 '명사연결' 용법으로 사용되었으며, (B)는「子供、大人、男、女」등의 명사에 붙어서「~를 대상으로 하는, ~용」이라는 의미로 사용된다.

어휘　殺害(さつがい) 살해　教育上(きょういくじょう) 교육상　好(この)ましい 바람직하다

해석　최근의 어린이용 텔레비전 게임에는 많은 살해 장면이 있어서, 교육상 바람직하지 않다.

3 동사의 명사수식 형태 ●○○○○

해설　동사가 명사를 수식할 때는 바로 수식하므로 (D)의 불필요한「の」를 삭제해야 한다. (A)는 '명사연결' 용법으로 사용되었고, (B)는 '수단' 용법으로 쓰였다. (C)는 '경험의 처음'을 의미하며, '일의 시작'을 나타내는「はじめ」와 혼동해서는 안 된다.

어휘　明後日(あさって) 모레　就職(しゅうしょく) 취직　始(はじ)めて 처음으로　故郷(こきょう) 고향　つもり 생각, 작정

해석　모레 9시 신칸센으로, 취직하고 나서 처음으로 고향에 갈 작정입니다.

4 な형용사의 명사수식 형태 ●●○○○

해설　「有名だ」는 な형용사이고 명사(喫茶店)를 수식하는 형태이므로 (C)를「な」로 고쳐야 한다. (A)는 구체적인 사물(빵, 케이크 등)을 지칭하므로 적절하고(こと(X)), (B)는 문맥상 적절하며(のに(X)), (D)는 '~하기로 하다'라는 의미의 문형이다.(のにした(X) ものにした(X))

어휘　甘(あま)い 달다, 엄하지 않다　非常(ひじょう)に 매우　終(お)わる 끝나다　終(お)える 끝내다　帰(かえ)り 돌아감, 귀가 길　有名(ゆうめい)だ 유명하다　喫茶店(きっさてん) 찻집　初(はじ)めて 처음으로　寄(よ)る 들르다

해석　단 것이 매우 먹고 싶어지고, 학교도 일찍 끝나서 돌아가는 길에 있는 유명한 찻집에 들르기로 했다.

5 な형용사의「なる」접속형태 ●●○○○

해설　「きれいだ」는 な형용사이고, な형용사가「なる」에 연결되는 형태이므로 (D)를「に」로 바꾸어야

올바르다. 문장 끝에 과거형이 왔으므로 (C)의 「たら」가정법은 올바르다.
어휘 案(あん)の定(じょう) 아니나다를까 ごちゃごちゃ 너저분한 모양 掃除(そうじ) 청소
해석 1개월만에 아들 집에 갔다. 아니나다를까 방이 너저분해서 청소를 했더니 깨끗해졌다.

6 조사 「は」와 「が」의 구별 ●●○○○
해설 의문사 다음에 「は」가 와 있는 (D)가 잘못되어 있음을 바로 파악할 수 있어야 한다. (D)를 「が」로 바꾸자. (A)는 말하는 이와 듣는 이 양쪽으로부터 멀리 있는 것을 가리킬 때 사용하며, (B)는 「동사ます형」에 접속하여 '같은 상태가 줄곧 계속되는 것'을 의미한다.
어휘 窓(まど) 창문 「~っぱなし 계속 ~한 채 開(あ)けっ放(ぱな)し 열린 채 立(た)ちっ放(ぱな)し 선 채」 一体(いったい) 도대체 開(あ)ける 열다 cf. 開(あ)く 열리다
해석 어제부터 저 창문이 계속 열린 채로 있는데, 도대체 누가 열었습니까?

7 조사 「に」를 수반하는 동사 ●●○○○
해설 「向かう」는 조사 に를 수반하는 동사이다. (A)는 「好きだ」가 조사 が를 수반하는 동사이므로 문제가 없고 「できる、欲しい、うまい、分かる、上手だ、下手だ、得意だ、苦手だ、嫌いだ」 등도 마찬가지이니 함께 숙지해 놓자.(を(X)) (B)는 '근처'라는 의미의 명사로 사용되었으며, (D)는 '연체사'라는 품사인데, 바로 명사를 수식할 수 있고 「大きい」와 비슷한 의미이다. 「小さな」 역시 마찬가지로 「小さい」와 비슷한 의미를 가진다.

어휘 近(ちか)く 근처 散歩(さんぽ) 산책 沈(しず)む 가라앉다, (해, 달이) 지다 夕日(ゆうひ) 석양 向(む)かう 향하다 大(おお)きな 큰 日課(にっか) 일과
해석 어린 시절에는 노래를 매우 좋아해서 집 근처에 있는 강을 아버지와 산책하면서 저물어 가는 석양을 향해서 큰 소리로 노래부르는 것이 일과였다.

8 자동사를 이끄는 조사 「を」의 용법 ●●●○○
해설 「出る」라는 동사가 동작의 성질을 띠고 있기 때문에 「で」의 '동작이 행해지는 장소'의 용법을 떠올려서 「家で出る」라는 표현이 올바르다고 생각하기 쉽지만 (C)를 '떠나는 대상'의 용법을 나타내는 조사 「を」로 고쳐주어야 한다. (KEY 27 참조)
(A)는 '이유, 원인' 용법으로 쓰였으며, (D)는 문맥상 부정형태로 쓰인 것이 올바르다. 시험에서는 「間に合う」로 바꾸어 놓고 밑줄을 그어놓으니 문장 끝에 있는 동사에 밑줄이 그어져 있으면 반드시 의심해 보아야 한다.
어휘 試験(しけん) 시험 やや 조금 道(みち)が混(こ)む 길이 혼잡하다 間に合う(まにあう) 시간에 맞다, 제 시간에 대다
해석 오늘은 시험이 있기 때문에 평소보다 조금 일찍 집을 나왔는데 길이 혼잡해서 시간에 맞지 않았다.

9 접속조사 「ので」와 「のに」의 구별 ●●●○○
해설 (C)의 앞과 뒤를 살펴보면 '바로 보낸다는 답변이었다'와 '보내주지 않는다'가 '역접'으로 연결되어야 자연스러움을 알 수 있다. 따라서 (C)를 「のに」로 고쳐야 한다. (A)는 가타카나의 형태가 올바르며(デタ(X) デター(X)), (B)는 '수단'

어휘 　送(おく)る 보내다 頼(たの)む 부탁하다 cf. 頼(た
よ)る 의지하다 返事(へんじ) 대답, 답장 問い合わ
せる(といあわせる) 문의하다 ウィルス 바이러스
感染(かんせん) 감염 てんてこ舞(ま)い 몹시 바빠
서 이리 뛰고 저리 뜀, 야단법석

해석 　「데이터를 메일로 보내 줘」라고 부탁했다. 「곧
보낸다」는 답변이었는데 보내주지 않아서 문의
했더니 바이러스에 감염되어서 야단법석이라고
한다.

10 조사 「に」와 「で」의 구별 ●●●○○

해설 　「近づく」는 「に」를 수반하는 동사이므로 (D)를
「には」로 고쳐야 한다. (A)는 일본식 표현이며
(C)는 뒤에 「見る」가 있으므로 올바르다(こと
(X)), 뒤에 오는 동사가 「見る、見える、聞く、
聞こえる、待つ、手伝う、写す」 등의 경우에는
「こと」는 쓸 수 없고 「の」만 쓸 수 있다는 것을
기억하자.

어휘 　喫茶店(きっさてん) 찻집 賞味期限(しょうみき
げん) 유통기한 過(す)ぎる 지나다 牛乳(ぎゅう
にゅう) 우유 平気(へいき)だ 태연하다 一切(いっ
さい)~ない 전혀 ~않다 近(ちか)づく 다가가다,
접근하다

해석 　찻집에서 아르바이트를 하고 있을 때, 가게의 주
인이 유통기한이 지난 우유를 태연하게 내 놓고
있는 것을 보고 아르바이트를 그만두고 나서 전
혀 그 가게에는 접근하지 않았다.

11 전성명사의 이해 ●●○○○

해설 　전성명사 「多い、近い、遠い」가 단독으로 명사
를 수식할 경우에는 「多くの、近くの、遠くの +
명사」 형태가 된다. 따라서 (D)를 「多くの」로 고
쳐야 한다. (A)는 '수단' 용법이고 (B)는 「~こ
とにする ~하기로 하다」는 문형이며, (C)는 앞
에 조사 「を」가 있으므로 타동사인 「捕まえる」가
왔고 (捕まる(X)), 「拾う」로 바꾸어 써도 괜찮다.

어휘 　終電(しゅうでん) 마지막 전철, 막차 捕(つか)ま
える 잡다, 붙잡다 cf. 捕(つか)まる 잡히다, 붙잡
히다 困難(こんなん)だ 곤란하다 拾(ひろ)う (택
시를) 잡다

해석 　마지막 전철이 끊겨서 택시로 돌아가기로 했지
만, 택시를 잡는 것도 곤란할 정도 많은 사람이
택시를 기다리고 있었다.

12 조사 「は」와 「が」의 구별 ●●○○○

해설 　문맥상 (A)가 「は」로 바뀌어야 자연스러운 문장
이 된다.
　　　조사 「が」는 문장 끝까지 영향을 미치지 못하기
때문에 중간의 문장을 생략하고 해석하면 문맥이
통하지 않는 특징이 있지만, 「は」는 중간의 문장
을 생략하고 해석해도 문맥이 통한다는 특징이
있다.
386世代という言葉が(중간생략)60年代生まれの
人々に当たる言葉である。(X)
→ 문맥이 통하지 않음
386世代という言葉は(중간생략)60年代生まれの
人々に当たる言葉である。(O)
→ 문맥이 통함
(B)는 「1980年代」가 확실한 시간이므로 올바르
며(KEY 31 참조), 「送る」는 '짐이나 물건 따위
를 보내다' 라는 뜻 이외에도 '생활 따위를 보내
다' 라는 뜻도 있으므로 (C) 역시 올바르다. (D)
는 '해당되다' 라는 의미로 사용되었다.

어휘 　世代(せだい) 세대 言葉(ことば) 말 送(おく)る
보내다 生(う)まれ 태어남, 출생 当(あ)たる 해당
되다, 히트 치다, 당첨되다

해석 386세대라고 하는 말은 한국에서 자주 사용되는 것으로 30대이고 1980년대에 대학생활을 보냈던 60년대 출생의 사람들에게 해당되는 말이다.

13 조사 「が」를 수반하는 단어 ●●○○○
해설 「欲しい」는 조사 「が」를 수반하는 단어이므로 (C)를 「が」로 고쳐야 한다. 「分かる、出きる、上手だ、うまい、下手だ、得意だ、苦手だ、好きだ、嫌いだ」 역시 「が」를 수반하는 단어이니 함께 익혀두자. (B)는 「少(すく)なくとも」로 바꾸어 쓸 수 있으며, (D)는 '~동안에'라는 의미의 문형이다.

어휘 視力検査(しりょくけんさ) 시력검사 見栄(みえ) 허세, 허영 cf. 見栄を張(は)る 허영(허세)을 부리다 せめて 적어도 欲(ほ)しい 갖고 싶다, 원하다 視力表(しりょくひょう) 시력표 覚(おぼ)える 기억하다, 익히다

해석 고등학교 시절 시력검사 때, 허세랄 것도 아닌데 적어도 0.3정도의 시력을 원해서 안경을 쓰고 있는 동안에 0.3까지 시력표를 외워 두었습니다.

14 な형용사의 명사수식 형태 ●●●○○
해설 「率直だ」는 な형용사이고 뒤에 명사를 수식하므로 (C)가 「な」로 바뀌어야 한다. (A)는 '~하도록'이라는 의미이며, (B)는 「~ていく ~해 나가다」라는 문형에서 「いく」를 겸양어 「まいる」로 바꾸어 표현한 것이고, (D)는 존경공식 「お + 동사ます형 + ください」의 형태에 들어맞는다.(寄せて(X))

어휘 苦情(くじょう) 고충 責任(せきにん) 책임 解決(かいけつ) 해결 努(つと)める 노력하다 ご遠慮(えんりょ)なく 사양하지 마시고 率直(そっちょく)だ 솔직하다 寄(よ)せる 밀려오다, 의지하다, 보내다

해석 여러분의 고충은 책임을 가지고 해결하도록 노력해 가겠으니, 사양하지 마시고 솔직한 의견을 보내주세요.

15 접속조사 「ので」와 「のに」의 구별 ●●●○○
해설 동생은 일을 하고 있지 않기 때문에 근처를 자전거로 배회하면서 시간을 보내고 있을 것이다. (A)를 「ので」로 바꾸자. (B)는 '~를 불문하고'라는 의미의 문형이며, (C)는 「常(つね)に、いつも」로 바꾸어 넣을 수 있다.

어휘 昼夜(ちゅうや)を問(と)わず 주야를 불문하고, 밤낮을 가리지 않고 近所(きんじょ) 근처 しょっちゅう 항상 徘徊(はいかい) 배회 片手(かたて) 한 손 うろうろ 어슬렁어슬렁

해석 동생은 일을 하고 있지 않기 때문에 주야를 불문하고 근처를 자전거로 항상 배회하고 있고, 때로는 캔맥주를 한 손에 들고 어슬렁어슬렁하는 경우도 있습니다.

Pattern Study 7

7

1 間 → 間に	2 せい → おかげ	3 降らないで → 降らなくて
4 来週に → 来週	5 までに → まで	6 美しい → 美しさ
7 せいで → おかげで	8 間に → 間	9 いった → きた
10 今朝に → 今朝	11 乗った → 乗る	12 まで → までに
13 4月で → 4月に	14 いった → きた	15 安い → 安さ

1 '지갑을 분실한 행위'는 특정한 시간에 행해진 것이므로 「間に」가 와야 한다.
해석 슈퍼에서 쇼핑을 하고 있는 동안에, 지갑을 분실해 버렸습니다.
어휘 財布(さいふ)を落(お)す 지갑을 분실하다

2 좋은 내용의 문장이므로 「せい」를 「おかげ」로 바꾸어야 올바르다.
해석 제가 여기까지 올 수 있었던 것은 여러분이 도와주신 덕택입니다.

3 문맥상 원인을 나타내는 「~なくて」가 와야 한다.
해석 조금 바람이 셌지만, 비가 내리지 않아서 정말로 다행이었습니다.

4 「来週」는 불확실한 시간이므로 조사 「に」가 붙을 수 없다.
해석 시작하고 나서 2년 가깝게 걸렸던 일이 드디어 다음 주에 끝납니다.
어휘 とうとう 드디어, 결국

5 도서관은 밤 12시까지 계속 열리는 것이므로, '계속'을 의미하는 「まで」가 와야 한다.
해석 학생의 희망에 부응하여, 도서관은 밤 12시까지 열리게 되었다.
어휘 生徒(せいと) 학생 希望(きぼう) 희망 ~に応(こた)えて ~에 부응하여

6 조사는 명사에 접속해야 하므로 명사형태인 「美しさ」가 와야 한다.
해석 꽃과 자연의 아름다움에 감동하는 마음은 자연을 소중히 하는 원점입니다.
어휘 自然(しぜん) 자연 感動(かんどう) 감동 原点(げんてん) 원점

7 문장이 좋은 내용이므로 「せいで」를 「おかげで」로 바꾸어야 한다.
해석 여러분이 적극적으로 도와준 덕택에 금방 교실이 깨끗해졌습니다.
어휘 積極的(せっきょくてき) 적극적 手伝(てつだ)う 돕다

8 문장 끝에 「~ている」라는 '계속'을 암시하는 표현이 있으므로 「間」로 고쳐야 한다.
해석 스즈키 군은 수업 중에 선생님이 말씀하시는 것을 듣지 않고, 줄곧 잡담을 하고 있었다.
어휘 おっしゃる 말씀하시다(言う의 존경어) おしゃべり 잡담

9 '과거에서 현재까지 노력해 온 것'이라고 볼 수 있으므로「~てくる」형태인「きた」가 와야 한다.
　해석　지금까지 열심히 노력해 왔던 것이 이러한 결과로 이어졌다고 생각합니다.
　어휘　つながる 이어지다

10「今朝」는 불확실한 시간이므로 조사「に」가 붙을 수 없다.
　해석　어제 체력을 다 써버려서, 오늘 아침에 잠이 깼더니 11시를 지나 있었습니다.
　어휘　体力(たいりょく)を使い果たす(つかいはたす) 체력을 다 쓰다　目(め)が覚(さ)める 잠이 깨다

11　'버스를 타는 행위'는 미래에 행해지는 것이므로 과거형이 와서는 안 된다.
　해석　지갑을 분실해 버려서, 버스를 탈 돈이 없었기 때문에 친구에게 빌렸다.

12　프로젝트는 늦어도 기한 이전에만 완성시키면 되므로,「まで」를「までに」로 고치는 것이 옳다.
　해석　결국 가장 중요한 것은 프로젝트를 기한까지 완성시켜서, 이익으로 이어지게 하는 것이다.
　어휘　要(よう)するに 요컨대, 결국　重要(じゅうよう)だ 중요하다　期限(きげん) 기한　完成(かんせい) 완성　利益(りえき) 이익

13　시간이나 날짜에 붙을 수 있는 조사는「に」이다.
　해석　나와 아들은 올해 4월에 일시 귀국할 예정이어서, 그 때에 선생님과 만날 약속을 했다.

14　'몇 백년이나 계속되어 온 것'이므로「いった」를「きた」로 바꾸어야 한다.
　해석　몇 백년이나 계속되어 왔던 삶의 모습이 최근 30년 정도로 완전히 바뀌어 버렸다.
　어휘　ありよう 본연의 모습　すっかり 완전히

15　조사는 명사에 붙으므로「安い」를 명사 형태인「安さ」로 바꾸어야 옳다.
　해석　경기가 침체 상태를 벗어나지 못하고 있어서 소비자가 농산물을 질보다 싼 가격으로 선택하기 쉽다는 점이 생산자에게 있어서는 괴로운 부분이다.
　어휘　景気(けいき)が低迷(ていめい)する 경기가 침체 상태를 벗어나지 못하다　消費者(しょうひしゃ) 소비자　農産物(のうさんぶつ) 농산물　質(しつ) 질　生産者(せいさんしゃ) 생산자　辛(つら)い 괴롭다

연습문제 ❹

❹

1 C → いた	2 B → 考えないで	3 D → きた	4 C → せいで
5 A → 描く	6 A → に 삭제	7 A → 暮らし	8 A → いく
9 B → 間	10 A → 考えないで	11 B → 間は	12 A → あった
13 B → したり	14 B → いるものは	15 B → して	

1 「ある」와「いる」의 구별 ●○○○○

해설 (C)가 받는 것은「女性」라는 사람이므로「いた」로 고쳐야 한다. (A)는 앞에 조사「が」가 있으므로 자동사인「済む」가 온 것은 적절하며(済まして(X)),「行く、来る、帰る、戻る、入る、登る、上がる」등의 동사는 이동동사로써 동작이 향해지는 방향에 중점을 두기 때문에 방향을 나타내는 조사「へ」나 도달점을 나타내는 조사「に」를 취하므로 (B) 역시 적절하고, (D)는 '상태'를 나타내는「자동사て형 + いる」형태로 올바르다. (あった(X))

어휘 済(す)む 끝나다 cf. 済(す)ます 끝내다 = 済(す)ませる バス停(てい) 버스 정류장

해석 식사가 끝나고 버스 정류장에 돌아왔더니 조금 전에 차 안에 있었던 여자 두 명이 서 있었다.

2「~ないで」와「~なくて」의 구별 ●●●○○

해설 (B)의「~なくて」는 '원인, 이유'를 나타내는 표현이므로 문맥상 적절하지 않다. (B)를 '대비나 부대상황'을 나타내는「~ないで」를 써야 올바르다. (D)는 '안 된다'라는 의미이다.

어휘 性格(せいかく) 성격 適性(てきせい) 적성 考(かんが)える 생각하다 一方的(いっぽうてき) 일방적 希望(きぼう) 희망 託(たく)す 맡기다, 부탁하다 = 託(たく)する

해석 아이의 성격이나 적성을 생각하지 않고 일방적으로 부모의 희망이나 꿈만을 부탁하는 것은 안 된다.

3「~てくる」와「~ていく」의 구별 ●●●○○

해설 문맥을 따져보면 '눈물이 치밀어 올라가다'가 아니라 '눈물이 치밀어 올라오다'가 적절하므로 (D)를「きた」로 바꾸어야 한다. 눈물을 흘리는 행위는 과거 어느 시점에서 현재까지 이어지고 있는 것이므로 당연히「~てくる」형태를 써야 한다.「동사ます형」에「果てる」가 접속되면 '매우 ~하다'라는 의미이므로 (A)는 '매우 바뀌었다'라고 해석할 수 있고, (B)는 '아무런 생각 없이 무심코'라는 의미로서 '자신의 부주의로 인하여 깜빡'이라는 의미의「うっかり」와 바꾸어 쓸 수 없다.

어휘 変わり果てる(かわりはてる) (좋지 않게) 아주 변해버리다 弟(おとうと) 남동생 姿(すがた) 모습 思(おも)わず 뜻하지 않게, 무의식중에 こみ上(あ)げる 치밀어 오르다, 복받치다

해석 아주 변해버린 남동생의 모습을 보고 무의식중에 눈물이 치밀어 올라왔다.

4「~おかげで」와「~せいで」의 구별 ●●●○○

해설「~おかげで」와「~せいで」의 구별을 묻는 문제이다. 뒤의 문장이 '큰 돈이 사라져 버렸다'라는 좋지 않은 내용이므로 (C)를「~せいで」로 바꾸어야 한다. (A)는 한자 읽기에 주의할 필요가 있으며, (B)는 앞에 있는「注文を」에 걸리므로 타동사인「出す」를 쓴 것은 올바르다.(出て(X))

어휘　株式(かぶしき) 주식 cf. 株式相場(かぶしきそうば) 주식시세　一桁(ひとけた) 한 자릿수　間違(まちが)える 틀리다, 잘못하다, 실수하다　大金(たいきん) 큰 돈　消え去る(きえさる) 사라져 없어지다

해석　주식의 주문을 한 자릿수 실수해 버린 탓에 큰 돈이 사라져 버렸다.

5 「時」 앞의 접속 형태 ●●●○○

해설　「時」 앞에 과거형이 오는 경우와 현재형이 오는 경우의 구별을 묻는 문제이다. (A)는 「時」 앞에 과거형이 왔으므로 '그림을 그리는 것이 먼저이고 생각하는 것'이 나중이 되어야 하는데, '그림을 그리는 것과 생각하는 것은 동시에 이루어지는 것'으로 봐야 하므로 (A)를 현재형인 「描く」로 고쳐야 한다. (C)는 「동사ます형」에 접속해서 '너무 ~하다'라는 의미이며, (D)는 '텅 비어있는 상태를 나타내는 명사'로써 파트 1 (사진묘사)에서 종종 등장한다.(ケースの中は空っぽです。 케이스 안은 텅 비어있습니다.)

어휘　絵(え)を描(か)く 그림을 그리다　こだわる 구애되다, 얽매이다　空(から)っぽ 텅 빔　頭を空っぽにする 머리를 비우다, 아무런 생각이 없다　~ことにする ~하기로 하다

해석　나는 그림을 그릴 때, 여러 가지 일에 너무 얽매이고 있는 것이 아닐까해서 이번에는 생각하는 것 없이 그리기로 했다.

6 불확실한 시간에 접속이 불가능한 조사 「に」 ●●○○○

해설　불확실한 시간에는 조사 「に」가 붙을 수 없다. 「明日」는 현재를 기준으로 변하는 불확실한 시간이므로 (A)의 「に」를 생략해야 한다. (B)는 '동작이 행해지는 장소 용법으로써 이상이 없다. 뒤에 있는 「ある」라는 동사를 보고 「に」가 와야 올 바르지 않 하고 (B)를 정답으로 고른 수험자도 있을 것 같은데 문제의 「ある」는 '사물의 존재'를 의미하는 것이 아니라 「行われる」라는 의미로 사용되었음을 알아야 한다. 따라서 회의가 행해지는 '장소' 용법인 「で」를 써야 옳다. (C)는 '대비 용법'으로서 '결석'과 '참가'를 대비시키고 있으며, (D)는 뒤에 「ください」가 있으므로 형태가 적절하다.

어휘　大講堂(だいこうどう) 대강당　新入社員(しんにゅうしゃいん) 신입사원　歓迎会(かんげいかい) 환영회　欠席(けっせき) 결석　参加(さんか) 참가

해석　내일 대강당에서 신입사원 환영회가 있으니까 모두 결석하지 말고 참가해 주세요.

7 조사는 명사에 접속해야 한다 ●●○○○

해설　조사는 명사에 붙어야 하는데, (A)가 동사임에도 불구하고 뒤에 조사 「を」가 붙어 있으므로 (A)를 명사 형태인 「暮らし」로 바꾸어 주어야 한다. (B)의 「~屋」는 명사에 접속하여 '그 명사에 관련된 가게'라는 의미이다. 「魚屋(さかなや) 생선 가게, 花屋(はなや) 꽃집, 米屋(こめや) 쌀집, 薬屋(くすりや) 약국, 文房具屋(ぶんぼうぐや) 문방구」

어휘　暮(く)らし 살림, 생활　専門的(せんもんてき) 전문적　職業(しょくぎょう) 직업　暮らしを立(た)てる 살림을 꾸리다　餅(もち) 떡　餅屋(もちや) 떡집　看護(かんご) 간호　看護婦(かんごふ) 간호사　素人(しろうと) 풋내기, 아마추어 cf. 玄人(くろうと) 전문가　仲人(なこうど) 중매쟁이　口出(くちだ)し 말참견　能率(のうりつ)が上(あ)がる 능률이 오르다　よりよい 보다 좋다　結果(けっか) 결과

해석　우리가 살고 있는 사회는 전문적인 직업에 의해서 생활을 꾸려나가는 사회이다. 떡은 떡집에 맡기고, 간호는 간호사에게 맡기는 것이 이상한 아

마추어의 말참견보다도 능률도 오르고 보다 좋은 결과를 얻을 수 있기 때문이다.

8 「～てくる」와 「～ていく」의 구별 ●●●●○

해설 「～ていく」와 「～てくる」의 구별을 묻는 문제이다. 문맥상 '즐겁게 생활해 오기 위한 절약정신'이 아니라, '즐겁게 생활해 가기 위한 절약정신'이 적절하므로 (A)를 「いく」로 고쳐야 한다. (B)는 「度を過ごす 도를 지나치다」라는 관용 표현의 일부분이다. (C)와 비슷한 의미의 단어로 「侮(あなど)る、見(み)くびる」가 있으며 (D)와 비슷한 의미의 단어로 「ようやく、辛(かろ)うじて」가 있다.

어휘 節約生活(せつやくせいかつ) 절약생활 度(ど)を越(こ)す 도가 지나치다 蔑(ないがし)ろにする 소홀하다, 업신여기다 やっと 겨우 気が付(つ)く 깨닫다, 정신을 차리다, 주의가 미치다

해석 즐겁게 생활해 가기 위한 절약생활이 도가 지나쳐 버려서, 가장 소중한 아이의 마음을 소홀히 하고 있었던 내 자신에 겨우 주의가 미쳤다.

9 「～間」와 「～間に」의 구별 ●●○○○

해설 문장 뒤에 「ずっと」라는 부사와 '진행'을 의미하는 「～ている」형태가 있으므로 (B)에 '계속'을 의미하는 「間」가 와야 한다. (A)는 '없어지다'라는 의미가 아니라 '다 떨어지다'라는 의미이며 「上がる」라는 동사로 바꾸어 써도 괜찮다. '전화를 걸다'는 「電話をかける」나 「電話をする」라는 표현을 쓰므로 (D)는 이상이 없다.

어휘 携帯電話(けいたいでんわ) 휴대전화 バッテリー 배터리 無(な)くなる 없어지다, 다 떨어지다 充電(じゅうでん) 충전 上司(じょうし) 상사 ずっと 계속, 훨씬 電話をかける 전화를 걸다

해석 휴대전화 배터리가 다 떨어져서 충전하고 있는 동안에 상사가 계속 전화를 걸고 있었던 것 같다.

10 「～ないで」와 「～なくて」의 구별 ●●●○○

해설 「～なくて」는 '원인, 이유'를 나타내는 표현인데, '수도관의 접속 부분을 아무것도 생각하지 않아서 떼어내 버렸다'는 것은 문맥상 어색하다. (A)를 「考えないで」로 고치자. (B)는 앞에 조사 「を」가 있으므로 타동사인 「外す」를 사용한 것은 적절하다(外れて(X)), (C)는 「身動きがとれない」라는 표현의 일부분이고, 파트 1에서도 종종 출제되니 눈여겨 봐두자.(「ここは身動きがとれないほど過密状態です。 여기는 꼼짝할 정도로 과밀 상태입니다.」)

어휘 水道管(すいどうかん) 수도관 接続部分(せつぞくぶぶん) 접속 부분 外(はず)す 떼다, 풀다, 자리를 비우다 cf. ネクタイを外す 넥타이를 풀다 羽目(はめ)を外す 흥겨운 나머지 도를 지나치다 噴き出す(ふきだす) 내뿜다 慌(あわ)てる 당황하다 押(お)さえる 누르다, 틀어막다, 확보하다 身動(みうご)きがとれない 꼼짝 못하다 水浸(みずびた)し 침수, 물에 잠김

해석 수도관의 접속 부분을 아무 생각 없이 떼어 버려서 물이 나를 향해서 내뿜어졌다. 당황해서 손으로 틀어막았지만 꼼짝도 못하고 나도 화장실도 물에 잠겨버렸다.

11 「～間」와 「～間に」의 구별 ●●●○○

해설 약은 일정기간 동안 계속해서 효력을 발휘하므로 '그 기간동안 계속'을 의미하는 「間」를 사용하는 것이 올바르다. 따라서 (B)를 「間は」로 고치자. (A)는 '효력을 발휘하다'라는 의미이며 한자에 주의하자.(利いて(X)) (C)는 '～하자마자, 바로 그 때'라는 의미의 부사이다.

어휘 効(き)く 효과가 있다 切(き)れる 끊어지다, 떨어지다

해석 약이 효과가 있는 동안에는 괜찮았지만, 약효가 떨어지자마자 아픔을 느꼈다.

12 「ある」와「いる」의 구별 ●○○○○

해설 (A)가 받는 명사는「手紙」라는 사물이므로 (A)를「あった」로 고쳐야 한다. (B)는 '범위'를 의미하고, (D)는 외부에서 가해진 어떤 작용을 받을 때 사용한다.「試験(しけん)を受ける 시험을 보다 診察(しんさつ)を受ける 진찰을 받다 プロポーズを受ける 프로포즈를 받다 被害(ひがい)を受ける 피해를 받다 手術(しゅじゅつ)を受ける 수술을 받다 質問(しつもん)を受ける 질문을 받다 注文(ちゅうもん)を受ける 주문을 받다」와 같이 쓰이니, 숙지해 놓도록 하자.

어휘 一通(いっつう) 한 통 成績表(せいせきひょう) 성적표

해석 책상 위에 있었던 편지 중 한 통은 저번 주에 봤던 시험의 성적표였다.

13 의미의 중복 ●●○○○

해설 '낮잠을 자다'는「昼寝をする」라고 한다.「寝」자가 반복되어 있는 의미중복 문제이다. (C)는「~たり~たりする ~하기도 하고 ~하기도하다」라는 문형에서「する」가「しながら」로 바뀐 형태이다. (D)는 시험에서「ゆっくりに」로 바꾸어 놓고 출제된 적이 있다.「ゆっくり」나「ゆっくりと」가 올바른 형태이다.

어휘 休日(きゅうじつ) 휴일 釣(つり) 낚시 ゆっくりと 느긋하게 過(す)ごす 지내다

해석 휴일에는 낮잠을 자거나 낚시하러 가거나 하면서 느긋하게 지내고 있습니다.

14 조사는 명사에 접속해야 한다 ●○○○○

해설 동사에 바로 조사가 접속되어 있는 (B)가 이상함을 알 수 있다.「いる」와「は」사이에「もの」를 넣어주자. (A)는「とても」로 바꾸어 써도 무방하며 (D)는「ない」와 호응하여 '그다지 ~않다'라는 의미로 쓰였다.

어휘 非常(ひじょう)に 매우 売(う)れる 팔리다 スーパー 슈퍼 品質(ひんしつ) 품질

해석 편의점은 매우 편리하지만, 팔리고 있는 물건은 슈퍼보다 비싸고 품질도 그다지 좋지 않다.

15 의미의 중복 ●●●○○

해설 '옷을 두껍게 입다'는「厚着(あつぎ)をする」라고 한다.「着」가 반복되어 쓰여 있는 것을 주목하자. 참고로「薄着(うすぎ)をする 옷을 얇게 입다」도 함께 알아두자. '땀을 흘리다'는「汗を掻(か)く」또는「汗を流す」라고 하므로 (A)는 이상이 없다. (C)의「招(まね)く」는 '초래하다'라는 의미로 사용되었으며「悪循環(あくじゅんかん)を招(まね)く 악순환을 초래하다 誤解(ごかい)を招く 오해를 초래하다 危険(きけん)を招く 위험을 초래하다」로도 쓰인다는 것을 알아두자. (D)는「ご + 한자어 + ください」형태로서 존경을 나타낸다.

해석 땀을 흘리려고 옷을 두껍게 입고 운동을 하는 것은 역효과를 초래하니까, 주의해 주세요.

Pattern Study Final

Final

1 올바른 문장
2 多く → 大きく
3 どんな → どんなに 또는 いくら
4 遊ぶに → 遊びに、行く → 行った
5 さえ → ほど
6 立ち寄って → 立ち寄り
7 だので → なので、答えられます → 答えられません
8 見る → 見た、いきました → きました
9 近くで → 近くに、便利な → 便利に
10 有名の → 有名な、この → こんな
11 올바른 문장
12 手順をそって → 手順にそって
13 この → ここ、増えた → 増える、方だ → 一方だ
14 サビス → サービス、頼む → 頼まれる
15 あります → ありません
16 現れでほかならない → 現れにほかならない
17 休んで → 休ませて
18 からといい → からといって
19 大学で → 大学に 또는 大学へ、勧めさせた → 勧められた
20 ご最善 → 最善、伝えて → 伝え
21 これの → この、従う → 従わ
22 올바른 문장
23 悪くに → 悪く、つきましょう → つけましょう
24 壊れてやすい → 壊れやすい、取り扱さ → 取り扱い
25 上に → 上で
26 書いて → 書かれて 또는 いる → ある、儲けられる → 儲ける
27 信じるがたい → 信じがたい、が相違ない → に相違ない
28 なんで → なんて、教師にとって → 教師として
29 嬉しいのに → 嬉しいことに

30 行く → 行った、行きたがります → 行きたいです

31 散らかして → 散らかって、集める → 集め

32 抱いて → 抱えて、出した → 出す

33 どこでも → どこにも 또는 どこへも、までに → まで

34 行かれる → 行かせる

35 올바른 문장

36 書いて → つけて

37 怪しいの → 怪しい、やりかねます → やりかねません

38 ばかりので → ばかりなので

39 一概に → 一向に

40 了承して → 了承

41 知る → 知っている、いる → いない

42 始まった → 始めた、あげない → くれない

43 とかけて → にかけて

44 多い → 多くの、こと → もの

45 にもかかわって → にもかかわらず

46 太った → 太り、減らしようと → 減らそうと

47 お届けになります → お届けします

48 初め → 初めて、会う → 会った

49 来月に → 来月、誰でも → 誰にも

50 올바른 문장

51 올바른 문장

52 ような → ように、恐れである → 恐れがある

53 預かって → 預かり、ごとで → ごとに

54 するながら → しながら、生きていった → 生きてきた

55 行くと → 行くなら、有名の → 有名な

56 帰らなかった → 帰らない、帰られなく → 帰れなく、早くに → 早く

57 お母さん → 母、東京で → 東京に 또는 東京へ

58 により → による、もの → こと

59 올바른 문장

60 納得しかねません → 納得しかねます

1 아무런 이상이 없는 올바른 문장이다.
해석 친구에게 부탁해서 케이크 만드는 법을 배웠습니다.

2 문맥상 '많게'가 아닌 '크게, 매우'가 적절하다.
해석 외국에서 유학한 덕택에 시야가 크게 넓어졌습니다.
어휘 留学(りゅうがく) 유학 視野(しや) 시야 大(おお)きく 매우, 크게

3 「どんなに(いくら)～ても 아무리 ～해도」라는 문형을 묻는 문제.
해석 아무리 돈을 벌어도 사용할 시간이 없으면, 소용없습니다.
어휘 稼(かせ)ぐ 돈을 벌다 はじまらない 소용없다

4 「동사ます형 + に ～하러」,「～たところ ～했더니, ～한 결과」를 묻는 문제.
해석 친구 집에 놀러갔더니, 공교롭게도 부재중이었다.
어휘 あいにく 공교롭게도 留守(るす) 부재중

5 「～ば～ほど ～하면 ～할수록」이라는 문형을 묻는 문제.
해석 아파트는 역에서 가까우면 가까울수록 비싸집니다.

6 존경공식「お + 동사ます형 + ください」를 숙지하고 있는지 묻는 문제.
해석 이쪽으로 오실 때는 꼭 한번 들러주세요.
어휘 立ち寄る(たちよる) 들르다

7 「ので」가 명사에 접속할 때는「なので」형태가 되어야 하고, 문맥상「なかなか～ない 좀처럼 ～않다」형태가 되어야 올바르다.
해석 매우 까다로운 문제여서, 좀처럼 답할 수 없습니다.
어휘 非常(ひじょう)に 매우 ややこしい 까다롭다

8 「～たとたん ～하자마자」과「～てくる ～해 오다」를 묻는 문제.
해석 어머니에게서 온 편지를 보자마자, 눈물이 솟아올랐습니다.
어휘 涙(なみだ)が込み上げる(こみあげる) 눈물이 솟아오르다

9 뒤에「駅ができた」가 있으므로 존재의 장소「に」가 와야하며, な형용사가「なる」에 접속하는 형태이므로 어미가「に」로 바뀌어야 한다.
해석 근처에 새로운 역이 생긴 덕택에 매우 편리해졌습니다.

10 な형용사가 명사를 수식할 때는 어미「だ」가「な」로 바뀌고, 가게를 부정적으로 인식하고 있으므로「この」를「こんな」로 고치는 것이 자연스럽다.
해석 그런 유명한 사람이 이런 낡아빠진 가게에 올 리가 없겠지요.
어휘 古臭(ふるくさ)い 낡아빠지다 ～はずがない ～일 리가 없다

11 아무런 이상이 없는 올바른 문장이다.
해석 건강을 회복하기 위해서는 아무것도 생각하지 말고 푹 쉬는 것이 좋다.
어휘 健康(けんこう)を取り戻す(とりもどす) 건강을 회복하다 ～ことだ ～하는 것이 좋다

12 「~にそって ~를 따라서」라는 문형을 묻는 문제.
  해석 인스톨할 때는 반드시 순서를 따라서 작업해 주세요.
  어휘 ~に際(さい)して ~에 즈음하여, ~할 때에 手順(てじゅん) 수순, 순서 ~に沿(そ)って ~를 따라서 作業(さぎょう) 작업

13 '최근'은 「ここ」라고 하며, 「~ばかりだ ~하기만 하다」는 '동사 기본형'에 접속한다. 「~ばかりだ」와 비슷한 의미를 가지는 문형 「~一方だ」도 함께 알아 놓아야 한다.
  해석 최근 수년, 실업률은 증가하기만 하고 주가는 내려가기만 한다.
  어휘 失業率(しつぎょうりつ) 실업률 株価(かぶか) 주가

14 '서비스'는 「サービス」로 표기하며, 문맥상 수동형인 「頼まれる」가 와야 한다.
  해석 서비스 정신이 왕성해서, 남에게 부탁받으면 거절할 수 없습니다.
  어휘 精神(せいしん) 정신 旺盛(おうせい) 왕성 断(ことわ)る 거절하다

15 「~ことはない ~할 필요는 없다」라는 문형을 묻는 문제.
  해석 목숨을 걸면서까지 그런 위험한 장소에 일부러 갈 필요는 없습니다.
  어휘 命(いのち)をかける 목숨을 걸다 わざわざ 일부러, 특별히

16 「~にほかならない 바로 그것이다」라는 문형을 묻는 문제.
  해석 투표율의 감소는 정부에 대한 무관심의 발로, 바로 그것이다.
  어휘 投票率(とうひょうりつ) 투표율 減少(げんしょう) 감소 政府(せいふ) 정부 無関心(むかんしん) 무관심 現(あらわ)れ 나타남, 발로 ~にほかならない 바로 그것이다

17 겸양표현「~させていただきたい ~하고 싶다」는 반드시 숙지해야 한다.
  해석 오늘은 몸 상태가 나빠서, 쉬고 싶습니다만.
  어휘 具合(ぐあい)が悪(わる)い 몸 상태가 나쁘다

18 「~からといって ~라고 해서」라는 문형을 묻는 문제.
  해석 일류대학을 졸업했다고 해서, 반드시 성공한다고는 할 수 없다.
  어휘 一流(いちりゅう) 일류 成功(せいこう) 성공

19 이동동사「行く」앞에 장소가 왔으므로 조사「に」나「へ」가 와야 하며, 문맥상 '권유받았다'가 올바르므로「勧められた」가 와야 한다.
  해석 부모님에게 상담한 결과, 취직은 나중에 하고 대학에 가도록 권유받았다.
  어휘 相談(そうだん) 상담 就職(しゅうしょく) 취직 勧(すす)める 권유하다

20 최선을 다하는 주체는 화자이므로「ご」가 붙어서는 안 된다. 존경공식「お + 동사ます형 + ください」에 맞추어「동사ます형」인「伝え」로 고쳐야 올바르다.
  해석 기대에 부응하기 위해서, 최선을 다하고 있다고 전해주세요.
  어휘 期待(きたい) 기대 応(こた)える 부응하다 最善(さいぜん)を尽(つ)くす 최선을 다하다 伝(つた)える 전하다

21 지시대명사가 명사를 수식하는 형태이므로 「この」가 되어야 하며, 「~ざるを得(え)ない ~하지 않을 수 없다」라는 문형은 '동사부정형'에 접속하므로 「従わ」로 고쳐야 한다.
　해석　이 사회에서 살아가는 이상은, 이 사회의 관습을 따르지 않을 수 없다.
　어휘　しきたり 관습　従(したが)う 따르다

22 아무런 이상이 없는 올바른 문장이다.
　해석　어떤 스포츠라도 연습하면 할수록 능숙해지는 것은 당연한 것이다.
　어휘　練習(れんしゅう) 연습　~ば~ほど ~하면 ~할수록　当然(とうぜん) 당연

23 い형용사가 「なる」에 접속할 때는 어미 「い」가 「く」로 바뀌므로 「に」를 삭제해야 하고, '주의하다'는 「気をつける」라고 표현한다.
　해석　텔레비전에서 떨어지지 않고 보면, 눈이 나빠지니까 주의합시다.
　어휘　離(はな)れる 떨어지다

24 「~やすい ~하기 쉽다」 앞에는 「동사ます형」이 오므로 「壊れ」가 올바르며, 「取り扱さ」라는 표현은 존재하지 않는다.
　해석　이 제품은 부서지기 쉬우니까, 취급에 충분히 주의해 주세요.
　어휘　壊(こわ)れる 부서지다　取り扱い(とりあつかい) 취급

25 「~上(うえ)で ~한 후에」와 「~上(うえ)に ~인 데다가」를 혼동해서는 안 된다.
　해석　회사에 가지고 돌아가서 검토한 후에, 서둘러서 답변 드리겠습니다.
　어휘　持ち帰る(もちかえる) 가지고 돌아가다　急(いそ)ぐ 서두르다　返事(へんじ) 답변

26 상태표현 「자동사て형 + いる」나 「타동사て형 + ある」에 맞추어서 「書かれている」 또는 「書いてある」가 되어야 하며, 「~ことができる ~할 수 있다」라는 문형 앞에는 반드시 '동사기본형'이 와야 하므로 「儲ける」로 고쳐야 올바르다.
　해석　초등학생이라도 여기에 쓰여진 대로 하면 돈을 벌 수 있습니다.
　어휘　儲(もう)ける 돈을 벌다

27 「~がたい ~하기 어렵다」는 「동사ます형」에 접속하며, 「~に相違(そうい)ない ~임에 틀림없다」라는 표현도 알고있어야 한다.
　해석　믿기 어려운 일이지만, 역시 신문에 나와 있는 이상은 사실임에 틀림없다.
　어휘　信(しん)じる 믿다　事実(じじつ) 사실

28 「~なんて ~하다니」와 「~として ~로서」라는 표현을 묻고 있다.
　해석　그런 것도 모르다니, 교사로서 부끄러운 것 아닙니까?
　어휘　教師(きょうし) 교사　恥(は)ずかしい 부끄럽다

29 「こと」가 들어가는 문형은 「の」로 대체할 수 없다. 「~ことに ~하게도」
　해석　기쁘게도 팔림새가 호조여서, 생산 쪽이 따라잡을 수 없습니다.
　어휘　売れ行き(うれゆき) 팔림새　好調(こうちょう) 호조　追(お)いつく 따라잡다, 따라붙다

30 화자의 경험을 나타내는 문형 「～たことがある ～한 적이 있다」를 묻고 있으며, 1인칭의 희망을 나타낼 때는 「～たい」를 사용한다.
　해석　오사카는 한 번 간 적이 있습니다만, 기회가 있으면 또 가고 싶습니다.
　어휘　機会(きかい) 기회

31 「落ち葉が」라는 표현이 있으므로 자동사인 「散らかる」가 와야 하며, 「～ようがない ～할 방도가 없다」라는 문형은 「동사ます형」에 접속한다.
　해석　낙엽이 이 정도로 흩어져 있다면, 혼자서 전부 모을 방도가 없습니다.
　어휘　落ち葉(おちば) 낙엽　散(ち)らかる 흩어지다　散(ち)らかす 흩뜨리다, 어지르다

32 '문제를 떠 안다'는 「問題(もんだい)を抱(かか)える」라고 하며, 「～べきだ ～해야 한다」 앞에는 반드시 '동사기본형'이 와야 한다.
　해석　여러 가지 문제를 떠 안고 있는 제도의 본연의 자세에 대해서, 즉시 결론을 내야 한다.
　어휘　制度(せいど) 제도　あり方(かた) 본연의 자세　早急(さっきゅう)に 즉시　結論(けつろん)を出(だ)す 결론을 내다

33 이동동사 「出かける」 앞에 장소가 왔으므로 조사 「に」나 「へ」를 써야 하며, '잠을 오후 2시까지 계속 잤다'는 의미이므로 「まで」로 고쳐야 한다.
　해석　모처럼의 휴일이었기 때문에, 아무데도 외출하지 않고 오후 2시까지 잤습니다.
　어휘　休日(きゅうじつ) 휴일　出(で)かける 외출하다

34 문맥상 사역형이 와야 하므로 「行かせる」로 고쳐야 한다.
　해석　어떤 일이 있어도 어린아이를 혼자서 놀러 가게 해서는 안 된다.
　어휘　～ものではない ～해서는 안 된다

35 아무런 이상이 없는 올바른 문장이다. 「安い」 뒤에는 「～にこしたことはない」라는 문형이 연결되어 있으므로 「安さ」로 바꿀 필요가 없다.
　해석　값은 싼 것이 최고이지만, 너무나 싼 것도 걱정이 됩니다.
　어휘　値段(ねだん) 값　～にこしたことはない ～이 최고이다　心配(しんぱい) 걱정

36 '가계부를 쓰다'는 「家計簿(かけいぼ)をつける」라고 표현한다.
　해석　결혼하고 나서 줄곧 가계부를 쓰고 있지만, 가난한 생활이 계속되고 있다.
　어휘　～てからというもの ～하고 나서 줄곧　苦(くる)しい 괴롭다, 가난하다

37 い형용사가 명사를 수식할 때는 그대로 수식하며, 「～かねない ～일지도 모른다」라는 문형을 사용해야 문맥이 통한다.
　해석　이쪽이 이상한 수단으로 대항해서는 상대도 더욱 이상한 일을 할지도 모릅니다.
　어휘　怪(あや)しい 이상하다　手段(しゅだん) 수단　対抗(たいこう) 대항　相手(あいて) 상대방

38 「～ばかりので」는 문법에 맞지 않는 표현이다. 「～ばかりなので」로 고쳐야 한다.
　해석　새로운 아파트에 막 이사했기 때문에, 역까지 가는 길을 아직 모릅니다.

어휘 引っ越す(ひっこす) 이사하다

39 문맥에 맞게 「一向(いっこう)に~ない 전혀 ~않다」 정도로 고치면 된다.
해석 아들에 관한 일이 걱정되어서 5분 걸러서 전화를 걸어봤지만, 전혀 연결되지 않는다.
어휘 ~おきに ~걸러서 一概(いちがい)に言(い)えない 일률적으로 말할 수 없다 つながる 연결되다

40 존경공식 「ご + 한자어 + ください」에 맞추어 「して」를 삭제해야 올바르다.
해석 응모서류는 채용되지 않았을 경우에도 반환되지 않으므로 양해바랍니다.
어휘 応募書類(おうぼしょるい) 응모서류 不採用(ふさいよう) 채용되지 않음 返却(へんきゃく) 반환 了承(りょうしょう) 양해

41 「知る」는 긍정형으로 쓰일 때 「~ている」형을 취하며, 「いる」를 「いない」로 고쳐야 문맥이 통한다.
해석 내가 아는 바로는, 영어 실력 향상을 걱정하지 않는 한국인은 거의 없다.
어휘 ~限(かぎ)りでは ~바로는 上達(じょうたつ) (학문·기술 등이) 향상됨 気(き)にする 걱정하다

42 「新しいことを」 다음에는 타동사가 와야 하고, '관심을 보여주는 주체'는 상대방이므로 「くれる」를 써야 한다.
해석 이름 없는 대학이 무언가 새로운 것을 시작했다고 해도, 아무도 관심을 보여주지 않는다.
어휘 無名(むめい) 무명 振り向く(ふりむく) 뒤돌아보다, 관심을 보이다

43 「~から~にかけて ~부터 ~에 걸쳐서」라는 문형을 묻는 문제.
해석 어제부터 오늘에 걸쳐서 많은 눈이 계속 내리고 있어서 집에서 한 발짝도 나갈 수 없었다.
어휘 大雪(おおゆき) 많은 눈 一歩(いっぽ) 한 발짝

44 전성명사 「多い」가 단독으로 명사를 수식하고 있으므로 「多くの」로 고쳐야 하며, 「核兵器」는 눈에 보이는 구체적인 사물이므로 「もの」로 받아야 한다.
해석 핵 병기는 눈 깜짝할 사이에 무차별로 많은 사람의 목숨을 빼앗아버리는 무서운 것이다.
어휘 核兵器(かくへいき) 핵 병기 一瞬(いっしゅん)にして 눈 깜짝할 사이에 無差別(むさべつ) 무차별 命(いのち)を奪(うば)う 목숨을 빼앗다 恐(おそ)ろしい 무섭다, 두렵다

45 「~にもかかわらず ~임에도 불구하고」라는 문형을 묻는 문제.
해석 그 날은 심하게 비가 왔음에도 불구하고, 많은 보호자 여러분이 참가해 주셨습니다.
어휘 激(はげ)しい 심하다 保護者(ほごしゃ) 보호자 参加(さんか) 참가

46 「~気味(ぎみ) ~하는 기운, 기색」은 「명사」나 「동사ます형」에 접속하며, 「~(よ)うと思う ~하려고 하다」라는 문형에 맞추어 「減らそうと」로 고치자.
해석 최근 살찐 느낌이어서 조금이라도 지방을 줄이려고 조깅을 시작했다.
어휘 脂肪(しぼう)を減(へ)らす 지방을 줄이다

47 '메시지를 보내는 주체가 화자'이므로 겸양표현을 써야 한다. 겸양공식「お + 동사ます형 + する」를 잊어서는 안 된다.
해석　사랑하는 사람이나 신세를 지고 있는 분에게, 당신의 메시지를 보내드리겠습니다.
어휘　愛(あい)する 사랑하다　お世話(せわ)になる 신세를 지다　届(とど)ける 보내다, 신고하다

48 '경험의 처음'은「初めて」로 표현하고, '그녀와 만난 일'은 과거에 행해졌으므로 시제가 과거가 되어야 한다.
해석　그녀와 옛날 일을 이야기하고 있었더니, 처음으로 그녀와 만났던 때의 일을 생각해냈습니다.
어휘　思い出す(おもいだす) 생각해내다, 떠올리다

49「来月」는 '불확실한 시간'이므로「に」가 붙을 수 없으며, '대상'을 나타내는 조사는「で」가 아니라「に」이다.
해석　다음 달에 3년간 사귀어 왔던 그와 결혼할 생각입니다만, 아직 누구에게도 말하지 않았습니다.
어휘　付き合う(つきあう) 사귀다, 행동을 같이하다

50 아무런 이상이 없는 올바른 문장이다.
해석　매일 아침 규칙적으로 일찍 일어나서 지각하지 않도록 학교에 오는 습관을 익히지 않으면 안 된다.
어휘　毎朝(まいあさ) 매일 아침　きちんと 규칙 바른 모양　早起(はやお)き 일찍 일어남　習慣(しゅうかん) 습관

51 아무런 이상이 없는 올바른 문장이다.
해석　우리들이 갔던 곳은 지반이 완만하고 비에 의한 산사태가 발생한 지구였다.
어휘　地盤(じばん)が緩(ゆる)い 지반이 완만하다　土砂崩(どしゃくず)れ 산사태　発生(はっせい) 발생　地区(ちく) 지구

52「～ようだ」가 명사를 수식하는 형태가 아니므로「～ように」가 되어야 하며, '~할 우려가 있다'라는 의미의 문형은「～恐れがある」이다.
해석　자신을 가지고 이야기를 하지 않으면, 사실이라도 거짓말처럼 들려 버릴 우려가 있다.

53 겸양공식「お + 동사ます형 + する」와「～ごとに ～마다」라는 문형을 묻는 문제.
해석　만기까지의 5년간, 여러분의 돈을 맡아서 반년마다 이자를 지급해드리겠습니다.
어휘　満期(まんき) 만기　預(あず)かる 맡다　利子(りし) 이자　支払(しはら)う 지불하다

54「～ながら ～하면서」는「동사ます형」에 접속하고, '살아 온 것'은 과거에서 현재까지 지속되는 행위이므로「～てくる」형태를 써야 한다.
해석　항상 주위의 시선을 걱정하면서 살아 왔던 내게는 도저히 이해할 수 없는 행위였다.
어휘　とうてい～ない 도저히 ~않다　理解(りかい) 이해　行為(こうい) 행위

55 문제의 문장은 '도쿄에 간다'는 상대방의 말에 근거해서 화자가 정보를 제공하고 있다. 이처럼 상대방의 말을 받을 수 있는 가정법은「なら」가정법이며, な형용사가 명사를 수식할 때는 어미「だ」가「な」로 바뀌어야 한다.
해석　도쿄에 간다면 오다이바에 가보는 편이 좋아요. 굉장히 유명한 곳이니까요.
어휘　物凄(ものすご)い 굉장하다, 대단하다

56 「と」가정법 앞에는 과거형이 올 수 없으며, 「帰る」는 5단 동사이므로 가능형은 「帰れる」가 되어야 하고, い형용사를 부사 형태로 만들려면 어미 「い」를 「く」로 바꾸면 된다.

해석 밝은 동안에 돌아가지 않으면 또 눈이 내려서 집에 돌아갈 수 없게 되니까, 일찍 돌아갔습니다.

어휘 明(あか)い 밝다　自宅(じたく) 자택

57 자기 가족에게 경어를 써서는 안 되고, 이동동사 「行く」 앞에 장소가 왔으므로 조사 「に」나 「へ」를 써야 한다.

해석 병을 달고 사는 어머니를 시골에 혼자 두고 도저히 도쿄에 갈 수 없었다.

어휘 田舎(いなか) 시골　とうてい～ない 도저히 ～않다

58 '소년에 의한 범죄'로 해석해야 문맥이 통하므로 「～による ～에 의한」로 고쳐야 하며, 「～とのことだ ～라고 한다」도 숙지하고 있어야 한다.

해석 경찰의 말로는 소년에 의한 범죄가 증가경향을 보이고, 게다가 흉악화되고 있다고 합니다.

어휘 警察(けいさつ) 경찰　少年(しょうねん) 소년　犯罪(はんざい) 범죄　増加傾向(ぞうかけいこう) 증가경향　示(しめ)す (나타내)보이다　凶悪化(きょうあくか) 흉악화

59 아무런 이상이 없는 올바른 문장이다.

해석 미사일을 완전히 쏘아 떨어뜨릴 수 있는 수단은 일본을 비롯하여 어느 나라도 가지고 있지 않습니다.

어휘 打ち落とす(うちおとす) 쏘아 떨어뜨리다　手立(てだ)て 수단　～をはじめ ～를 비롯하여

60 「～かねる ～하기 어렵다」라는 문형을 묻는 문제이다.

해석 학생이 쉴 장소가 그렇지 않아도 적은데, 그것을 빼앗아 버리는 것은 납득하기 어렵습니다.

어휘 生徒(せいと) 학생　憩(いこ)う 쉬다, 휴식하다　ただでさえ 그렇지 않아도　取り上げる(とりあげる) 빼앗다, 채택하다　納得(なっとく) 납득

실전 모의고사 1회

1

1 D → しながら	2 D → 撮りました	3 B → ので	4 C → に
5 D → 上昇するそうだ	6 B → 空いて	7 D → 分かる	8 C → 歯止め
9 D → 下落	10 C → ない	11 D → 一方だ	12 A → 崩した
13 D → もらえる	14 C → ひいた	15 B → から	16 D → とられた
17 D → めいて	18 A → 思いきや	19 D → 折り合いがつき	20 D → 信じがたい

1 형태가 살짝 바뀐 문형 찾기 ●○○○○
해설 「~たり~たりする ~하기도 하고 ~하기도 하다」라는 문형을 묻는 문제이다. (D)를 「しながら」로 고쳐야 올바르다. (A)는 출제빈도가 높은 표현이며, 조사에 주의하도록 하자(にいっしょに(X) といっしょで(X)), (B)는 뒤에 「行く」라는 이동동사가 왔으므로 적절하고(へ(O)), (C)의 「とる」는 '잡다'라는 의미로 사용되었다.
어휘 夏休み(なつやすみ) 여름방학 ~といっしょに ~와 함께 田舎(いなか) 시골 泳(およ)ぐ 헤엄치다
해석 여름방학 때, 친구와 함께 시골에 가서 고기를 잡거나 헤엄치거나 하면서 놀았다.

2 적절하지 못한 동사 찾기 ●●○○○
해설 '사진을 찍다'는 「写真を撮る」라고 표현하므로 (D)를 「撮りました」로 바꾸어야 한다. (C)는 「~たばかり 막 ~한」라는 문형의 일부분으로써 올바르다.(買う(X))
어휘 周(まわ)り 주위 見(み)つける 발견하다 虫(むし) 벌레
해석 학교 주위에서 발견한 꽃과 벌레의 사진을 막 산 카메라로 찍었습니다.

3 접속조사 「ので」와 「のに」의 구별 ●●○○○
해설 문맥상 (B)를 「ので」로 바꾸어야 자연스러운 문장이 된다. (A)는 「7時」가 확실한 시간이므로 조사 「に」가 붙을 수 있으며, (C)는 '~하도록'이라는 의미의 문형이다.
어휘 間に合う(まにあう) 시간에 맞다 出(で)かける 나가다, 외출하다 用意(ようい)をする 준비를 하다
해석 어제 밤 7시에 아침을 예약해 놓았기 때문에 그 시간에 맞도록 나갈 준비를 하고 위로 올라갔더니, 아직 아침은 되어 있지 않았다.

4 な형용사의 올바른 부사형태 ●●○○○
해설 な형용사를 '~하게'라는 의미인 부사 형태로 만들 경우에는 어미 「だ」를 「に」로 바꾸어야 한다. (A)는 '~하고 나서'라는 의미의 문형이며, (D)는 「ない」와 호응하여 '결코 ~않다'라는 뜻이다.
어휘 常(つね)に 항상 幸(しあわ)せだ 행복하다 忘(わす)れる 잊다, 잊고 오다
해석 결혼하고 나서 항상 행복하게 해 준 당신, 고마워요. 결코 잊지 않겠어요.

5 「そうだ」의 적절한 형태 ●●○○○
해설 문장 안에 「~によると」가 있으므로 (D)에 '전문'의 「そうだ」가 와야 함을 알 수 있다. (D)를 「上昇するそうだ」로 고치자.
어휘 研究(けんきゅう) 연구 調査(ちょうさ) 조사 死亡率(しぼうりつ) 사망률 下(さ)がる 내려가다 誕生日(たんじょうび) 생일 上昇(じょうしょう)す

る 상승하다

해석 「사람은 언제 죽는가」라는 연구를 하고 있는 외국 사회학자의 조사에 의하면 생일 1개월 정도 전부터의 사망률은 급격히 내려가지만 생일이 지나면 다시 상승한다고 한다.

6 상태를 나타내는 표현의 이해 ●●○○○

해설 (B) 뒤에 「いる」가 있으므로 (B)를 자동사인 「空いて」로 고쳐주어야 「자동사て형 + いる」라는 상태를 나타내는 표현에 들어맞게 된다. (A)는 「時」 앞에 과거형이 왔기 때문에 「時」 앞 문장의 행위가 「時」 뒤 문장의 행위보다 먼저 이루어져야 하며, 쇼핑하러 간 것이 먼저이고 차를 세운 것이 나중이므로 올바르다. (C)는 시간적으로 '나중에'라는 의미이고 (D)는 「気がつく」라는 관용표현에 「たら」가정법을 사용한 형태인데, 문장이 과거형으로 끝났으므로 「たら」가정법을 쓴 것은 올바르다. 물론 「と」가정법을 사용해도 무방하다.

어휘 駐車場(ちゅうしゃじょう) 주차장 いっぱいだ 가득 차다 一箇所(いっかしょ) 한 군데 空(あ)ける 비우다 空(あ)く 비다 cf. 手(て)が空く 일이 끝나서 틈이 생기다 止(と)める 멈추다, 세우다 後(あと)で 나중에 気が付く 깨닫다, 정신을 차리다, 주의가 미치다 車イス 휠체어 탄 사람, 장애인 専用(せんよう) 전용

해석 자동차로 쇼핑하러 갔었을 때, 주차장이 가득 차 있었지만 한 군데 비어 있어서 세웠습니다. 나중에 깨달았는데 장애인 전용 주차 공간이었습니다.

7 적절한 동사의 형태 ●●●○○

해설 「分かる」라는 단어는 자체에 가능형을 포함하는 특수 동사이다. 즉 '알다'와 '알 수 있다'의 의미를 둘 다 가지기 때문에 (D)와 같은 형태를 쓸 필요가 없다.

어휘 だんだん 점점 慣(な)れる 익숙해지다 大体(だいたい) 대체로, 대강 ～ようになる ～하게 되다

해석 영어에도 점점 익숙해져서 드라마도 대부분 이해할 수 있게 되었다.

8 관용표현의 올바른 형태 ●●●○○

해설 「歯切れ」는 '말이나 일을 처리하는 태도가 시원시원함'이라는 의미로서 문맥상 적절하지 않다. 「歯止めがかかる 제동이 걸리다」라는 관용표현을 묻는 문제이므로 (C)를 「歯止め」로 고쳐야 한다. (B)는 파트 5에서 닮은 꼴 잡기 유형으로 출제될 가능성이 높으므로 「侵(おか)す 침범하다, 침해하다 冒(おか)す 무릅쓰다」와 함께 숙지해 놓도록 하자.

어휘 犯罪(はんざい)を犯(おか)す 범죄를 저지르다 なかなか～ない 좀처럼 ～않다 歯切れ(はぎれ) 말이나 일을 처리하는 태도가 시원시원함 cf. 歯切れがいい 말이 시원시원하고 또렷하다 歯止め(はどめ)がかかる 제동이 걸리다 cf. 歯止めをかける 제동을 걸다

해석 사람이라는 것은 한번 범죄를 저지르면 좀처럼 제동이 걸리지 않는 것 같다.

9 살짝 바뀐 2자 한자 찾기 ●●●○○

해설 지가는 '하락'하는 것이지 '하강'하는 것이 아니다. (D)를 「下落」으로 고치자. (A)는 '～에 의하면' (C)는 '～이지만'이라는 의미이다.

어휘 公表(こうひょう) 공표 地価公示(ちかこうじ) 지가공시 ～によれば ～에 의하면 = ～によると 商業地(しょうぎょうち) 상업지 横(よこ)ばい 시세가 별로 변동이 없음, 보합 상태 地点(ちてん) 지점 増加(ぞうか) 증가 ～ものの ～이지만 大都市圏

(だいとしけん) 대도시권 地方圏(ちほうけん) 지방권 下降(かこう) 하강 縮小(しゅくしょう) 축소
해석 3월에 공표된 지가공시에 의하면 상업지에 관해서는 보합 상태의 지점이 증가하고 있지만, 대도시권과 지방권은 하락 폭이 축소했다.

10 의심할 필요가 있는 동사의 긍정형태 ●●●○○
해설 문맥상 '손 쓸 방도가 있는 것'이 아니라 '손 쓸 방도가 없는 것'이 올바르므로 (C)를 「ない」로 고쳐야 한다. 「~一方だ ~하기만 하다」라는 문형은 동사 기본형에 접속하므로 (B)의 형태는 올바르다.
어휘 インフレ 인플레이션 だんだん 점점 酷(ひど)い 심하다 打つ手(うつて)がない 손 쓸 방도가 없다 気がする 느낌이 든다
해석 IMF이후 한국의 인플레이션은 점점 심해지기만 하고 '정부도 손쓸 방도가 없다'는 느낌이 든다.

11 형태가 살짝 바뀐 문형 찾기 ●●●○○
해설 「~一方だ ~하기만 하다」라는 문형을 묻고 있는 문제이다. (A)는 가타카나의 형태가 올바르며, (B)는 앞에 조사 「が」가 있으므로 자동사가 왔으며(進める(X)), (C)도 앞에 조사 「は」가 있으므로 자동사가 온 것은 적절하다.(高める(X))
어휘 経済(けいざい) 경제 グローバル化(か) 세계화 進(すす)む 나아가다, 진행되다, 시계가 빠르다 国際収支(こくさいしゅうし) 국제수지 重要性(じゅうようせい) 중요성 ますます 점점 高(たか)まる 높아지다
해석 경제의 세계화가 진행되는 중에, 국제수지의 중요성은 점점 높아지기만 하다.

12 적절하지 못한 동사 찾기 ●●●○○
해설 '컨디션을 망치다'는 「体調を崩す」라고 표현한다. '외부로부터 어떤 작용을 받는 경우'에는 「受ける」를 쓰는데, 시험 역시 외부에서 가해진 작용으로 볼 수 있으므로 (B)는 적절하며(もらっては(X)) 見ては(X)), (C)는 「とる」의 가능 형태이고, (D)는 '~할 리가 없다'라는 뜻으로 비슷한 의미의 문형인 「~わけがない」가 있다.
어휘 前日(ぜんじつ) 전날 お酒(さけ) 술 お金(かね)を崩(くず)す 돈을 잔돈으로 바꾸다 試験(しけん)を受(う)ける 시험을 보다 cf. 試験に受(う)かる 시험에 합격하다 点数(てんすう) 점수
해석 전날에 술을 과음하고 컨디션을 망친 채로 시험을 봐서는 좋은 점수를 받을 수 있을 리가 없다.

13 긍정형태와 부정형태가 바뀐 동사 찾기 ●●●○○
해설 문맥상 '남이 말을 걸어줄 리가 없다'가 되어야 하므로 (D)를 「もらえる」로 고쳐야 한다. (C)는 뒤에 「見る、見える、聞く、聞こえる、待つ、手伝う、写す」 등의 동사가 올 경우는 「の」를 쓰므로 올바르다.(こと(X)) (KEY 3 참조)
어휘 座り込む(すわりこむ) 주저앉다, 농성하다 話(はな)しかける 말을 걸다
해석 주저앉아서 남이 말을 걸어오는 것을 기다리고 있어서는 남이 말을 걸어줄 리가 없다.

14 적절하지 못한 동사 찾기 ●●●○○
해설 '부기가 빠지다'를 직역해서 「腫(は)れが抜(ぬ)ける」라는 표현을 써서는 안 된다. 「腫れがひく」라는 표현을 쓰므로 (C)를 「ひいた」로 고쳐야 올바르다.
어휘 右手(みぎて) 오른손 ドアに挟(はさ)む 문에 끼다 大騒ぎ(おおさわぎ) 큰 소동 わりと 비교적 腫れ

が引(ひ)く 부기가 빠지다 ほうっておく 가만히 내버려두다

해석 한 달전에 오른손을 문에 끼어서 큰 소동을 부렸지만 빨갛게 된 것뿐으로 부기도 비교적 빨리 빠졌기 때문에 내버려 두었다.

15 조사 「で」와 「から」의 구별 ●●●○○

해설 (B)를 '기점'을 나타내는 「から」로 고쳐야 올바르다. (A)와 비슷한 의미의 부사로 「たぶん」이 있으며, (D)는 「명사」나 「동사ます형」에 붙어서 '~하는 방식, 태도'라는 의미이다. 「勉強ぶり 공부하는 태도 飲みっぷり 마시는 태도」 또, 시간의 경과를 나타내는 말에 붙어서 '~만'이라는 의미로도 사용된다(「5年ぶり 5년만」).

어휘 おそらく 아마도 北方(ほっぽう) 북방 南方(なんぽう) 남방 体(からだ)つき 체격 次第(しだい)に 점차로 混じり合う(まじりあう) 서로 섞이다 やがて 이윽고 暮(く)らしぶり 생활방식 現在(げんざい) 현재 民族(みんぞく) 민족

해석 아마도 북방과 남방에서 온 사람들이 점차로 서로 섞이면서 이윽고 체격도 생활방식도 비슷해지고 현재의 민족이 되었을 것이다.

16 관용 표현의 올바른 형태 ●●●●○

해설 「呆気(あっけ)にとられる」라는 관용 표현을 묻는 문제이다. (D)를 「とられる」로 고치자. 「呆気 놀라서 기가 막힘 とられる 빠져들다 → 기가 막힘에 빠져들다 → 어안이 벙벙하다」 비슷한 표현으로 「開(あ)いた口(くち)が塞(ふさ)がらない」가 있으니 함께 알아두자.

어휘 一滴(いってき) 한 방울 焼酎(しょうちゅう) 소주 一気(いっき)に 단숨에

해석 「술은 한 방울도 못 마신다」고 말한 그가 소주를 단숨에 마셔 버렸기 때문에 어안이 벙벙했다.

17 형태가 살짝 바뀐 문형 찾기 ●●●●○

해설 「~めく ~다워지다」라는 문형을 묻고 있다. (D)를 「めいて」로 고치자. (A)와 비슷한 의미인 「あっという間」도 함께 숙지해 놓자.

어휘 瞬く間(またたくま) 눈 깜짝할 사이 ほとんど 거의 過(す)ぎる 지나다 かなり 꽤, 상당히 暖(あたた)かい 따뜻하다 すっかり 완전히

해석 눈 깜짝할 사이에 2월도 거의 지나고 서울은 꽤 따뜻해져서 이제 완전히 봄다워졌다.

18 형태가 살짝 바뀐 문형 찾기 ●●●●○

해설 「思いきって」는 '과감히, 마음껏'이라는 의미로서 문맥이 통하지 않는다. 「~と思(おも)いきや ~라고 생각했더니」라는 문형에 맞추어 (A)를 「思いきや」로 고치도록 하자.
(B)는 「見舞う」가 수동 형태로 쓰였고 '병문안하다'라는 의미가 아니라 '(천재지변 따위를)당하다'라는 의미이다. 「豪雨(ごうう)に見舞われる 호우에 당하다 台風(たいふう)に見舞われる 태풍에 당하다 災難(さいなん)に見舞われる 재난에 당하다」도 함께 알아두자. (C)는 「動く」의 가능형에 원인을 나타내는 「~なくて」가 붙은 형태로서 올바르다.(動かなくて(X) 動けないで(X)) (D)와 비슷한 표현으로는 「やむをえず、仕方(しかた)なく、止(や)むに止(や)まれず」 등이 있다.

어휘 やっと 겨우 = ようやく = 辛(かろ)うじて 休(やす)みをとる 휴가를 얻다 大雪(おおゆき) 대설, 큰 눈 動(うご)く 움직이다 cf. 動(うご)かす 움직이게 하다 通行止め(つうこうどめ) 통행금지 やむなく 부득이, 할 수 없이 キャンセル 취소 = 取り消し(とりけし)

해석 겨우 휴가를 얻어서 예약을 하고 「곰으로」라고 생각했으나 몇 십 년만인가의 폭설이 닥쳐와서

전철이 한 대도 움직이지 않고 버스도 통행금지가 되어, 집에서 한 발자국도 움직일 수 없었기 때문에 어쩔 수 없이 취소했다.

19 관용 표현의 올바른 형태 ●●●●○

해설 '타협이 지어지다'라는 의미의 관용 표현인 「折り合いがつく」를 묻는 문제이다. '타협을 짓다'는 「折り合いをつける」라고 한다. (B)는 '~에 대해서'라는 의미의 문형으로 '방향 및 대상'을 나타낸다.

어휘 電気製品(でんきせいひん) 전기제품 修理(しゅうり) 수리 補償(ほしょう) 보상 会社側(かいしゃがわ) 회사측 申し出(もうしで) 신청, 의사 표시 当事者側(とうじしゃがわ) 당사자 측 ~たばかり 막 ~하다 新品交換(しんぴんこうかん) 신품교환 賠償(ばいしょう) 배상 望(のぞ)む 바라다 両者(りょうしゃ) 양자 言い分(いいぶん) 주장 金額(きんがく) 금액 ~にくい ~하기 힘들다

해석 전기제품을 수리해서 보상하려고 하는 회사 측의 의사 표시에 대해서 당사자 측은 「막 산 제품이니까 신품교환으로의 배상을 희망한다」고 말하고 있기 때문에 양자의 주장이나 금액의 타협이 지어지기 힘들게 되었다.

20 유사문형의 구별 ●●●○○

해설 「~がたい」와 「~にくい」의 구별을 묻는 문제이다.
「~がたい」는 '그 행위를 하는 것이 어려워서 불가능하다'라는 의미이며 주로 '인식에 관련되는 동사'에 접속한다. 「信(しん)じがたい 믿기 어렵다, 賛成(さんせい)しがたい 찬성하기 어렵다, 想像(そうぞう)しがたい 상상하기 어렵다, 認(みと)めがたい 인정하기 어렵다, 甲乙(こうおつ)つけがたい 우열을 가리기 어렵다, 耐(た)えがたい 견디기 어렵다, 許(ゆる)しがたい 용서하기 어렵다」

「~にくい」는 '그렇게 하는 것이 어렵지만 불가능하지는 않다'라는 의미이며 주로 '물리적인 동사'에 접속한다. 「歩(ある)きにくい 걷기 힘들다, 見(み)えにくい 보기 힘들다, 飲(の)みにくい 마시기 힘들다, 聞(き)き取(と)りにくい 알아듣기 힘들다, 読(よ)みにくい 읽기 힘들다, 燃(も)えにくい 타기 힘들다」 등에 사용된다.

그렇다면 「感じがたい」와 「感じにくい」중 어느 쪽이 옳을까?
「感じる」는 '인식에 관련되는 동사'이므로 「感じがたい」가 올바르다.
반면에 「壊れがたい」와 「壊れにくい」를 비교하면, 「壊れる」는 '물리적인 동사'이므로 「壊れにくい」가 올바르다.

(A)는 긍정문에서는 '적어도'라는 의미를, 부정문에서는 '절대로'라는 의미로 사용되며 「かりにも」로 바꾸어 넣을 수도 있다.

・かりそめにも大人ではないか。(긍정문)
　적어도 성인이 아닌가.

・かりそめにもそんなことは口にするな。(부정문)
　절대로 그런 말은 하지마.

(B)는 「Aともあろうものが」형태로 쓰여서 'A 정도의 사람이'으로 해석하면 자연스러우며, 「A가 상식적으로 해서는 안 될 행위를 하고 있을 때 그것을 해서는 안 된다」라는 의미로서 사용된다.

(C)는 '인용' 용법, 「~というのは」를 줄인 '정의' 용법, '놀람'을 나타내는 용법 3가지가 있다.

・親に向かって「消えてしまえ」とは何事だ。
　부모에게 「사라져버려」라니 어찌된 일이냐.
　→ 인용

・パソコンとは(=というのは)個人で使うことができる小さなコンピューターのことだ。
퍼스널컴퓨터라는 것은 개인이 사용할 수 있는 작은 컴퓨터를 말한다. → 정의

・あの真面目な人がうそをつくとは。
그 성실한 사람이 거짓말을 하다니. → 놀람

문제에서는 '놀람'을 나타내는 용법으로 쓰였고, 「なんて」로 바꾸어 쓸 수 있다.

어휘 かりそめにも 적어도, 절대로 医者(いしゃ) 의사 ~ともあろうものが ~정도의 사람이 患者(かんじゃ) 환자 騙(だま)す 속이다 金儲け(かねもうけ) 돈벌이

해석 적어도 의사 정도의 사람이 환자를 속여서 돈벌이를 하고 있다니 믿기 어려운 일이다.

실전 모의고사 2회

2

1 B → に	2 D → 続けた	3 D → 高い	4 C → 嫌いでは
5 B → を	6 A → 閉まりそうで	7 D → どこにも 또는 どこへも	8 D → 見る
9 A → 乗った	10 D → 醸す	11 C → 着ている 또는 着た	12 B → 過ぎた
13 D → 差	14 B → 負けず劣らず	15 C → もらえる	16 D → つかない
17 D → ない	18 D → 抱き合った	19 D → さっさと	20 B → 人影

1 적절한 조사 찾기 ●○○○○

해설 문맥상 (B)에 '존재의 장소'를 나타내는 「に」가 와야 한다. (A)는 접두어로써 '정확한'이라는 의미이고, (C)는 반드시 조사 「が」와 어울려야 하며, 질문에서는 '생기다'라는 의미로 사용되었다. (D)는 「便利だ」라는 な형용사가 「なる」에 연결되는 형태로써 이상이 없다.

어휘 真正面(ましょうめん) 바로 정면 文房具屋(ぶんぼうぐや) 문방구 ~に比(くら)べて ~와 비교해서 便利(べんり)だ 편리하다

해석 학교의 바로 정면에 문방구가 생겨서 이전과 비교해서 매우 편리해졌습니다.

2 자・타동사의 구별 ●●○○○

해설 (D) 앞에 조사 「を」가 있으므로 타동사인 「続ける」를 사용해야 옳다. (B)는 '~에도 불구하고'라는 의미이며 (C)에서 「間」은 생략해도 가능하나, 「週」 뒤에 붙을 때에는 생략해서는 안 된다. (30日間(O) 30日(O) 2週間(O) 2週(X))

어휘 違反(いはん) 위반 免許停止(めんきょていし) 면허정지 運転(うんてん) 운전

해석 속도 위반으로 면허정지 중임에도 불구하고 30일간이나 운전을 계속했다.

3 문형의 잘못된 접속형태 ●●○○○

해설 「~と思う」라는 문형 앞에는 정중체(です、ます)가 올 수 없으므로 (D)를 보통체인 「高い」로 바꾸어야 한다. (A)는 '동작이 행해지는 장소' 용법으로 사용되었고, (B)는 명사에 붙어서 '~포함'이라는 의미이다.

어휘 売(う)る 팔다 商品(しょうひん) 상품 消費税込み(しょうひぜいこみ) 소비세 포함

해석 여기서 팔고 있는 상품은 전부 소비세 포함이니까 한국보다 비싸다고 생각합니다.

4 な형용사의 부정형태 ●●○○○

해설 「嫌いだ」는 어간(嫌い)이 「い」로 끝나기 때문에 い형용사로 혼동하기 쉽지만 な형용사이므로 (C)를 「きらいでは」로 바꾸어야 올바르다. (A)는 추측의 조동사 「そうだ、ようだ、らしい」와 호응하여 '화자의 불확실한 기분'을 나타낸다.

어휘 どうやら 아무래도, 그럭저럭 耐(た)える 견디다 山歩き(やまあるき) 산속을 걸음 嫌(きら)いだ 싫다 cf. 嫌(いや)だ 싫다

해석 아무래도 그녀는 몇 시간이나 차로 이동하는 것을 견딜 수 있는 것 같고, 산속을 걷는 것도 싫지는 않은 것 같다.

5 자동사를 이끄는 조사「を」의 용법 ●●○○○
해설 '회사에서 나오다'는「会社を出る」라고 한다. 직역해서「会社で出る」라고 해서는 안 된다. (C)는 '~하고 나서'라는 의미의 문형이며(てから(X)), (D)는「동작성 동사ます형 + に」형태로 '~하러'라는 의미이다.
어휘 夕食(ゆうしょく) 저녁밥 映画(えいが) 영화
해석 어제는 오후 6시에 회사에서 나와서 다나카 씨와 저녁을 먹고 나서 영화를 보러 갔습니다.

6 자·타동사의 구별 ●●○○○
해설 (A) 앞에 조사「が」가 있으므로 자동사가 와야 한다. (A)를「閉まりそうで」로 고치자. (B)는 앞에「ドアを」가 생략된 형태이므로 타동사인「開ける」를 쓴 것은 적절하다(開こうとしたら(X)), (C), (D)는 둘 다 조사「が」에 연결되어 있으므로 자동사인「挟まる、壊れる」를 쓴 것은 올바르다.
어휘 開(あ)ける 열다 cf. 開(あ)く 열리다 挟(はさ)む 끼다, 사이에 두다 壊(こわ)れる 부서지다 cf. 壊(こわ)す 부수다
해석 전철의 문이 닫힐 것 같아서 달려가서 손으로 열려고 했는데 손이 끼어서 시계가 부서졌다.

7 조사「に」와「で」의 구별 ●●○○○
해설 「行く」는 이동동사로서 앞에 장소가 올 경우, 조사「へ」나 조사「に」를 취하므로 (D)를「どこにも」로 고쳐야 한다. (B)는「嫌いだ」가 조사「が」와 어울리므로 적절하다.「できる、ほしい、うまい、分かる、好きだ、上手だ、下手だ、苦手だ、得意だ」등도「が」와 어울린다는 것을 잊지 말자.「ので」가 な형용사에 연결될 때는「なので」형태가 되므로 (C) 역시 올바르다.(だので(X))
어휘 外(そと)に出(で)る 밖에 나가다 嫌(きら)いだ 싫다 夏休み(なつやすみ) 여름방학
해석 우리 아이는 밖에 나가는 것을 싫어하기 때문에 여름방학에도 아무데도 가지 않았습니다.

8「と」가정법의 접속형태 ●●●○○
해설 「と」가정법 앞에는 동사기본형이 와야 하므로 (D)를「見る」로 바꾸어야 한다. (A)는 문맥상 이상이 없고, 반의어인「本物(ほんもの)」도 함께 알아두자. (B)는「なら」와 호응하여 '~이면 또 모르되'라는 의미이다. (C)는 한자 읽기에 주의해야 한다. 반의어인「素人(しろうと)」역시 한자 읽기에 주의하자.
어휘 偽物(にせもの) 가짜 素人(しろうと) 아마추어, 풋내기 玄人(くろうと) 전문가 cf. 玄人(くろうと)はだし 비전문가가 전문가 뺨치게 잘 함 仲人(なこうど) 중매쟁이 ~ならまだしも ~라면 모르되
해석 이것은 가짜입니다. 풋내기라면 모르되 저 같은 전문가는 보면 금방 압니다.

9 문형의 잘못된 접속형태 ●●●○○
해설 「~た瞬間 ~한 순간」이라는 문형에 맞추어서 (A)를 과거형인「乗った」로 바꾸자. 비슷한 의미의 문형인「~たとたん」도 함께 알아두자. (B)는「気づく」가 조사「に」를 수반하는 동사이므로 올바르고「乗る、なる、会う、勤める、通う、従う、迷う、気をつける、憧れる、勝る、向かう」등도 함께 정리해 놓자. (C)는 조사「が」를 대체하는 용법으로 사용되었다.
어휘 靴(くつ) 신발, 구두 片側(かたがわ) 한쪽 편 残(のこ)る 남다 cf. 残(のこ)す 남기다 気(き)づく 깨닫다, 눈치채다 = 気がつく 閉(し)まる 닫히다 間一髪(かんいっぱつ) 아슬아슬함 降(お)りる 내리다

해석 　전철을 탄 순간, 구두의 한 쪽이 홈에 남겨져 있는 것을 깨달아서, 문이 닫히는 전철로부터 아슬아슬하게 내렸다.

10 관용 표현의 올바른 형태 ●●●○○
해설 　「物議(ぶつぎ)を醸(かも)す 물의를 빚다」라는 관용 표현을 묻는 문제이다. (D)를 「醸す」로 고치자. (A)는 '대상'을 나타내는 용법으로 사용되었고, (B)는 '~하려고 하다'라는 의미의 문형이다.(しようにする(X))
어휘 　相手(あいて) 상대 「동사ます형 + やすい ~하기 쉽다」 分(わ)かりやすい 이해하기 쉽다」 説明(せつめい) 설명 場合(ばあい) 경우
해설 　상대에게 알기 쉽게 여러 가지 것을 설명하려고 하는 것은 때와 장소에 따라서는 물의를 빚는 경우도 있습니다.

11 동사의 적절한 형태 ●●●○○
해설 　「着る、かける、被る」 등의 사람의 모습을 묘사하는 동사는 현재형으로 수식이 불가능하다. 따라서 (C)를 「着ている」나 「着た」로 고쳐야 한다.
眼鏡をかけている人(O)　眼鏡をかけた人(O)
眼鏡をかける人(X)
帽子を被っている人(O)　帽子を被った人(O)
帽子を被る人(X)
(A)는 「乗る」가 조사 「に」를 수반하는 동사라서 문제가 없다. (B)는 우리 식으로 해석해서 '평생'이라는 의미일 것 같지만 '보통, 평소'라는 의미이므로 주의를 요한다.
어휘 　平生(へいぜい) 평소 = 普段(ふだん) cf. 一生(いっしょう) 평생, 일생 多(おお)い 많다 びっくりする 놀라다

해석 　아침 일찍 전철을 탔는데, 평소와 다르게 기모노를 입고 있는 사람이 많아서 놀랐다.

12 문형의 잘못된 접속형태 ●●●○○
해설 　「~からといって ~라고 해서」라는 문형의 접속형태가 잘못되어 있다. 문맥상 과거형이 와야 하므로 (B)를 「過ぎた」로 고치자. (D)는 '부정적 의지'나 '부정적 추측'을 나타내는 「まい」가 「なる」에 접속된 형태로서 「ならないだろう」로 바꾸어 써도 괜찮다. 참고로 「まい」의 접속형태는 5단 동사는 기본형에, 「飲むまい、行くまい」 상·하일단동사는 부정형과 기본형 둘 다 접속 가능하다. 「見まい、見るまい」 변격동사인 「くる」는 「くるまい／こまい」로 「する」는 「するまい／すまい」가 된다.
어휘 　派兵(はへい) 파병 大事(だいじ)ない 걱정 없다, 괜찮다 慣(な)れる 익숙해지다 危(あや)うさ 위험 忘(わす)れる 잊다, 잊고 오다
해석 　이라크에 파병하고 나서 걱정 없이 6개월이 지났다고 해서, 현 상황에 익숙해져 이 파견의 위험을 잊어서는 안 될 것이다.

13 관용 표현의 올바른 형태 ●●●○○
해설 　「雲泥の差(うんでい) 천양지차」라는 관용 표현을 묻는 문제이다. (D)를 「差」로 고치자.
「雲泥 구름과 진흙 差 차이 → 구름과 진흙의 차이 → 천양지차」
구름은 높은 하늘에 있고 진흙은 낮은 땅바닥에 있기 때문에 이 둘의 차이는 매우 크다는 데에서 비롯된 말이다. 비슷한 표현으로 「月(つき)とすっぽん 달과 자라(달은 매우 높은 곳에 있고 자라는 납작하여 매우 낮다라는 의미)」이 있다.
(A)는 추상적인 일·사건을 지칭하므로 적절하

고 (C)는 '~에 있어서는'이라는 의미의 문형이다.

어휘 人種(じんしゅ) 인종 差別(さべつ) 차별 憲法(けんぽう) 헌법 禁止(きんし) 금지 白人(はくじん) 백인 黒人(こくじん) 흑인

해석 그 나라에서는 인종을 차별하는 것은 헌법으로 금지되어 있지만 아직 백인과 흑인의 생활에 있어서는 천양지차가 있다고 생각한다.

14 살짝 바뀐 어휘 찾기 ●●●○○

해설 「負けず劣らず 막상막하로, 호각으로」라는 표현을 묻는 문제이다. (A)는 「出す」의 수동형으로 쓰였고, (C)는 「どんな」와의 구분이 필요하다.
山田さんはどの方ですか。
야마다 씨는 어느 분입니까?
→ 사람이 여러 명 있는데 그 중에서 야마다 씨가 누구인지 묻는 경우
山田さんはどんな方ですか。
야마다 씨는 어떤 분입니까?
→ 야마다 씨의 성격이나 외모 등을 묻는 경우

어휘 出(だ)される 제출되다 作品(さくひん) 작품 素晴(すば)らしい 훌륭하다 最優秀賞(さいゆうしゅうしょう) 최우수상 もらう 받다 興味津々(きょうみしんしん)だ 흥미진진하다

해석 제출된 작품은 어느 것도 막상막하로 훌륭해서, 어느 작품이 최우수상을 받을지 흥미진진하다.

15 동사기본형과 가능형의 구별 ●●●○○

해설 「もらう」는 타동사인데 조사 「が」에 연결되어 있는 (C)가 이상함을 쉽게 알 수 있다. (C)를 「もらえる」로 바꾸도록 하자. (A)는 상태를 나타내는 표현 「자동사て형 + いる」에 알맞고, 「ほしい」는 조사 「が」와 어울리므로 (D) 또한 올바르다(를 (X)).

어휘 某社(ぼうしゃ) 모 사 製品(せいひん) 제품 集(あつ)める 모으다 cf. 集(あつ)まる 모이다 貯(た)める 저축하다, 쌓다 景品(けいひん) 경품 欲(ほ)しい 원하다, 가지고 싶다 一生懸命(いっしょうけんめい) 매우 열심히 함

해석 최근, 모 사의 제품에 붙어있는 마크와 실을 모아서 포인트를 쌓으면 선물을 받을 수 있는 캠페인을 하고 있습니다. 그 안에 있는 경품이 갖고 싶어서 열심히 모으고 있습니다.

16 의심할 필요가 있는 동사의 긍정형 ●●●●○

해설 문맥상 '상상조차 못하는 일이다'가 적절하므로 (D)를 「つかない」로 고쳐야 한다. 동사 긍정형태에 밑줄이 그어져 있으면 의심해보는 습관을 가지도록 하자. (A)는 '틈, 짬'이라는 뜻이며 「合間(あいま)を縫(ぬ)う 짬을 내다」라는 표현도 함께 알아두자. (C)는 「見る」와 비슷한 의미이다.

어휘 奥(おく)さん 부인 家事(かじ) 가사 旦那(だんな)さん 남편 出張(しゅっちょう) 출장 準備(じゅんび) 준비 手伝(てつだ)う 돕다 しばしば 자주 目(め)にする 보다 我が家(わがや) 우리 집 想像だにつかない 상상조차 가지 않는다

해석 일본 드라마에서 부인이 가사 일을 하는 틈에 남편의 출장 준비를 돕고 있는 장면을 자주 보지만, 이것은 우리 집에서는 상상조차 못하는 일이다.

17 의심할 필요가 있는 동사의 긍정형태 ●●●●●

해설 「取り付く島がない」라는 관용표현을 묻는 문제이다.
「取り付く 매달리다, 발붙이다 島 섬 ない 없다 발붙일 섬이 없다 → 의지할 데가 없다」
물에 빠져서 표류하고 있는 사람이 섬을 찾지 못해서 곤경에 빠져있다는 데에서 나온 말이다.

(B)는 '마치 ~라는 듯이'로 해석할 수 있으며 「~たばかりに ~한 탓에」와 혼동하지 말도록 하자. (C)는 「そっぽを向く 외면하다」라는 표현의 일부분이다.

어휘 親戚(しんせき) 친척 借金(しゃっきん) 차금, 돈을 꿈 cf. 借金取(と)り 빚쟁이 頼(たの)み 부탁 cf. 頼(たよ)り 의지

해석 친척한테 돈을 빌리러 갔지만, 마치 「빨리 돌아가」라는 듯이 외면하고 있어서 의지할 곳이 없다.

18 상호동사의 이해 ●●●●○

해설 동사 중에 「結婚する、戦う、試合をする」 등의 동사는 두 사람 이상이 반드시 함께 동작을 행해야 하는 '상호동사'라고 하며 반드시 앞에 조사 「と」를 취한다. 반면에 「愛する、抱く」 등의 동사는 '상호동사'가 아닌 한쪽이 일방적으로 행하는 동사이다. 이와 같은 동사를 상호동사와 비슷하게 해주기 위해서는 한 가지 작업이 필요한데 그것은 「동사ます형 + 合う」형태로 해 주는 것이다. 비록 (D)앞에 「お互いに」라는 부사를 사용하긴 했으나, 이것만으로 상호적인 동작에 있음을 나타내기에는 불충분하므로 (D)를 「抱き合った」로 바꾸어 주어야 한다.

花子と田中は愛していた。(X)
花子と田中は愛し合っていた。(O)

(A)는 '~만에'라는 뜻이며 (B)는 '명사연결' 용법으로 사용되었다. (C)는 앞에 조사 「を」가 있기때문에 타동사인 「流す」를 사용하였으며 '동시동작'을 나타내는 「ながら」와 접속하여 「流しながら」가 되었다.(流れながら(X))

어휘 再会(さいかい)する 재회하다 親子(おやこ) 부모 자식 感激(かんげき) 감격 cf. 涙(なみだ)を流(なが)す 눈물을 흘리다 涙が流(なが)れる 눈물이 흐르다 お互(たが)いに 서로 抱(だ)く 껴안다 cf. 抱(いだ)く 뜻을 품다

해석 30년 만에 재회한 부모와 자식은 감격의 눈물을 흘리면서 서로 안았다.

19 문맥에 적절한 부사 ●●●●○

해설 시간이 있어서 자신의 의지로 일을 하는데 마지못해서 한다는 것은 말이 안 된다. (D)를 「さっさと 재빨리」 정도로 바꾸어 주면 무난하다. (B)와 관련된 관용 표현 「土壇場(どたんば)になる 막판에 이르다」도 알아두자.

어휘 土壇場(どたんば) 단두대, 마지막 순간 キャンセル 취소 = 取り消し(とりけし) 比較的(ひかくてき) 비교적 溜(た)まる 쌓이다 いやいや 마지못해 こなす 익숙하게 다루다, 처리하다

해석 화요일과 금요일에 들어가 있던 출장이 마지막 순간에 취소가 되었기 때문에 비교적 시간이 있어서, 쌓여있는 일을 재빨리 처리했다.

20 관용 표현의 올바른 형태 ●●●●●

해설 「人影(ひとかげ)が疎(まば)らだ 인적이 드물다」라는 표현을 묻는 문제이다. (A)는 '~이 되면'이라는 의미의 문형이며 「~ともなれば」로 바꾸어 쓸 수 있다. (C)는 「동사ます형」이나 '상태를 나타내는 명사'에 붙어서 '~정도'라는 의미를 가진다. 「ばかさ加減 어리석은 정도 腹の減り加減 배고픈 정도」(C) 앞의 「疎らさ」는 「疎らだ」라는 な형용사의 어미 「だ」를 「さ」로 바꾸어 명사화시킨 것이다. (D)는 뒤에 있는 「みたいだ」와 호응하여 '자못 ~인 듯하다'라는 의미로 쓰였다.

어휘 繁華街(はんかがい) 번화가 ~ともなると ~이 되면 疎(まば)らさ加減(かげん) 드문 정도 普段(ふだん) 평소, 보통 雰囲気(ふんいき) 분위기 非常(ひじょう)に 매우 違(ちが)う 다르다 いかにも 자못, 매우 街(まち) 거리

해석 번화가라고 하더라도 일요일 밤이 되면 인적이 드물고, 그 드문 정도가 보통의 분위기와 매우 다르기 때문에 자못 다른 거리에 있는 것 같다.

실전 모의고사 3회

3

1 A → 高くて	2 A → に	3 D → くれた	4 C → ビール
5 D → ところだった	6 B → 行く	7 D → 追い越されて	8 C → いて
9 A → 問いませんので	10 B → 届いた	11 A → 主人	12 D → お送りして
13 B → 腹	14 C → はおろか	15 B → 働くか	16 B → 手続き
17 D → やっと 또는 ようやく	18 B → 猛スピード	19 D → 首	20 D → 高騰

1 い형용사의 「て」형 ●○○○○

해설 い형용사의 「て」형을 묻는 문제이다. (B)는 '주체'를 나타내고 (D)는 い형용사의 기본형에 접속한 것으로 보아 '전문(~라고 한다)'의 용법임을 알 수 있으며 「らしい」로 바꾸어 넣어도 무방하다.

어휘 土地(とち) 토지 値段(ねだん) 값 高(たか)い 높다, 비싸다 普通(ふつう) 보통 なかなか 상당히

해석 서울은 토지 값이 비싸서 보통의 회사원이 집을 가지는 일은 상당히 어렵다고 한다.

2 조사 「に」를 수반하는 동사 ●○○○○

해설 「住む」는 조사 「に」를 수반하는 동사이다. 「なる」역시 「に」를 수반하는 동사이므로 (D)도 올바르다.

어휘 ゴミ 쓰레기 溜(た)まる 쌓이다

해석 1층에서 살고 있기 때문에 위층에서 떨어뜨린 물건이 쓰레기가 되어서 집 베란다 앞에 쌓인다.

3 수수표현의 이해 ●●○○○

해설 기뻐한 주체는 노인이므로 (D)를 「くれた」로 고쳐야 한다. (B)는 '동시동작' 용법으로 사용되었고 (C)는 「~(よ)うとする 하려고 하다」형태로 이상이 없다.(上がろうにする(X))

어휘 重(おも)い 무겁다, 중대하다 荷物(にもつ) 짐

お年(とし)より 노인 助(たす)ける 돕다 喜(よろこ)ぶ 기뻐하다

해석 무거운 짐을 들면서 계단을 오르려고 하는 노인을 도왔더니 기뻐해 주었다.

4 가타가나의 올바른 형태 ●●○○○

해설 「ビル 건물」와 「ビール 맥주」를 구분하는 문제이다. 이처럼 가타카나의 올바른 형태를 묻는 문제가 종종 출제되므로 평소에 공부할 때 가타가나의 형태를 눈여겨 볼 필요가 있다. (A)는 '과거에서 현재까지 ~해 오다'라는 의미이고, (B)는 '경험의 처음'을 뜻한다. (D)는 숫자 뒤에 붙어서 '~나'라는 의미로 사용된다.

어휘 付き合う(つきあう) 사귀다, 행동을 같이 하다 振(ふ)られる 차이다 生(う)まれる 태어나다

해석 5년간 사귀어 왔던 그녀에게 차여서 태어나서 처음으로 맥주를 5병이나 마셔 버렸다.

5 호응을 이루는 표현 찾기 ●●●○○

해설 문맥상 (D)에 '~할 뻔했다'라는 의미의 「ところだった」가 와야 함을 알 수 있다. 또 다른 힌트는 「危うく」라는 부사인데 「危うく」는 「ところだった」와 호응하여 「하마터면 ~할 뻔했다」라는 의미를 가진다. (A)는 '시간의 기점' 용법으로 사용되었으며, (B)는 뒤에 이어지는 문장이 좋지 않

은 내용이므로 적절하고(おかげで(X)), (C)는 '떠나는 대상' 용법으로 사용되었다.(で(X)) (KEY 27 참조)

어휘 雪(ゆき) 눈 ～せいで ～탓으로 危(あや)うく ～ところだった 하마터면 ～할 뻔했다 滑(すべ)る 미끄러지다

해석 어제부터 계속 내렸던 눈 탓에, 버스를 내릴 때 하마터면 미끄러질 뻔했다.

6 문형의 잘못된 접속형태 ●●●○○

해설 「～途中(とちゅう) ～도중」 앞에는 기본형이 오므로, (B)를 「行く」로 고쳐야 올바르다. (A)는 화자의 아들이므로 「さん」을 붙여서는 안 되며, (D)는 문맥상 적절한 부사이다.(ぴったり(X))

어휘 妻(つま) 아내 息子(むすこ) 아들 同級生(どうきゅうせい) 동급생 ばったり 갑자기 쓰러지는 모양, 뜻밖에 마주치는 모양 cf. ばったり倒(たお)れる 푹 쓰러지다 ばったり会(あ)う 딱 만나다

해석 아내와 둘이서 아들을 만나러 가는 도중, 고등학교 시절의 동급생을 딱 만났다.

7 수동형과 사역형의 구분 ●●●○○

해설 뒷사람에게 '추월시킨 것'이 아니라 '추월당한 것'이라고 해야 올바르므로 (D)를 수동형인 「追い越されて」로 바꾸어야 한다. (B)는 앞에 조사 「が」가 있으므로 자동사인 「脱(ぬ)げる」가 왔다 (脱いで(X)). (C)는 「동사ます형 + 続ける 계속 ～하다」라는 뜻이다.

어휘 一生懸命(いっしょうけんめい) 매우 열심히 脱(ぬ)げる 벗겨지다 cf. 脱(ぬ)ぐ 벗다 そのまま 그대로 走り続ける(はしりつづける) 계속 달리다 追い越す(おいこす) 앞지르다, 추월하다

해석 열심히 달려서 골인지점이 눈앞에 보였을 때, 구두가 벗겨져 버렸다. 그대로 계속 달렸지만 뒷사람에게 추월당해 버렸다.

8 「자동사て형 + いる」와 「타동사て형 + ある」의 구분 ●●●○○

해설 (C) 앞의 「植えられる」는 「植える」라는 타동사의 수동형이고, 타동사의 수동형은 자동사의 성질을 띠므로 (C)를 「いて」로 고쳐야 「자동사て형 + いる」꼴이 됨으로서 상태를 나타내게 된다. (A)는 뒤에 '심어져 있다'라는 상태표현이 왔으므로 적절하고(では(X)), (B)는 「～から～にかけて ～부터 ～에 걸쳐서」라는 문형의 일부분이다.

어휘 通(かよ)う 다니다 農場(のうじょう) 농장 大量(たいりょう) 대량 作物(さくもつ) 농작물 植(う)える 심다 日々(ひび) 날마다 研究(けんきゅう) 연구 使用(しよう) 사용

해석 대학 농장에는 봄부터 가을에 걸쳐서 대량의 농작물이 심어져 있어, 학생이나 교수가 날마다 연구에 사용하고 있다.

9 의심할 필요가 있는 동사의 긍정형태 ●●●○○

해설 문맥상 '성별, 연령을 묻기 때문에'가 아니라 '성별, 연령을 묻지 않기 때문에'로 고쳐야 자연스러운 문장이 된다. 따라서 (A)를 「問いませんので」로 바꾸도록 하자. 「～を問(と)わず ～를 불문하고」라는 문형을 알고 있었다면 쉽게 풀 수 있는 문제이다. (B)의 「でも」는 의문사에 붙어서 전면긍정을 나타내고, (C)는 앞에서 말한 사항을 부분적으로 부정하는 기능을 가지고 있는 접속사이다.

어휘 性別(せいべつ) 성별 年齢(ねんれい) 연령 問(と)う 묻다 通(とお)る 통과하다 cf. 通(とお)す 통과시키다 ただし 다만 外国人(がいこくじん) 외국인 例外(れいがい) 예외

해석 　여기는 성별, 연령을 묻지 않기 때문에 누구라도 자유롭게 통과할 수 있습니다. 다만, 외국인은 예외가 됩니다.

10 자·타동사의 구분 ●●●○○
해설 　(B) 앞에 조사 「が」가 있으므로(デジカメが) 자동사인 「届く」를 써야 한다. (A)는 「注文(ちゅうもん)」으로 바꾸어 써도 괜찮다. (D)는 앞에 「友だちに」가 있으므로 「くれる」로 바꾸어 쓰는 것은 불가능하다.
어휘 　発注(はっちゅう)する 발주하다, 주문하다 デジカメ 디지털 카메라 届(とど)ける 보내다, 신고하다 cf. 届(とど)く 닿다, 도달하다, 도착하다 使い方(つかいかた) 사용법 教(おし)える 가르치다 cf. 教(おそ)わる 가르침을 받다, 배우다.
해석 　주문한 디지털 카메라가 어제 도착했지만 사용법을 몰라서 친구가 가르쳐 줬다.

11 존경어와 겸양어의 이해 ●●●○○
해설 　'나와 관련된 사람(가족, 친척 등)'을 남에게 말할 때는 존경표현을 쓸 수 없는데, (A)가 지칭하는 것은 화자의 남편 즉, '나의 남편'이므로 존경의 접두어 「ご」를 뗀 「主人」으로 고쳐야 올바르다. (B)는 가타카나의 형태가 적절하며(フリ(X)), (C)는 「仕事」가 한자어이므로 「ご」가 와야 한다고 생각하기 쉬우나 한자어라 할지라도 일상생활에서 자주 사용하는 단어에는 「お」가 붙는다. 「お手紙、お時間、お弁当」 등도 함께 외워두도록 하자.
어휘 　知り合い(しりあい) 아는 사람 税金(ぜいきん) 세금 全然(ぜんぜん)〜ない 전혀 〜않다 払(はら)う 지불하다

해석 　남편의 아는 사람 중에 프리랜서로 일을 하고 있는 사람이 있습니다만, 이미 몇 년이나 세금을 전혀 지불하고 있지 않은 것 같습니다.

12 존경공식과 겸양공식의 구분 ●●●○○
해설 　분실물을 보내는 주체가 화자이므로 (D)에 겸양공식을 사용해야 한다. 겸양공식 「お + 동사ます형 + する」에 맞추어 「お送りして」로 고치도록 하자. (A)는 '〜에 따라서' (B)는 '〜한 후에' 라는 뜻이다.
어휘 　紛失(ふんしつ) 분실 物品(ぶっぴん) 물품 拾得(しゅうとく) 습득 規定(きてい) 규정 〜に従(したが)って 〜에 따라서 人的事項(じんてきじこう) 인적사항 確認(かくにん) 확인 〜うえで 〜한 후에 居住地(きょじゅうち) 거주지 送(おく)る 보내다
해석 　분실한 물품을 습득한 경우, 당사의 규정에 따라서 분실하신 손님의 인적사항을 확인한 후에 거주지에 무료로 보내드리고 있습니다.

13 관용표현의 올바른 형태 ●●●○○
해설 　「頭を立てる」라는 표현은 없다. (B)를 「腹」로 바꾸어 「腹を立てる 화를 내다」라는 관용표현을 써야 올바르다. (A)는 「些細(ささい)だ 사소하다」라는 な형용사가 명사를 수식하는 형태이므로 적절하고, (C)는 「器(うつわ)が小さい 그릇이 작다」라는 표현의 일부분이며, (D)는 앞에 있는 「さぞ」와 호응하여 '필시 〜일 것이다' 라는 의미를 가진다.
어휘 　腹(はら)を立(た)てる 화를 내다 = 頭(あたま)に来(く)る 人物(じんぶつ) 인물
해석 　그런 사소한 일로 화를 내다니 그는 필시 그릇이 작은 인물일 것이다.

14 형태가 살짝 바뀐 문형 찾기 ●●●○○

해설 「~はおろか ~はころか」이라는 문형을 묻는 문제이다. 문형을 공부할 때 문형의 형태를 정확하게 숙지해 놓지 않았다면, 답 찾기가 쉽지 않았을 것이다. 비슷한 문형으로 「~どころか」가 있으니 함께 알아두자. (A)는 동사기본형에 접속하여 '~하자마자'라는 의미를 나타내며, (D)는 앞에 있는 「すら」와 호응하여 '~조차 할 수 없다'라는 의미를 나타낸다.

어휘 病気(びょうき)にかかる 병에 걸리다

해석 그는 일본에 가자마자 무거운 병에 걸려, 걷는 것은커녕 일어나는 것조차 할 수 없다.

15 의문사의 제약을 받는 「~かどうか」 ●●●○○

해설 「~かどうか ~일지 아닐지」라는 문형은 의문사와 함께 사용할 수 없으므로 (B)에서 「どうか」를 생략해야 한다.
いつ行くかどうか分かりません。(X)
→ 의문사가 있음
いつ行くか分かりません。(O)
(A)는 「~後で ~한 후에」라는 문형에 접속하는 형태이므로 과거형이 온 것은 올바르며(する(X)), (D)는 '~할 필요는 없다'라는 의미이며 동사기본형에 접속한다.

어휘 卒業(そつぎょう) 졸업 働(はたら)く 일하다, 작용하다 決(き)める 정하다 返事(へんじ) 대답, 답장 急(いそ)ぐ 서두르다

해석 대학을 졸업한 후에 어떤 회사에서 일을 할지 아직 정하지 않았기 때문에 대답을 서두를 필요는 없다.

16 말도 안되는 명사 찾기 ●●●●○

해설 「手(て)がかり」는 '단서, 실마리'라는 의미이다. (B)를 「手続(てつづ)き 수속, 절차」로 바꾸어야 문맥이 통한다. (A)의 「際(さい)」는 「時」보다 딱딱한 문어체 표현이다.

어휘 入国(にゅうこく) 입국 手(て)がかり 단서, 실마리 手続(てつづ)き 수속, 절차 指紋(しもん) 지문 顔写真(かおじゃしん) 얼굴사진

해석 미국에 입국할 때에 필요한 절차는 우선 지문을 채취하고, 그리고 카운터 위에 있는 카메라로 얼굴사진을 촬영하는 것입니다.

17 부사의 뉘앙스 구분 ●●●○○

해설 「とうとう」는 '실현이 어려운 일'에 사용되는데 '1시간 기다려서 전철이 오는 일'은 실현이 어려운 일이라고 볼 수 없다. 따라서 (D)를 「やっと」나 「ようやく」 정도로 바꾸어 주어야 올바르다.
10年にわたった研究がとうとう終わった。(O)
→ 실현이 어려운 일
(B)는 '도착점'을 뜻하는 「まで」에, 뒤에 있는 명사(切符)를 수식하는 형태이므로 「の」가 붙은 것이며, (C)는 숫자 뒤에 붙어서 '~나'라는 의미로 사용되었다.

어휘 切符売り場(きっぷうりば) 매표소 とうとう 드디어, 결국

해석 매표소에서 도쿄 역까지의 표를 사서 1시간이나 기다리고 있었더니 겨우 전철이 왔다.

18 올바른 접두어 찾기 ●●●●○

해설 스피드에 '크다'는 의미의 「大」를 붙이는 것은 말이 안 된다. '맹렬함'을 뜻하는 접두어 「猛」가 필요하다. 이밖에 「猛練習(もうれんしゅう) 맹연습 猛反対(もうはんたい) 맹반대」도 함께 알아두자. (C)는 파트 1 사진묘사에서 '(배를) 젓

다'라는 의미로도 종종 출제된다.
　　2人は船を漕(こ)いでいるところです。
　　두 사람은 배를 젓고 있는 중입니다.
어휘　細(ほそ)い 가늘다, 좁다　小道(こみち) 좁은 길　差掛(さしかか)る 접어들다　猛(もう)スピード 맹렬한 스피드　漕(こ)ぐ 배를 젓다, 발을 구르다　腕(うで) 팔목, 솜씨 cf. 腕が上(あ)がる 솜씨가 늘다　腕(うで)に覚(おぼ)えがある 솜씨에 자신이 있다
해석　좁은 길에 접어들었을 때 뒤에서 맹렬한 스피드로 자전거의 페달을 밟고 있는 남자에게 팔목을 붙잡혔다.

19 관용 표현의 올바른 형태 ●●●●○
해설　「頭を傾げる」라는 표현은 없다. (D)를 「首」로 바꾸어서, 「首(くび)を傾(かし)げる 의아해하다」라는 표현으로 만들어주자.
　　「首 목 傾げる 기울이다, 갸웃하다 → 고개를 갸웃하다 → 의아해하다」
　　(A)와 (B)는 「手(て)を変(か)え品(しな)を変(か)え 이 수단 저 수단을 다해서」라는 관용표현의 일부분이고 (C)는 앞에 조사 가 있으므로 자동사인 「解ける」를 쓴 것은 적절하다.
어휘　問題(もんだい)が解(と)ける 문제가 풀리다
　　cf. 問題を解(と)く 문제를 풀다　誤解(ごかい)が解(と)ける 오해가 풀리다
해석　그녀는 이 수단 저 수단을 다 해도 문제가 풀리지 않아, 의아해하고 있다.

20 살짝 바뀐 2자 한자 찾기 ●●●○○
해설　「沸騰(ふっとう)」는 '물이나 비난 따위가) 끓어오름'을 뜻하는데, 물가의 오름을 나타낼 때는 「高騰(こうとう)」라는 표현을 사용한다. (A)는 「～うえ(に) ～인데다가」라는 문형으로서 이상이 없고 (B)는 앞에 조사 「が」가 있으므로 자동사인 「重なる」가 왔다. (重(かさ)ねた(X)) (C)는 「～ため(に)」의 용법 중 '이유'를 나타낸다.
어휘　石油(せきゆ) 석유　需要(じゅよう) 수요　増(ふ)える 늘다, 증가하다　産油国(さんゆこく) 산유국　政治不安(せいじふあん) 정치불안　重(かさ)なる 겹쳐지다　価格(かかく) 가격　沸騰(ふっとう) (물이나 비난 따위가) 끓어오름
해석　석유수요가 증가하고 있는데다가 산유국 측의 정치 불안이 겹쳤기 때문에 석유가격의 인상이 계속되고 있다.

실전 모의고사 4회

4

1 B → 中	2 D → 着く	3 A → 多くの	4 D → しまいました
5 C → もらった	6 D → 始めました	7 D → 走る	8 C → うちに
9 C → までには	10 D → なりかねない	11 C → 一方	12 D → が
13 D → 見晴らし	14 D → おくびにも	15 B → 乗れない	16 A → 耐えかねて
17 D → 塞がらない	18 D → 落ちた	19 C → 弱音	20 D → 射て

1 말도 안 되는 명사 찾기 ●○○○○

해설 어떻게 가방 위에 지갑이 들어갈 수 있겠는가? 당연히 가방 안에 들어가야 하므로 (B)를 「中」로 바꾸자. 문장 끝이 과거형으로 끝났으므로 (A)에 올 수 있는 가정법은 「開けると」와 「開けたら」뿐이다. (C)는 「小さい」와 유사한 의미이며, 자체로 명사수식이 가능하다. (D)는 「자동사て형 + いる」꼴로서 상태를 나타낸다.

어휘 開(あ)ける 열다 cf. 開(あ)く 열리다 小(ちい)さな 작은 財布(さいふ) 지갑

해석 가방을 열었더니 그 안에 작은 지갑이 들어 있었습니다.

2 동사의 명사 수식 형태 ●○○○○

해설 동사가 명사를 수식할 때는 바로 수식하므로 (D)에서 불필요한 「の」를 삭제하여야 한다. (A)는 '속도가 빠르다'는 뜻이고 '시간이 이르다'라는 「早い」와의 구분이 필요하다.

어휘 速(はや)い 빠르다 列車(れっしゃ) 열차 駅(えき)を出(で)る 역을 출발하다 着(つ)く 도착하다

해석 한국에서 가장 빠른 「KTX」라는 열차는 서울역을 오전 10시에 출발해서 부산역에 오후 1시에 도착할 예정입니다.

3 전성명사의 이해 ●●○○○

해설 전성명사 「多い」가 단독으로 명사(ダイエット方法)를 수식하는 형태이므로 (A)를 「多くの」로 바꾸어야 올바르다. (B)와 같은 기본적인 가타카나의 형태는 확실히 익혀둘 필요가 있다.(ダイエート(X))

어휘 多(おお)い 많다 紹介(しょうかい) 소개 結局(けっきょく) 결국 消費(しょうひ) 소비 摂取(せっしゅ) 섭취 少(すく)ない 적다 瘠(や)せる 살이 빠지다, 여위다

해석 많은 다이어트 방법이 소개되어 있습니다만, 결국은 소비 칼로리보다 섭취하는 칼로리가 적으면 살이 빠지는 것입니다.

4 시제의 일치 ●●○○○

해설 문장 안에 「この前(まえ) 요전」라는 과거를 명시하는 단어가 있으므로 동사의 시제는 과거가 되어야 한다. 따라서 (D)를 「しまいました」로 고치자. (C)는 바로 명사를 수식할 수 있으며 「大きい」로 바꾸어 써도 괜찮다.

어휘 言葉(ことば) 말 聞き取る(ききとる) 알아듣다 ～にくい ～힘들다 間違(まちが)い 잘못, 실수

해석 우리 딸은 아직 말을 알아듣기 힘이 드는지, 요전에 큰 실수를 해 버렸습니다.

5 「受ける」와 「もらう」의 구분 ●●○○○

해설 「うける」는 '외부에서 가해지는 어떠한 작용을 받을 때' 「もらう」는 '눈에 보이는 구체적인 사

물을 받거나 호의를 받을 때' 사용하는데, '선물'은 눈에 보이는 구체적인 사물이므로 (C)를 「もらった」로 고쳐야 한다.

어휘 喜(よろこ)ぶ 기뻐하다 姿(すがた) 모습 なんだか 왠지 気(き)がする 느낌이 들다

해석 아이가 기뻐하는 모습을 보고 있으면 왠지 최고의 선물을 받은 것 같은 느낌이 듭니다.

6 자·타동사의 구분 ●●○○○

해설 조사「を」나「が」다음에 있는 동사에 밑줄이 그어져 있다면 대부분 자·타동사의 구분을 묻는 문제라고 보면 된다. (D) 앞에 조사「を」가 있으므로 타동사인「始める」를 써야 올바르다. (A)는 '시간의 기점'을 나타내고 (C)는 명사에 붙어서 '~뿐, 만'이라는 뜻이다.

어휘 夢見(ゆめみ)る 꿈을 꾸다 目指(めざ)す 지향하다, 목표로 하다 事業(じぎょう) 사업

해석 어린 시절부터 꿈꿔 왔던 꿈을 목표로 하여 이번 달부터 친구와 둘이서 사업을 시작했습니다.

7 문형의 잘못된 접속형태 ●●●○○

해설 「~ことができる ~할 수 있다」앞에는 반드시 동사기본형이 와야 한다. 자칫 잘못하면 「走れることができる」처럼 이중 가능을 쓰는 실수를 범하기 쉽다. (B)는 '~는 (논의의 대상으로부터 제외하고) 어쨌든'이라는 의미이며 「~はとにかく」라고도 한다. (C)는 부정과 호응하여 '제대로 ~ 않다'라는 뜻이다.

어휘 車道(しゃどう) 차도 両端(りょうたん) 양단, 양쪽 가장자리 適法(てきほう) 적법 違法(いほう) 위법 駐車(ちゅうしゃ) 주차

해석 차도의 양쪽 가장자리는 적법인지 위법인지는 어쨌든, 주차되어 있는 자동차로 제대로 달릴 수가 없다.

8 형태가 살짝 바뀐 문형 찾기 ●●●○○

해설 「~うちに ~동안에」라는 문형을 묻고 있다. (A)는 '출발하다'라는 의미로 쓰였다.

어휘 電車(でんしゃ)が出(で)る 전철이 출발하다 余裕(よゆう) 여유 寄(よ)る 들르다

해석 전철이 출발하기까지 아직 여유가 있으니까 지금 백화점에 들러서 선물을 사 놓으면 어떨까요?

9 「まで」와「までに」의 구분 ●●●○○

해설 「まで」와「までに」의 차이점을 묻는 문제이다. 「まで」는 어떠한 행위가 '그 시점까지 계속 행해짐'을, 「までに」는 어떠한 행위가 '늦어도 그 시점 이전에 끝나면 된다'는 것을 의미한다. 해석해 보면, 늦어도 오후 1시 이전에 점심을 먹어 놓으면 된다는 의미이므로 (C)를 「までには」로 고쳐야함을 알 수 있다. (D)의「おく」는 보조동사로 사용되었다. 파트 5 (정답찾기)에서 본동사로 쓰인「おく」와 보조동사로 쓰인「おく」를 구분하는 문제가 종종 출제되는데, 「おく」가 단독으로 있으면 본동사, 「~ておく」형태로 있으면 보조동사 사용법이다.

어휘 予定(よてい) 예정 昼食(ちゅうしょく) 점심

해석 오후 1시 반부터 2시간 반 정도 회의가 계속될 예정이니 오후 1시까지는 점심을 먹어 두세요.

10 문형의 잘못된 접속형태 ●●●○○

해설 「~かねない ~일지도 모른다」라는 문형의 접속형태를 알고 있는지 묻고 있다. 「~かねない」는 「동사ます형」에 접속하므로 (D)를 「なりかねない」로 고쳐야 한다. 「~かねる ~하기 어렵다」와의 구분을 묻는 문제도 종종 출제되니 혼동하지 말도록 하자. (A)는 な형용사가 명사를 수식하는 형태이므로 올바르고 (C)는 「取り返し(とりかえし)がつかない 돌이킬 수 없다」라는 표현의 일부

분이다.

어휘 無法(むほう)だ 도리나 도덕에 어긋나고 난폭하다 軍事占領(ぐんじせんりょう) 군사점령 協力(きょうりょく) 협력 加担(かたん) 가담 自衛隊(じえいたい) 자위대 派兵(はへい) 파병 駐留(ちゅうりゅう) 주류 犠牲(ぎせい)をもたらす 희생을 초래하다

해석 일본이 미국을 따라 도리에 어긋난 군사점령에 협력, 가담하기 위해서 자위대의 파병, 주류를 계속하면 일본과 이라크 양 국민에게 돌이킬 수 없는 희생을 초래하는 것이 될 지도 모른다.

11 형태가 살짝 바뀐 문형 찾기 ●●●○○

해설 (C)에「~一方(で) ~하는 한편」라는 문형이 와야 올바른 문장이 된다. (A)는 '~해야 한다'라는 당위성을 나타내는 문형이고 동사 기본형에 접속한다.

어휘 伝統(でんとう) 전통 守(まも)る 지키다 ~べきだ ~해야 한다 縛(しば)る 묶다, 구속하다 無意味(むいみ) 무의미

해석 「전통은 지켜가야 한다」라는 생각을 가지고 있는 사람들이 있는 한편, 전통에 얽매이는 것은 의미가 없다고 생각하는 사람들도 있다.

12 자·타동사의 구분 ●●●○○

해설 「覚(さ)める」는 자동사이므로 (D)를 「が」로 바꾸어야 한다. 「気付く」는 「に」를 수반하는 동사이므로 (A)는 올바르며, (C)는 「直前(ちょくぜん)」과 비슷한 의미이다.

어휘 終点(しゅうてん) 종점 到着(とうちゃく) 도착 気(き)づく 깨닫다, 알아차리다 うとうと 꾸벅꾸벅 居眠(いねむ)りする 앉아 졸다 発車(はっしゃ) 발차 寸前(すんぜん) 직전 目が覚(さ)める 눈이 떠지다 cf. 目を覚(さ)ます 눈을 뜨다 急(いそ)ぐ 서두르다

해석 전철이 종점에 도착한 것을 깨닫지 못하고 꾸벅꾸벅 졸고 있었습니다만, 발차 직전에 갑자기 잠이 깨서 서둘러 내렸습니다.

13 문맥에 적절한 명사 찾기 ●●●○○

해설 「見込み 전망(앞날을 미리 내다봄)」과 「見晴らし 전망(멀리 바라다 보이는 풍경)」을 구분하는 문제이다. (A)는 뒤에 수동형이 있으므로 적절하고, (C)는 앞에 조사 「が」가 있으므로 자동사인 「広がる」가 왔다.(広げる(X))

어휘 公園(こうえん) 공원 囲(かこ)む 둘러싸다 山沿(やまぞ)いに 산을 따라서 広(ひろ)げる 넓히다, 펼치다 cf. 広(ひろ)がる 넓어지다, 펼쳐지다 美(うつく)しい 아름답다

해석 공원에 둘러싸인 산을 따라서 멀리 해변이 펼쳐지는 매우 아름다운 전망입니다.

14 관용표현의 올바른 형태 ●●●○○

해설 「おくびにも出(だ)さない 내색도 하지 않다」라는 관용표현을 묻는 문제이다.
「おくび 트림 出さない (소리를) 내지 않다 → 트림으로도 내지 않다 → 내색도 하지 않다」
트림조차 내지 않을 정도로, 입 밖으로 내지 않고 깊숙이 감춘다는 의미이다.
여기서 「も」는 트림이라는 극단적인 예를 들어서 '아무 말도 하지 않는다'라는 의미를 강조하고 있기 때문에 생략이 불가능하다. (A)는 한자 그대로 읽어서 '고교시대'라고 하면 이상한 듯 하지만 올바른 일본식 표현이다.(高校時節(X)) (B)가 받는 것은 '담배를 피우는 행위' 즉 '추상적인 일'이므로 이상이 없다.(もの(X))

어휘 高校時代(こうこうじだい) 고등학교 시절 タバコ
を吸(す)う 담배를 피다 = タバコを吹(ふ)かす
해석 그는 고등학교 시절부터 담배를 피워 왔던 것을
부모님의 앞에서는 내색도 하지 않았다.

15 동사 기본형과 가능형의 구분 ●●●○○
해설 문맥상 '한 명밖에 타지 않다'가 아니라 '한 명
밖에 탈수 없다'가 적절하므로 (B)를 「乗れない」
로 고쳐야 한다. (A)는 뒤에 「ある」라는 상태 동
사가 있으므로 적절하다.(では(X))
어휘 法律(ほうりつ) 법률 緊急避難(きんきゅうひなん)
긴급피난 遭難(そうなん) 조난 群(むら)がる 군집
하다, 떼를 지어 모이다 やむをえず 어쩔 수 없이
命(いのち)を守(まも)る 생명을 지키다 溺(おぼ)
れる 물에 빠지다 見殺(みごろ)し 죽게 내버려둠
無罪(むざい) 무죄
해석 법률에는 긴급피난이라는 것이 있어서 바다에서
조난돼서 한 명밖에 탈 수 없는 보트에 몇 명인
가가 떼를 지어 모였을 때에는 어쩔 수 없이 자
신의 생명을 지키기 위해서 물에 빠진 사람들을
죽게 내버려두었다 하더라도 무죄가 된다.

16 혼동하기 쉬운 문형 ●●●○○
해설 「～かねない ～일지도 모른다」와 「～かねる ～하
기 어렵다」의 구분을 묻는 문제이다. 문맥상 '폭
력에 견딜지 몰라서의 자살'이 아니라 '폭력에
견디기 힘들어서의 자살'이 올바르므로 (A)를
「耐えかねて」로 고쳐야 한다. (B)는 「見る」의 수
동형이고 (C)는 뒤에 「殺される」라는 수동형이
있으므로 이상이 없다.
어휘 死(し) 죽음 暴力(ぼうりょく) 폭력 「동사ます형
+ かねない ～일지도 모른다 反発(はんぱつ)を招
(まね)きかねまい 반발을 초래할지도 모른다」 「동
사ます형 + かねる ～하기 어렵다 暴力(ぼうりょ
く)に耐(た)えかねる 폭력에 견디기 힘들다」 自殺
(じさつ) 자살 見(み)られる 보이다 殺(ころ)す
죽이다 明(あき)らかになる 밝혀지다
해석 그 초등학생의 죽음은 부모의 폭력에 견디기 힘
들어서의 자살로 보였지만, 실은 부모에게 살해
당한 것이 밝혀졌다.

17 관용 표현의 올바른 형태 ●●●●○
해설 「開(あ)いた口が塞(ふさ)がらない 벌어진 입이
다물어지지 않는다」라는 관용표현을 묻는 문제
이다.
「開く 열리다 口 입 塞がらない 막히지 않는다,
닫히지 않는다 → 열린 입이 닫히지 않는다 →
어이가 없어서 입이 다물어지지 않는다」
놀라거나 기가 막힐 때 입이 다물어지지 않는 데
에서 나온 표현이다. (A)는 '～주제에'라는 뜻으
로 「のに」로 바꿔 넣기가 가능하다. (B)는 「口を
出す 말참견을 하다」라는 관용표현의 일부분이
며(手(X)), (C)는 「呆(あき)れる 어이가 없다」라
는 동사의 ます형에 「～果(は)てる 매우 ～하다」
가 접속된 형태이다.
어휘 ろくに～ない 제대로 ～않다 ～くせに ～인 주제
에 しょっちゅう 항상 呆れ果てる(あきれはてる)
매우 어이가 없다
해석 스즈키 부장은 일도 제대로 하지 않는 주제에 항
상 부하의 일에 참견한다. 어이가 없어서 입이
다물어지지 않는다.

18 관용 표현의 올바른 형태 ●●●●○
해설 「目から鱗(うろこ)が落ちる 시야가 확 트이다」
라는 관용표현을 묻는 문제이다.
「目 눈 鱗(うろこ) 비늘 落(お)ちる 떨어지다 →
눈에서 비늘이 떨어지다 → 시야가 확 트이다」
신약성서의 '사도행전'에서 나온 말로, 눈이 보이

지 않던 '바울'이라는 사람의 눈에서 비늘이 떨어져 눈이 다시 보이게 되었다는 데에서 유래된 말이다. 눈에 붙어 장애가 되던 비늘이 떨어지듯이 어떤 일이 계기가 되어 지금까지 몰랐던 것을 갑자기 알게 되었다는 의미. (A)는 '~를 통해서'라는 뜻이며「~を通(とお)して」로 바꾸어 쓸 수 있다.

어휘 講座(こうざ) 강좌 ~を通(つう)じて ~를 통해서 ~にとって ~에 있어서 今後(こんご) 금후, 앞으로 課題(かだい) 과제 留意点(りゅういてん) 유의점

해석 이 강좌를 통해서 자신에게 있어서의 앞으로의 과제나 유의점이 보였습니다. 「시야가 확 트였다」고 할 수 있겠지요.

19 관용 표현의 올바른 형태 ●●●●○

해설 「弱音(よわね)を吐(は)く 약한 소리를 하다」라는 관용표현을 묻는 문제이다. (D)는 「~わけに(は)いかない ~할 수는 없다」라는 문형으로 (D)를 정답으로 고른 사람은 「は」가 생략가능하다는 사실을 몰랐기 때문일 것이다.

어휘 反対(はんたい) 반대 押し切る(おしきる) 무릅쓰다 ちょっとした 대수롭지 않은 夫婦喧嘩(ふうふげんか) 부부싸움 弱音(よわね)を吐(は)く 약한 소리를 하다 実家(じっか) 생가, 친정

해석 어머니와 오빠의 반대를 무릅쓰고 그와 결혼한 이상, 대수롭지 않은 부부싸움으로 약한 소리를 하고 친정으로 돌아갈 수는 없다.

20 관용 표현의 올바른 형태 ●●●○○

해설 「的(まと)を射(い)る 정곡을 찌르다」라는 관용 표현을 묻고 있다.

「的 과녁, 요점 射る 쏘다 → 과녁의 한가운데를 쏘다 → 요점을 찌르다, 정곡을 찌르다」

「的」는 원래 과녁을 의미한다. 양궁 과녁을 보면 가장 가운데에 있는 작은 원이 10점짜리인데 이 부분이 작고 맞추기 어렵다는 데에서 '요점, 핵심'이라는 의미가 생겼다.

「ながら」가 い형용사에 접속할 때에는 기본형에 그대로 접속하며 무조건 '역접' 용법이 된다. 참고로, 「ながら」는 '동시동작, 역접, 상태,'의 세 가지 용법을 가지고 있는데 자세히 살펴보면,

音楽を聞きながら勉強をします。→ 동시동작
음악을 들으면서 공부를 합니다.

狭いながらようやく自分の家を手にいれた。
→ 역접(い형용사에 접속하였으므로 무조건 역접)
좁지만 겨우 자신의 집을 손에 넣었다.

母は涙ながらに娘を叱った。→ 상태
어머니는 눈물을 흘리면서 딸을 꾸짖었다.

시험에는 역접과 상태 용법이 자주 출제되는데, 상태 용법은 「生(う)まれながら 태어나면서부터, 昔(むかし)ながら 옛 모습 그대로, 涙(なみだ)ながら 눈물을 흘리면서」의 3가지만 알고 있어도 충분하다.

어휘 無神経(むしんけい) 신경을 쓰지 않음 意地悪(いじわる) 심술궂음, 심술쟁이 cf. 意地(いじ)を張(は)る 고집을 부리다 何(なん)とも 정말로, 참으로 酷(ひど)い 심하다 血液型性格診断(けつえきがたせいかくしんだん) 혈액형 성격진단 振(ふ)り返(かえ)る 뒤돌아 보다, 회고하다 恥(は)ずかしい 부끄럽다 = 顔(かお)から火が出る 当(あ)てる 맞히다, (불, 햇볕 따위를) 쬐다

해석 신경을 안 쓰고 심술쟁이이고 자신의 일밖에 생각하지 않는다. 참으로 심한 B형의 혈액형 성격 진단이지만 자신을 되돌아보면 부끄럽지만 정곡을 찌르고 있는 것을 깨닫는다.

실전 모의고사 5회

5

1 A → 行った	2 A → は 삭제	3 C → お母さん	4 C → が
5 D → ところだった	6 C → お祝い	7 A → 太い	8 A → にともなって
9 C → つまり	10 B → ような	11 D → 逃げられた	12 C → わりに
13 B → 撮られて	14 A → あまりの	15 B → ついている	16 C → にもまして
17 C → 境	18 D → いられなくなります	19 D → 見過ごして	20 A → 生死

1 시제의 일치 ●○○○○

해설 「昨日」라는 과거를 명시하는 단어가 있으므로 A)를 「行った」로 고쳐야 한다. (D)는 뒤에 있는 명사(場所)를 수식하는 형태이므로 「ぐらい」에 「の」가 붙었다. 「ぐらい」 대신에 「ほど」로 바꾸어 써도 무방하다.

어휘 어제 아버지와 갔던 가게는 지금 살고 있는 곳에서 걸어서 15분 정도의 장소에 있다.

2 불필요한 조사 삭제 ●●○○○

해설 (A)가 있을 필요가 없으므로 삭제시키면 자연스러운 문장이 된다. (B)는 「～てから ～하고나서, ～한 후에」에 밑줄이 그어진 형태이다.

어휘 シャワーを浴(あ)びる 샤워를 하다 cf. 注目(ちゅうもく)を浴(あ)びる 주목을 받다 脚光(きゃっこう)を浴(あ)びる 각광을 받다 夕食(ゆうしょく)をとる 저녁밥을 먹다

해석 매일 학교에서 돌아온 후에 샤워를 하고 음악을 들으면서 저녁밥을 먹습니다.

3 존경표현과 겸양표현의 구분 ●●○○○

해설 (C)가 가리키는 것은 남자아이의 어머니이므로 「お母さん」으로 고쳐야 한다. (A)는 '한정' 용법으로 사용되었고, 「乗る」는 「に」를 수반하는 동사이므로 (B)는 올바르다.

어휘 幼稚園(ようちえん) 유치원 席(せき)に座(すわ)る 자리에 앉다

해석 혼자서 전철을 타고 있었는데, 유치원 정도의 남자아이와 그 어머니가 자리에 앉아 있었다.

4 의문사에 「は」는 접속불가 ●●○○○

해설 의문사 뒤에 「は」가 온 (C)가 이상하다. 「が」로 고치자. (B)는 「つける 켜지다」의 ます형에 「～っぱなし ～한 채로 (같은 상태가 줄곧 계속됨)」가 결합된 형태이고 (D)는 앞에 「電灯を」가 생략되어 있다고 볼 수 있으므로 타동사를 쓴 것은 적절하다.

어휘 電灯(でんとう)をつける 전등을 켜다 cf. 電灯(でんとう)を消(け)す 전등을 끄다

해석 어제부터 교실의 전등이 켜진 채로 되어 있습니다만, 누가 켰습니까?

5 형태가 살짝 바뀐 문형 찾기 ●●○○○

해설 「～ところだった ～할 뻔했다」라는 문형을 묻는 문제인데, 탁음의 유무로도 함정을 파니 주의하기 바란다. 참고로 「ところ」가 들어가는 문형 중 「～どころではない ～할 상황이 아니다, ～할 여유가 없다」와 「～どころか ～는커녕」만 탁음이 있는 문형이니 조심하도록 하자. (B)는 '～이지만'이라는 뜻으로 역접을 나타내며 (C)는 「バース」로 바꾸어 놓고 출제된 적이 있다.

218_ JPT

어휘 　気が付(つ)く 깨닫다, 주의가 미치다, 생각이 나다 ～ものの ～이지만 危(あや)うく～ところだった 하마터면 ～할 뻔했다 忘(わす)れる 잊다, 잊고 오다

해석 　내릴 때에 생각이 나서 다행이었지만 하마터면, 여자 친구가 준 선물을 버스 안에 잊고 올 뻔했다.

6 문맥에 맞는 명사 찾기 ●●●○○

해설 　「お礼(れい)を言う」는 '사례를 표하다' 라는 뜻으로서 문맥상 올바르지 않다. (C)를 「お祝(いわ)い」로 고쳐 「お祝いを言う 축하의 말을 하다」로 만들어 주자. (A)는 '동격' 용법으로 쓰였다.

어휘 　親友(しんゆう) 친한 친구 一流大学(いちりゅうだいがく) 일류대학 受(う)かる 합격하다

해석 　나의 친한 친구인 스기무라가 일류대학에 합격해서 축하의 말을 했다.

7 혼동하기 쉬운 い형용사 ●●●○○

해설 　'선'은 굵거나 가늘다고 하지, 넓다고 표현하지 않는다. 따라서 (A)를 「太(ふと)い」로 고쳐야 올바르다. (B)는 '여기'라는 뜻이 아니라, '최근'이라는 뜻이고 (C)는 「販売数(はんばいすう)」로 바꾸어 써도 이상이 없다.

어휘 　広(ひろ)い 넓다 曲線(きょくせん) 곡선 クーラー 에어컨 販売量(はんばいりょう) 판매량 示(しめ)す 나타내 보이다, 가리키다

해석 　이 굵은 곡선은 최근 10년간의 에어컨 판매량을 나타내 보이고 있다.

8 형태가 살짝 바뀐 문형 찾기 ●●●○○

해설 　「～に伴(ともな)って ～에 따라서」라는 문형의 정확한 형태를 모르면 맞추기 힘든 문제이다. (B)는 '～에서도' (C)는 '～을 비롯하여'라는 뜻이며, (D)는 앞에 있는 조사 「が」에 맞추어 자동사가 왔다.(高めて(X))

어휘 　国際化(こくさいか) 국제화 学(まな)ぶ 배우다 熱意(ねつい) 열의 高(たか)まる 높아지다 cf. 高(たか)める 높이다

해석 　국제화에 따라서 해외에서도 아시아 각국을 비롯하여 많은 나라에서 일본어를 배우고 싶어하는 열의가 높아지고 있습니다.

9 잘못된 접속사 찾기 ●●●○○

해설 　문장을 그대로 놓고 해석하면 전혀 문맥이 통하지 않음을 알 수 있다. 문맥의 흐름으로 보아 (C)를 「つまり 즉, 결국」 정도로 바꾸어야 한다. (A)를 「持って歩く」로 바꾸어야 한다고 생각한 사람도 있을 것 같은데 「持ち歩く」는 복합동사로서 아무런 문제가 없다. (B)는 '비가 계속 쏟아지는 소리'를 의미하는 적절한 의성어이다.

어휘 　持ち歩く(もちあるく) 가지고 다니다 ざあざあ 몹시 비가 오는 소리, 좍좍

해석 　우산을 가지고 다니면 왠지 비가 오지 않습니다만, 가지고 있지 않을 때는 좍좍 내립니다. 즉 비가 올 때는 우산이 없는 경우가 많습니다.

10 호응하는 표현 ●●●○○

해설 　문장 안에 「まるで」가 있으므로 뒤에는 호응을 이루는 「～(かの)ようだ」가 와야 하고, (B)가 뒤에 있는 명사(視線)를 수식하는 형태이므로 (B)를 「ような」로 바꾸어야 한다. (D)는 「近い、遠い」와 성질이 같은 전성명사이지만 명사를 수식하고 있지 않으므로 형태가 바뀔 필요가 없다.

어휘 　まるで～(かの)ようだ 마치 ～인 듯하다 汚(けが)らわしい 더럽다, 추접스럽다 視線(しせん) 시선 蔑(さげす)む 경멸하다 喫煙者(きつえんしゃ) 흡연자 案外(あんがい) 의외다, 뜻밖이다

해석 담배를 피우는 사람을 마치 더러운 것을 보는 듯한 시선으로 경멸하는 비흡연자가 의외로 많다.

11 사역형과 수동형의 구분 ●●●○○
해설 문맥상 '도망치게 시킨 것'이 아니라 '도망침을 당한 것'이 타당하므로 (D)를 수동형으로 바꿔야 한다. (C)는 '일방성'을 나타내는 조사이므로, 앞차가 내 차를 일방적으로 부딪쳤다는 것을 뜻하며 '쌍방성'을 나타내는 조사 「と」를 쓰면 앞차와 내차가 서로 부딪쳤다는 것을 뜻하게 된다.
어휘 ぶつかる 부딪히다 謝(あやま)る 사과하다 逃(に)げる 도망가다
해석 비가 오는 날, 차를 운전하고 있었는데 앞의 차가 갑자기 후진을 해 와서 내 차의 보닛에 부딪쳤다. 나와서 사과하는 것인가하고 생각했더니 도망쳐버렸다.

12 문맥에 맞는 문형 찾기 ●●●○○
해설 '나이 덕택에 젊게 보이는 사람들'은 어딘가 어색하다. '나이에 비해서 젊게 보이는 사람들'이 자연스러우므로 (C)를 「~わりに ~に比べて」로 고치자. (D)는 「気を使う 신경을 쓰다」라는 관용표현의 일부이다.
어휘 生命(せいめい) 생명 源(みなもと) 원천 病気(びょうき) 병 予防(よぼう) 예방 老化防止(ろうかぼうし) 노화방지 役立(やくだ)つ 도움이 되다, 유익하다 ~おかげで ~덕택으로
해석 물은 생명의 원천이기 때문에 좋은 물을 마시고 있으면 병의 예방이나 노화방지에 도움이 된다고 일컬어진다. 나이에 비해서 젊게 보이는 사람들은 물에 신경을 쓰고 있는 것 같다.

13 수수표현과 수동형의 뉘앙스 구분 ●●●○○
해설 「~てもらう」는 '남이 나에게 해주다'라는 의미로써 남이 베풀어 준 은혜에 감사하는 마음을 나타내는 표현인데, 문장 뒤에 있는 '얼굴이 화끈해지다'와 충돌이 일어남을 알 수 있다. 따라서 (C)를 수동형인 「とられて」로 바꾸어 피해를 입었다는 뉘앙스를 띄게 해야 자연스러운 문장이 된다. (A)는 「형용사어간(眠) + そうだ」형태로 양태용법이며 (C)는 「顔から火が出る 부끄러워서 얼굴이 화끈해지다」라는 속담의 일부이다.
어휘 座(すわ)る 앉다 写真を撮(と)る 사진을 찍다
해석 졸리는 듯한 얼굴을 하고 앉아 있었더니 친구에게 사진을 찍혀서 얼굴이 화끈해질 정도였다.

14 형태가 살짝 바뀐 문형 찾기 ●●●○○
해설 「あまりの + 명사 - 너무나 (명사의) 정도가 심해서」라는 문형을 사용해야 문맥이 통하므로 (A)를 「あまりの」로 바꾸자. (D)는 「昼寝(ひるね)をする 낮잠을 자다」라는 표현의 일부분이다.(寝て(X))
어휘 入社(にゅうしゃ) 입사 間(ま)もない 얼마 안 되다 眠(ねむ)さ 졸림 耐(た)える 견디다 ~きれない 다 ~할 수 없다 更衣室(こういしつ) 탈의실
해석 입사해서 얼마 되지 않았을 때, 너무나 졸려 견딜 수가 없어서 탈의실에서 낮잠을 자 버렸다.

15 관용표현의 올바른 형태 ●●●●○
해설 「溜息(ためいき)をつく 한숨을 쉬다」라는 표현을 묻는 문제이다. (D)는 어떤 사실로부터 필연적으로 도출되는 사실을 부정하는 표현으로 '~인 것은 아니고'로 해석가능하다.
어휘 つまらない 따분하다 だからといって 그렇다고 해서 真面目(まじめ)だ 성실하다 ~わけではない

~인 것은 아니다 送(おく)る 보내다 遊(あそ)ぶ 놀다

해석 다나카 부장님은 「일이 따분하다」고 한숨만 쉬고 있습니다만, 그렇다고 해서 일을 성실히 하고 있는 것은 아니고 메일만 보내고 놀고 있습니다.

16 형태가 살짝 바뀐 문형 찾기 ●●●●○
해설 「~にもましに」라는 문형은 존재하지 않는다. (C)를 「~にもまして ~보다 더」로 고쳐야 올바르다. 문형의 형태를 정확하게 숙지해 놓지 않았다면, 정답을 찾기가 까다로운 문제이다. (A)는 '~만'이라는 뜻이며 (B)는 「熾烈(しれつ)だ 치열하다」라는 な형용사가 명사를 수식하는 형태로서 이상이 없다.(熾烈の(X)) (D)는 「躍起(やっき)になる 기를 쓰다」라는 표현의 일부분이다.

어휘 半導体(はんどうたい) 반도체 業界(ぎょうかい) 업계 熾烈(しれつ)だ 치열하다 戦(たたか)い 싸움 以前(いぜん) 이전 激(はげ)しい 심하다 繰(く)り広(ひろ)げる 펼치다, 전개하다 我が社(わしゃ) 우리 회사

해석 반도체 업계만의 치열한 싸움이 이전보다 더 심하게 전개되고 있어서, 우리 회사도 기를 쓰고 있다.

17 문맥에 맞는 명사 찾기 ●●●●○
해설 해석해 보면 (C)에 생뚱맞은 '거울'이 들어와 있음을 알 수 있다. 문맥이 통하도록 「境(さかい) 경계」로 고쳐주자. 「鏡(かがみ)」와 「境(さかい)」가 한자가 비슷하다는 점을 이용하여 함정을 판 문제이다. (D)의 「尽(ことごと)く 전부」는 한자 읽기 문제로 출제된 적이 있는 표현이니 반드시 숙지하도록 하자.

어휘 振り返る(ふりかえる) 뒤돌아보다, 회고하다 迂闊(うかつ)だ 물정에 어둡다, 주의가 부족하고 경솔하다 自(みずか)ら 스스로 cf. 自(おの)ずから 저절로 不明(ふめい) 불명, 어리석음 恥(は)じる 부끄러이 여기다 体系(たいけい) 체계 崩壊(ほうかい) 붕괴

해석 뒤돌아보면 경솔한 일이었고 스스로 어리석음을 부끄러이 여기지 않으면 안 되지만, 1945년 8월 15일을 경계로 낡은 일본의 가치체계는 전부 붕괴했다.

18 관용표현의 올바른 형태 ●●●●○
해설 「いても立(た)ってもいられない 안절부절 못하다」라는 관용표현을 묻는 문제이다.
「いる 있다, 앉다 立つ 서다 いられない 가만히 있을 수 없다 → 앉아도 서도 가만히 있을 수 없다 → 안절부절 못하다」
A)는 '~에 대해서'라는 뜻으로 '방향이나 대상'을 나타내는 문형이다. '소리에 대해서 신경질적이다'는 문맥이 통하지만 '소리에 관해서 신경질적이다'는 어색하므로 '내용이나 주제'를 나타내는 「~について」로는 바꾸어 쓸 수 없다.

어휘 妻(つま) 아내 神経質(しんけいしつ) 신경질, 신경질적임 ほんの小(ちい)さい 아주 작다 気(き)になる 걱정이 되다, 마음에 걸리다

해석 아내는 소리에 대해서 신경질적이어서 아주 작은 소리라도 마음에 걸리기 시작하면 안절부절 못합니다.

19 문맥에 맞는 동사 찾기 ●●●●●
해설 문맥의 흐름상 '인권침해의 사실을 확인해 왔다'가 아니라 '인권침해의 사실을 묵인해 왔다'가 적절하다. 따라서 (D)를 「見過(みす)ごす 묵인하다, 간과하다」라는 동사로 고치도록 하자. 어휘

력이 부족하면 (B)를 정답으로 골라버릴 우려가 있다.

어휘　我々(われわれ) 우리　弁護士(べんごし) 변호사　及(およ)び 및　連合会(れんごうかい) 연합회　基本的人権(きほんてきじんけん) 기본적 인권　擁護(ようご) 옹호　正義(せいぎ) 정의　実現(じつげん) 실현　使命(しめい) 사명　立場(たちば) 입장　～にもかかわらず ～에도 불구하고　長時間(ちょうじかん)장시간　～にわたって ～에 걸쳐서　重大(じゅうだい)だ 중대하다　人権侵害(じんけんしんがい) 인권침해　見極(みきわ)める 확인하다, 규명하다

해석　우리 변호사 및 당 연합회는 기본적 인권을 옹호하고 사회정의를 실현하는 것을 사명으로 하는 입장에 있음에도 불구하고, 장기간에 걸쳐서 중대한 인권침해의 사실을 묵인해 왔다.

20 살짝 바뀐 2자 한자 찾기 ●●●●●

해설　'위험을 무릅쓰다'도 아니고 '위험을 함께 하다'라는 말은 어딘가 어색하다. (A)를 「生死(せいし)」로 바꾸어야 자연스러운 문장이 된다. (C)는 명사에 접속해서 '～끼리'라는 의미를 (D)는 「桁(けた)違い 자릿수가 틀림, (차이가) 엄청남」이라는 관용표현의 일부분이다.

어휘　危険(きけん) 위험　生死(せいし)を共(とも)にする 생사를 함께 하다　山岳部(さんがくぶ) 산악부　仲間(なかま) 동료　単(たん)なる 단순한　桁違(けたちが)い 자릿수가 틀림, (차이가) 엄청남, 수준이 다름　信頼関係(しんらいかんけい) 신뢰관계　結(むす)ぶ 묶다

해석　생사를 함께 하는 산악부의 동료는 단순한 친구 사이와는 달리 엄청나게 강한 신뢰관계로 묶여 있다.

저자

윤준호

고려대학교 졸업
전 시사일본어학원 신촌캠퍼스 JPT 전임강사
저서 「JPT Pattern Study 청해 PART 1·2」
　　 「JPT Pattern Study 청해 PART 3·4」
　　 「JPT Pattern Study 독해 PART 5」
　　 「JPT Pattern Study 청해적중 종합문제집」
　　 「JPT Pattern Study 독해 PART 7」

JPT Pattern Study 독해 PART 6

초판발행_ 2006년 10월 16일

1판6쇄_ 2013년 10월 20일

저자_ 윤준호

펴낸이_ 엄호열

편집장_ 민준홍

펴낸곳_ (주)시사일본어사

등록일자_ 1977년 12월 24일

등록번호_ 제300-1977-31호

주소_ 서울시 강남구 테헤란로 4길 28

전화_ 1588-1582(교재구입문의) / 02)764-1582(교재내용문의)

팩스_ 02)3671-0500

홈페이지_ book.japansisa.com

이메일_ sisa_book@naver.com

ISBN 978-89-402-0605-8 13730

* 이 교재의 내용을 사전 허가없이 전재하거나 복제할 경우
  법적인 제재를 받게 됨을 알려 드립니다.

* 잘못된 책은 구입하신 서점이나 본사에서 교환해 드립니다.

* 정가는 표지에 표시되어 있습니다.